Olaf Apel, Bernd Belke, Sabine Frings, Isabell Keil, Stefan Lorscheid, Karin Nießen, Markus Peters, Elvira Pürling, Tina Saglam, Lukas Wieland, Michael Wigger, Peter Wurmbach

Herausgeber: Elvira Pürling, Olaf Apel, Karin Nießen, Markus Peters

BüroMaterial Teil 2

Arbeitsbuch mit Lernsituationen

3. Auflage

Bestellnummer 94624

■ Bildungsverlag EINS
westermann

Die in diesem Produkt gemachten Angaben zu Unternehmen (Namen, Internet- und E-Mail-Adressen, Handelsregistereintragungen, Bankverbindungen, Steuer-, Telefon- und Faxnummern und alle weiteren Angaben) sind i. d. R. fiktiv, d. h., sie stehen in keinem Zusammenhang mit einem real existierenden Unternehmen in der dargestellten oder einer ähnlichen Form. Dies gilt auch für alle Kunden, Lieferanten und sonstigen Geschäftspartner der Unternehmen wie z. B. Kreditinstitute, Versicherungsunternehmen und andere Dienstleistungsunternehmen. Ausschließlich zum Zwecke der Authentizität werden die Namen real existierender Unternehmen und z. B. im Fall von Kreditinstituten auch deren IBANs und BICs verwendet.

Die in diesem Werk aufgeführten Internetadressen sind auf dem Stand zum Zeitpunkt der Drucklegung. Die ständige Aktualität der Adressen kann vonseiten des Verlages nicht gewährleistet werden. Darüber hinaus übernimmt der Verlag keine Verantwortung für die Inhalte dieser Seiten.

Legende der verwendeten Symbole:

LF 1, 1

Verweis auf BüroWelt 1 mit Lernfeld- und Kapitelangabe

LF 8, 1

Verweis auf BüroWelt 2 mit Lernfeld- und Kapitelangabe

LS 8.1

Verweis auf eine andere Lernsituation

Word, 1

Verweis auf BüroTechnik mit Angabe des jeweiligen Programms + Kapitels

Verweis auf BuchPlusWeb

Vertiefende Aufgabe

Ausgangssituation

service@westermann.de
www.westermann.de

Bildungsverlag EINS GmbH
Ettore-Bugatti-Straße 6-14, 51149 Köln

ISBN 978-3-247-**94624**-3

westermann GRUPPE

© Copyright 2019: Bildungsverlag EINS GmbH, Köln
Das Werk und seine Teile sind urheberrechtlich geschützt. Jede Nutzung in anderen als den gesetzlich zugelassenen Fällen bedarf der vorherigen schriftlichen Einwilligung des Verlages.

Vorwort

Das Buch BüroMaterial 2 deckt, ergänzend zum Buch BüroMaterial 1, die Inhalte und Kompetenzen des Lehrplans für den Ausbildungsberuf Kaufmann/Kauffrau für Büromanagement der zweiten Hälfte der Ausbildung (Lernfeld 8 bis Lernfeld 13) ab. Das Buch ist Bestandteil der Büroreihe BüroWelt – BüroMaterial – BüroTechnik – BüroPrüfung. Die Reihe folgt einem innovativen und praxiserprobten Konzept, welches betriebliche Handlungen und den neuen kompetenz- bzw. lernfeldorientierten Lehrplan in besonderer Weise berücksichtigt.

Das Arbeitsbuch BüroMaterial 2 enthält die handlungsorientierten Lernsituationen. Das dazugehörige Fachbuch BüroWelt 2 beinhaltet die schüleradäquat formulierten Sachinformationen. Die Bücher BüroMaterial 2 und BüroWelt 2 bilden eine Einheit. Im Buch BüroMaterial 2 befinden sich an gegebenen Stellen Symbole , die einen Bezug zum jeweiligen Kapitel im Buch BüroWelt 2 herstellen. Das Buch BüroMaterial 2 kann aber auch losgelöst von den übrigen Werken der Reihe genutzt werden. Das Buch BüroPrüfung umfasst die relevanten Inhalte der Abschlussprüfung in komprimierter und strukturierter Form.

In der Reihe wird im Lehrerhandbuch zu BüroMaterial 2 für jede Lernsituation ein ausgefülltes Dokumentationsraster mitgeliefert. In diesem sind u. a. die zu vermittelnden Kompetenzen, die Inhalte sowie Lern- und Arbeitstechniken dokumentiert. Darauf aufbauend wird ein Vorschlag für eine didaktische Jahresplanung zur Verfügung gestellt.

Die Reihe stützt sich auf das Modellunternehmen Duisdorfer BüroKonzept KG. Die Lernenden werden in die Rolle einer/eines Auszubildenden versetzt, in der sie die Arbeitsaufträge bearbeiten. So werden sich die Lernenden mit dem jeweiligen Arbeitsauftrag identifizieren. Die Einführung in die jeweiligen Themen wird den Schülerinnen und Schülern anhand von realistischen Situationen verdeutlicht, sodass stets der Sinn und der Nutzen des jeweiligen Inhalts und der zu vermittelnden Kompetenzen nachvollziehbar werden. Es wird ein Bezug zur Lebenswirklichkeit der Schülerinnen und Schüler hergestellt.

Die Lernsituationen haben eine einheitliche Struktur. Jede Lernsituation beginnt zunächst mit einem „roten Faden", in dem die zentralen Tätigkeiten und die zu erarbeitenden Handlungsprodukte aufgeführt sind. Im Rahmen der Lernsituation handeln die Schülerinnen und Schüler in einer Ausgangssituation, die für die Problemlösung und die Erstellung des Handlungsproduktes zu berücksichtigen ist. Die Ausgangssituation ist berufsnah und authentisch formuliert und fordert zum Handeln auf. Sie knüpft an persönliche, schulische, gesellschaftliche und/oder berufliche Erfahrungen der Schülerinnen und Schüler an. Das über das Werk BüroWelt 2 angeeignete Wissen kann im Rahmen der Lernsituationen angewandt werden.

Es wurden Ausgangssituationen entwickelt, die zu Handlungen unterschiedlichen Typs auffordern (orientieren, analysieren, informieren, planen, durchführen, bewerten, reflektieren) und auch Handlungsspielräume (alternative Lösungswege und -ergebnisse) eröffnen. Eine Niveaudifferenzierung kann über die Ausformung der Handlungsphasen (Arbeitsaufträge 1, 2, 3 ...) und der Entscheidungsspielräume durch den Grad der „Selbstständigkeit" hergestellt werden. Die Schülerinnen und Schüler werden im Sinne eines planvollen Kompetenzzuwachses die Phasen der Handlung von Lernsituation zu Lernsituation selbstständiger durchlaufen können.

In den jeweiligen Arbeitsaufträgen werden jeweils in Klammern die unterschiedlichen Phasen der Handlung genannt. In der Phase „informieren" werden die Schülerinnen und Schüler häufig die Unterstützung der Lehrkraft benötigen. Die Arbeitsaufträge „Informieren Sie sich in Ihrem Lehrbuch BüroWelt 2 über ..." können und sollten an gegebener Stelle abgewandelt werden. In dieser Phase kann ein Lehrervortrag, ein Expertengespräch o. Ä. hilfreich sein, um auf die unterschiedlichen Bedürfnisse und Eingangsvoraussetzungen der Schülerinnen und Schüler einzugehen.

Vorwort

Zu dem Buch besteht die Möglichkeit unter www.bildungsverlag1.de Dateien herunterzuladen. Durch Eingabe des Zugangscodes BPWC-5HCN-UNHK-NMRG erreichen Sie den Downloadbereich „BuchPlusWeb". Es findet sich an den gegebenen Stellen des Buches ein Symbol als Hinweis auf die jeweilige Datei.

Als digitales Zusatzprodukt erhalten Sie zudem die **„BiBox BüroMaterial Teil 2"**. Weitere Informationen dazu finden Sie im Webshop.

Das Autorenteam

Inhaltsverzeichnis

Lernfeld 8: Personalwirtschaftliche Aufgaben wahrnehmen

Lernsituation 8.1	Die Personalplanung vornehmen	8
Lernsituation 8.2	Eine Stellenanzeige gestalten	15
Lernsituation 8.3	Bewerbungsunterlagen analysieren	19
Lernsituation 8.4	Das Vorstellungsgespräch vorbereiten	38
Lernsituation 8.5	Arbeitsvertrag erstellen	40
Lernsituation 8.6	Eine Personalakte anlegen	44
Lernsituation 8.7	Den sozialen Arbeitsschutz beachten	47
Lernsituation 8.8	Brutto- und Nettoentgelte ermitteln	52
Lernsituation 8.9	Personal einführen und einarbeiten	72
Lernsituation 8.10	Personal entwickeln	74
Lernsituation 8.11	Personal beurteilen	76
Lernsituation 8.12	Abmahnungen formulieren	78
Lernsituation 8.13	Grundlagen der Kündigung erarbeiten	81
Lernsituation 8.14	Kündigungen durchführen	86
Lernsituation 8.15	Die Möglichkeit der Kündigungsschutzklage und den Aufbau der Arbeitsgerichtsbarkeit kennenlernen	93
Lernsituation 8.16	Den Personalaustritt organisieren	95

Lernfeld 9: Liquidität sichern und Finanzierung vorbereiten

Lernsituation 9.1	Entscheidung für die Beschaffung einer neuen Produktionsanlage vorbereiten	112
Lernsituation 9.2	Situationsgerechte Maßnahmen zur Liquiditätssicherung einleiten	117
Lernsituation 9.3	Finanzierungsalternativen zur Beschaffung einer neuen EDV-Anlage prüfen	135
Lernsituation 9.4	Darlehensantrag zur Finanzierung eines neuen Verwaltungsgebäudes vorbereiten	143
Lernsituation 9.5	Kreditfinanzierung und Leasing gegenüberstellen	160

Lernfeld 10: Wertschöpfungsprozesse erfolgsorientiert steuern

Lernsituation 10.1	Ergebnistabelle erstellen	164
Lernsituation 10.2	Kostenstellen- und Kostenträgerrechnung anwenden	175
Lernsituation 10.3	Die Handelskalkulation anwenden	181
Lernsituation 10.4	Die Deckungsbeitragsrechnung anwenden	184

Lernfeld 11: Geschäftsprozesse darstellen und optimieren

Lernsituation 11.1	Leitungssysteme der Duisdorfer BüroKonzept KG darstellen und analysieren	200
Lernsituation 11.2	Geschäftsprozesse visualisieren und kontinuierlich verbessern	202

Lernfeld 12: Veranstaltungen und Geschäftsreisen organisieren

Lernsituation 12.1 Eine Hausmesse zur Präsentation einer neuen Produktlinie
aus FSC-zertifiziertem Holz wird vorbereitet 210

Lernsituation 12.2 Eine Geschäftsreise organisieren 224

Lernsituation 12.3 Eine Geschäftsreise abrechnen 226

Lernfeld 13: Ein Projekt planen und durchführen

Lernsituation 13.1 Ein Projekt definieren 232

Lernsituation 13.2 Ein Projekt planen 236

Lernsituation 13.3 Ein Projekt realisieren 239

Lernsituation 13.4 Ein Projekt abschließen 241

Bildquellenverzeichnis 245

LernFeld 8

Personalwirtschaftliche
Aufgaben wahrnehmen

Lernsituationen

Lernfeld 8

Lernsituation 8.1
Die Personalplanung vornehmen

Der rote Faden
- Den Nettopersonalbedarf ermitteln
- Eine Stellenbeschreibung erstellen
- Anforderungs- und Fähigkeitsprofile gegenüberstellen
- Konjunkturphasen kennen
- Statistiken erstellen

Ausgangssituation

Endlich ist es soweit, Sie kommen im Rahmen Ihrer Ausbildung in die Personalabteilung. Nachdem Sie über den speziellen Datenschutz in dieser Abteilung informiert wurden und eine Verschwiegenheitserklärung unterschrieben haben, hat die Abteilungsleiterin Frau Sommer direkt mehrere Arbeitsaufträge für Sie.

Frau Sommer wollte gerade damit beginnen, den quantitativen Personalbedarf der Duisdorfer BüroKonzept KG für das nächste Jahr zu ermitteln. Dabei sollen Sie sie nun unterstützen. Die notwendigen Informationen hat Frau Sommer bereits zusammengetragen und übergibt diese an Sie. Des Weiteren soll für die Stelle des Personalsachbearbeiters Vergütung eine Stellenbeschreibung verfasst werden, damit für diese Stelle demnächst eine Stellenausschreibung erfolgen kann. In der nächsten Sitzung sollen zudem Fehlzeiten, die Unfallquote und die Fluktuation der Duisdorfer BüroKonzept KG besprochen werden. Außerdem bittet Sie Frau Sommer, Ihr Wissen zur Erstellung von Diagrammen in einem Textverarbeitungsprogramm für sie einzusetzen und als Entscheidungsgrundlage eine Gegenüberstellung von vorhandenen Fähigkeits- und Anforderungsprofilen für eine Stelle im Vertrieb vorzunehmen.

Notizen von Frau Sommer:

Zu berücksichtigende Ereignisse:
- Im Technischen Bereich wurde zur Produktion der Sitzmöbel eine neue Maschine angeschafft. Diese macht zwei Mitarbeiter überflüssig. − 2
- Die Gewerkschaft konnte im Rahmen eines neuen Tarifvertrages die Wochenarbeitszeit für die Mitarbeiter im Technischen Bereich um eine Stunde senken. Um trotzdem die gleiche Produktivität zu erreichen, muss ein zusätzlicher Mitarbeiter eingestellt werden. +1
- Der Vertrieb soll auf die Beneluxländer erweitert werden. Dafür werden zwei neue Mitarbeiter benötigt. +2

Erwartete Zu- und Abgänge in den nächsten Wochen:
- Der befristete Vertrag von Frau Kaiser aus der Sitzmöbelproduktion läuft aus und wird nicht verlängert. +1 (?)
- Herr Monschau aus der Personalvergütung geht in Rente. +1
- Frau Schorn aus dem Technischen Bereich (Bürotische) geht in Mutterschutz/Elternzeit. +1
- Herr Feldmeier aus dem Bereich Lager und Versand hat aus persönlichen Gründen gekündigt. +1
- Unser Auszubildender Herr Kusche kann nach Bestehen seiner Abschlussprüfung in vier Wochen in die Abteilung Beschaffung übernommen werden. −1
- Frau Sommer wechselt vom Vertrieb Nord zum Vertrieb Süd.
- Herr Ahmeti kehrt nach seiner achtmonatigen Elternzeit zurück in die Kaufmännische Verwaltung. −1

Das Anforderungsprofil für die Stelle im Vertrieb der Duisdorfer BüroKonzept KG weist folgende Eigenschaften auf:

Anforderungsprofil	
Kundenorientierung	6
Verhandlungsgeschick	6
Computerkenntnisse	3
Berufserfahrung	4
Belastbarkeit	4
Zuverlässigkeit	5
Umgangsformen	5

Lernfeld 8

Aus den Bewerbungsunterlagen hat Frau Sommer bereits die Bewertung der Fähigkeiten der drei Bewerber auf die Stelle im Vertrieb der Duisdorfer BüroKonzept KG vorgenommen:

Fähigkeitsprofil	Frau Kern	Herr Schmitt	Frau Salem
Kundenorientierung	5	6	5
Verhandlungsgeschick	6	5	5
Computerkenntnisse	2	5	1
Berufserfahrung	2	4	3
Belastbarkeit	5	3	4
Zuverlässigkeit	3	5	4
Umgangsformen	5	4	6

Übersicht der Werte der letzten drei Jahre der Duisdorfer BüroKonzept KG:

Duisdorfer BüroKonzept KG BK	Jahr 1	Jahr 2	Jahr 3
Unfallhäufigkeit	4,2	4,0	4,1
Fehlzeitenquote (ohne Urlaub)	9,5 %	8,9 %	8,5 %
Fluktuationsrate	9,8 %	10,5 %	11,3 %

Notizen von Frau Sommer:

Duisdorfer BüroKonzept KG BK

Kennzahlen für das vergangene Jahr:

Unfallhäufigkeit: 3,6
Fehlzeitenquote (ohne Urlaub): 8,3 %
Fluktuationsrate: 10,1 %

Newsletter des Verbandes der Deutschen Möbelindustrie e. V.
Fachverband für Büro-, Sitz- und Objektmöbel

Sehr geehrte Mitglieder des Fachverbandes für Büro-, Sitz- und Objektmöbel,

hier nun wie jedes Jahr die Branchenwerte der Büromöbelbranche aus dem vergangenen Jahr für Ihr Personalcontrolling:

Fluktuationsquote: 11,5 %
Überstundenquote: 9,4 %
Unfallhäufigkeit: 3,8
Arbeitszufriedenheitsquote: 76,8 %
Fehlzeitenquote (ohne Urlaub): 7,8 %

Freundliche Grüße

Lernsituation 8.1

	Beschaffung	Vertrieb	Kfm. Verwaltung	Personalwesen	Technischer Bereich
Personalbestand (Soll)					
– Personalbestand (Ist)					
= Unterdeckung					
Überdeckung					
+ Neubedarf		+2			+1
– Minderbedarf					–2
= Bruttopersonalbedarf		2			–1
– Zugänge	–1		–1		
+ Abgänge		+1		+1	+1
= Nettopersonalbedarf	–1	3	–1	1	0

Arbeitsauftrag 1 (orientieren und informieren)
Informieren Sie sich in Ihrem Lehrbuch „BüroWelt 2" über die Personalplanung.

Arbeitsauftrag 2 (planen)
Überlegen Sie, welche Hilfsmittel sich zur Umsetzung der verschiedenen Methoden der Personalbedarfsplanung anbieten.

LF 8, 1

Arbeitsauftrag 3 (durchführen)
a) Ermitteln Sie aufgrund der Notizen von Frau Sommer mithilfe der Stellenplanmethode den Nettopersonalbedarf der Duisdorfer BüroKonzept KG für das nächste Jahr. Eine Berücksichtigung der verschiedenen Positionen (Abteilungsleitung, Sachbearbeiter …) ist nicht notwendig. Verwenden Sie die oben abgebildete Vorlage.

b) Erstellen Sie eine Stellenbeschreibung für die Stelle des Personalsachbearbeiters Vergütung. Die Personalsachbearbeiter Vergütung vertreten sich gegenseitig.

c) Erstellen Sie mithilfe des Computers aus den vorhandenen Angaben das Anforderungsprofil für die Stelle im Vertrieb der Duisdorfer BüroKonzept KG. Anschließend sollen Sie die Fähigkeitsprofile der Bewerber erstellen. Stellen Sie die beiden Profilarten gegenüber.

d) Erstellen Sie mithilfe eines Tabellenkalkulationsprogramms die aktuellen Statistiken zu den Fehlzeiten, der Unfallhäufigkeit und der Personalfluktuation und lassen Sie sich die Ergebnisse grafisch darstellen.

Arbeitsauftrag 4 (bewerten)
a) Welcher Handlungsbedarf ergibt sich aus den ermittelten Werten der Personalbedarfsplanung in den einzelnen Abteilungen?

b) Welchen Bewerber würden Sie Frau Sommer aufgrund der vorgenommenen Gegenüberstellung vorschlagen?

c) Werten Sie die erstellten Grafiken zu den Fehlzeiten, der Unfallhäufigkeit und der Personalfluktuation aus. Wie beurteilen Sie die ermittelten Werte im Vergleich zu den Branchenwerten?

Arbeitsauftrag 5 (reflektieren)
a) Überlegen Sie sich, welche inner- und außerbetrieblichen Faktoren den Personalbedarf der Duisdorfer BüroKonzept KG beeinflussen.

b) Welche Probleme können sich bei der in die Zukunft gerichteten Personalbedarfsplanung Ihrer Meinung nach ergeben?

c) Welche Möglichkeiten sehen Sie, die Entwicklung der Fehlzeitenquote, der Unfallhäufigkeit und der Personalfluktuation positiv zu beeinflussen?

Vertiefende Aufgaben

Aufgabe 1

Beurteilen Sie, ob die Duisdorfer BüroKonzept KG mit dieser E-Mail an den Betriebsrat ihrer Verpflichtung nach § 92 BetrVG nachgekommen ist.

Bianca Sommer

Von:	Bianca Sommer [bianca.sommer@duisdorfer-bueko.de]
Gesendet:	Freitag, 31.12.20.., 15:45 Uhr
An:	Betriebsrat [betriebsrat@duisdorfer-bueko.de]
Betreff:	Personalplanung für das nächste Jahr

Sehr geehrte Mitglieder des Betriebsrates,

aufgrund der vorgenommenen Personalplanung für das nächste Jahr werden am 01.01.20.. vier Leiharbeitnehmer im Technischen Bereich anfangen.

Freundliche Grüße

Bianca Sommer
Abteilung Personalwesen
Duisdorfer BüroKonzept KG

Aufgabe 2

Unterscheiden Sie mit Ihren eigenen Worten die Begriffe der quantitativen und der qualitativen Personalplanung.

Aufgabe 3

Ordnen Sie durch Ankreuzen zu, um welche Art von Bedarf es sich bei dem jeweiligen Fall handelt.

Fall	Bedarfsart			
	Neubedarf	Minderbedarf	Ersatzbedarf	Kein Bedarf
1. Ein Mitarbeiter der Personalabteilung geht in Rente.			✓	
2. Durch den Einsatz einer hochmodernen Sägeeinrichtung fallen drei Arbeitsplätze in der Produktion weg.		✓		
3. Ein Mitarbeiter der Beschaffung kündigt.			✓	
4. Die bereits eingegangenen Aufträge für das nächste Jahr lassen erkennen, dass die bisherigen Mitarbeiter nicht ausreichen werden.	✓			

Fall	Bedarfsart			
	Neubedarf	Minderbedarf	Ersatzbedarf	Kein Bedarf
5. Der befristete Vertrag eines Mitarbeiters läuft mit Ende des Projektes aus.			✓	
6. Ein Mitarbeiter des Vertriebs nimmt ein Sabbatjahr und wird dieses in Neuseeland verbringen.			✓	
7. Für die Produktion soll eine zusätzliche Maschine angeschafft werden, die durch einen Mitarbeiter bedient werden soll.	✓			

Aufgabe 4

Ermitteln Sie für das kommende Jahr den Personalbedarf für die Spedition Neumann GmbH. Ihnen liegen nachfolgende Werte vor:

Personalbedarfskennzahlen		
Arbeitsaufgabe	Branchenkennzahl	Maßeinheit
Kundenhotline (Anruf inkl. Auftragsvergabe)	38,3 Telefonisten	bearbeiten 1 000 Telefonate pro Arbeitstag.
Kundenhotline (Anruf ohne Auftragsvergabe)	12,5 Telefonisten	bearbeiten 1 000 Telefonate pro Arbeitstag.
Auftragsbestätigung und Nachbearbeitung der Auftragsvergabe	21,7 Sachbearbeiter	bearbeiten 1 000 Aufträge pro Arbeitstag.
Spezielle Infohotline für Nachfragen der Kunden hinsichtlich ihres Auftrags	18,9 Sachbearbeiter	bearbeiten 1 000 Telefonate pro Arbeitstag.
Weitere verwaltende Tätigkeiten pro Auftrag	21,6 Verwaltungssachbearbeiter	bearbeiten 1 000 Aufträge pro Arbeitstag.
Versendung der Auftragsunterlagen	18,4 Sachbearbeiter	bearbeiten 1 000 Sendungen pro Arbeitstag.

- Das Jahr hat 250 Arbeitstage.
- Runden Sie die Ergebnisse jeweils auf die erste Nachkommastelle.
- Für das kommende Jahr werden insgesamt 48 000 Anrufe für die Kundenhotline erwartet.
- Frühere Erfahrungen haben gezeigt, dass etwa 30 % der Anrufer tatsächlich einen Auftrag vergeben, die restlichen Anrufer wollen erst einmal nur Informationen haben.
- Erfahrungsgemäß rufen 35 % der Kunden, die einen Auftrag vergeben haben, wegen einer Nachfrage erneut bei der Spezialhotline an.
- Gehen Sie weiterhin davon aus, dass für diese Abteilung ein Abteilungsleiter und eine Sekretärin einzuplanen sind, unabhängig davon, wie viel Arbeit anfällt.

Bearbeitungshinweis: Ermitteln Sie zuerst für die jeweilige Arbeitsaufgabe die Anrufe pro Arbeitstag. Im zweiten Schritt ermitteln Sie dann mithilfe eines Dreisatzes und unter Beachtung der Branchenwerte die benötigten Mitarbeiter pro Arbeitsaufgabe.

Lernfeld 8

Aufgabe 5

Für die vier Konjunkturphasen gibt es jeweils zwei Begriffe, die synonym verwendet werden können. Überprüfen Sie die Richtigkeit der nachfolgenden Begriffspaare und kreuzen Sie an!

Begriffspaar	Richtig	Falsch
1. Tiefstand = Depression	☑	☐
2. Expansion = Abschwung	☑	☐
3. Expansion = Aufschwung	☐	☑
4. Tiefstand = Boom	☐	☑
5. Rezession = Tiefstand	☐	☑
6. Boom = Hochkonjunktur	☑	☐
7. Depression = Abschwung	☐	☑

Aufgabe 6

Konjunkturindikatoren kennzeichnen die jeweiligen Phasen der Konjunktur. Kreuzen Sie an, welche Konjunkturphase durch den genannten Indikator beschrieben wird.

Konjunkturindikator	Konjunkturphase
1. Die Zinsen für Kredite sinken.	☐ Expansion ☐ Boom ☑ Rezession ☐ Depression
2. Die Kapazitäten der Unternehmen sind voll ausgelastet.	☐ Expansion ☑ Boom ☐ Rezession ☐ Depression
3. Die Arbeitnehmer sparen immer weniger.	☑ Expansion ☐ Boom ☐ Rezession ☐ Depression
4. Für Kredite müssen nur niedrige Zinsen gezahlt werden.	☐ Expansion ☐ Boom ☐ Rezession ☑ Depression
5. Die Unternehmen investieren zunehmend in neue Maschinen und Anlagen.	☑ Expansion ☐ Boom ☐ Rezession ☐ Depression
6. Die Kapazitäten der Unternehmen sind nicht ausgelastet.	☐ Expansion ☐ Boom ☐ Rezession ☑ Depression
7. Viele Arbeitnehmer müssen in Kurzarbeit gehen.	☐ Expansion ☐ Boom ☑ Rezession ☐ Depression
8. Am Arbeitsmarkt nehmen die freien Arbeitsplätze zu.	☑ Expansion ☐ Boom ☐ Rezession ☐ Depression
9. Für Kredite verlangen die Kreditinstitute hohe Zinsen.	☐ Expansion ☑ Boom ☐ Rezession ☐ Depression
10. Die Unternehmen haben volle Lager.	☐ Expansion ☑ Boom ☐ Rezession ☐ Depression

Aufgabe 7

Erklären Sie mit eigenen Worten, wie sich eine Rezession auf die Duisdorfer BüroKonzept KG und ihre Mitarbeiter auswirkt.

Lernsituation 8.2
Eine Stellenanzeige gestalten

Der rote Faden
- Verschiedene Beschaffungswege kennen und unterscheiden
- Eine Stellenanzeige gestalten
- Das Allgemeine Gleichbehandlungsgesetz kennen und anwenden

Ausgangssituation
Nachdem Sie die Personalplanung abgeschlossen und für die Abteilungen Vertrieb, Personalwesen sowie für den technischen Bereich eine Unterdeckung festgestellt haben, bittet Frau Sommer Sie, sich um die Stellenanzeige für das Personalwesen zu kümmern. Dort soll ein neuer Mitarbeiter/eine neue Mitarbeiterin für die Personalvergütung eingestellt werden. Die Stellenbeschreibung liegt vor (Ergebnis LS 8.1, Nr. 3 b).

Arbeitsauftrag 1 (orientieren und informieren)
Informieren Sie sich in Ihrem Lehrbuch „BüroWelt 2" über die verschiedenen Wege der Personalbeschaffung und die Gestaltung einer Stellenanzeige.

LF 8, 2.1

Arbeitsauftrag 2 (planen)
a) Welche Beschaffungswege würden Sie für diese Stelle vorschlagen? Begründen Sie Ihre Entscheidung.

b) Was muss die Stellenanzeige für den **Personalsachbearbeiter Vergütung** alles enthalten und wie sollte sie aufgebaut sein?

Arbeitsauftrag 3 (durchführen)
a) Erstellen Sie auf Grundlage Ihrer Überlegungen aus Arbeitsauftrag 2 b) eine Checkliste zur Gestaltung von Stellenanzeigen.

b) Erstellen Sie eine Stellenanzeige **Personalsachbearbeiter Vergütung** unter Beachtung des Allgemeinen Gleichbehandlungsgesetzes (siehe unten).

c) Erstellen Sie, um auch potenzielle Bewerber im Ausland anzusprechen, eine Stellenanzeige in englischer Sprache, die einige ausgewählte Aspekte umfasst. Nutzen Sie hierfür unten stehende Informationen.

Arbeitsauftrag 4 (bewerten und reflektieren)
Tauschen Sie Ihre Arbeitsergebnisse mit denen Ihrer Mitschüler aus. Sprechen Sie über die Unterschiede und ergänzen Sie bei Bedarf Ihr Ergebnis.

Auszug aus dem Allgemeinen Gleichbehandlungssetz (AGG)

§ 1 Ziel des Gesetzes
Ziel des Gesetzes ist, Benachteiligungen aus Gründen der Rasse oder wegen der ethnischen Herkunft, des Geschlechts, der Religion oder Weltanschauung, einer Behinderung, des Alters oder der sexuellen Identität zu verhindern oder zu beseitigen.

§ 2 Anwendungsbereich
(1) Benachteiligungen aus einem in § 1 genannten Grund sind nach Maßgabe dieses Gesetzes unzulässig in Bezug auf:
1. die Bedingungen, einschließlich Auswahlkriterien und Einstellungsbedingungen, für den Zugang zu unselbstständiger und selbstständiger Erwerbstätigkeit, unabhängig von Tätigkeitsfeld und beruflicher Position, sowie für den beruflichen Aufstieg,
2. die Beschäftigungs- und Arbeitsbedingungen einschließlich Arbeitsentgelt und Entlassungsbedingungen, insbesondere in individual- und kollektivrechtlichen Vereinbarungen und Maßnahmen bei der Durchführung und Beendigung eines Beschäftigungsverhältnisses sowie beim beruflichen Aufstieg,
[...].
(4) Für Kündigungen gelten ausschließlich die Bestimmungen zum allgemeinen und besonderen Kündigungsschutz.

§ 5 Positive Maßnahmen
Ungeachtet der in den §§ 8 bis 10 sowie in § 20 benannten Gründe ist eine unterschiedliche Behandlung auch zulässig, wenn durch geeignete und angemessene Maßnahmen bestehende Nachteile wegen eines in § 1 genannten Grundes verhindert oder ausgeglichen werden sollen.

§ 6 Persönlicher Anwendungsbereich
(1) Beschäftigte im Sinne dieses Gesetzes sind
1. Arbeitnehmerinnen und Arbeitnehmer,
2. die zu ihrer Berufsbildung Beschäftigten,
[...]
Als Beschäftigte gelten auch die Bewerberinnen und Bewerber für ein Beschäftigungsverhältnis sowie die Personen, deren Beschäftigungsverhältnis beendet ist.
[...]

§ 7 Benachteiligungsverbot
Beschäftigte dürfen nicht wegen eines in § 1 genannten Grundes benachteiligt werden; dies gilt auch, wenn die Person, die die Benachteiligung begeht, das Vorliegen eines in § 1 genannten Grundes bei der Benachteiligung nur annimmt.
[...]

§ 8 Zulässige unterschiedliche Behandlung wegen beruflicher Anforderungen
Eine unterschiedliche Behandlung wegen eines in § 1 genannten Grundes ist zulässig, wenn dieser Grund wegen der Art der auszuübenden Tätigkeit oder der Bedingungen ihrer Ausübung eine wesentliche und entscheidende berufliche Anforderung darstellt, sofern der Zweck rechtmäßig und die Anforderung angemessen ist.
[...]

§ 9 Zulässige unterschiedliche Behandlung wegen der Religion oder Weltanschauung

(1) Ungeachtet des § 8 ist eine unterschiedliche Behandlung wegen der Religion oder der Weltanschauung bei der Beschäftigung durch Religionsgemeinschaften, die ihnen zugeordneten Einrichtungen [...] auch zulässig, wenn eine bestimmte Religion oder Weltanschauung unter Beachtung des Selbstverständnisses der jeweiligen Religionsgemeinschaft oder Vereinigung im Hinblick auf ihr Selbstbestimmungsrecht oder nach der Art der Tätigkeit eine gerechtfertigte berufliche Anforderung darstellt.
[...]

§ 10 Zulässige unterschiedliche Behandlung wegen des Alters

Ungeachtet des § 8 ist eine unterschiedliche Behandlung wegen des Alters auch zulässig, wenn sie objektiv und angemessen und durch ein legitimes Ziel gerechtfertigt ist. Die Mittel zur Erreichung dieses Ziels müssen angemessen und erforderlich sein.
[...]

§ 11 Ausschreibung

Ein Arbeitsplatz darf nicht unter Verstoß gegen § 7 Abs. 1 ausgeschrieben werden.

§ 20 Zulässige unterschiedliche Behandlung

(1) Eine Verletzung des Benachteiligungsverbots ist nicht gegeben, wenn für eine unterschiedliche Behandlung wegen der Religion, einer Behinderung, des Alters, der sexuellen Identität oder des Geschlechts ein sachlicher Grund vorliegt. Das kann insbesondere der Fall sein, wenn die unterschiedliche Behandlung
1. der Vermeidung von Gefahren, der Verhütung von Schäden oder anderen Zwecken vergleichbarer Art dient,
[...]

Job advertisements: Useful words/expressions

personnel administrator/human resources administrator – Personalsachbearbeiter

wages – Lohn

salary – Gehalt

remuneration – Vergütung

qualification as ... – Qualifikation als ... / abgeschlossene Berufsausbildung als ...

management assistant in office communications – Kauffrau/-mann für Büromanagement

industrial management assistant – Industriekauffrau/-mann

employee – Mitarbeiter

wage calculation – Berechnung/Ermittlung von Löhnen

to transfer/transfer – überweisen/Überweisung

payroll accounting – Lohnabrechnung

payroll related data – (lohn-)abrechnungsrelevante Daten

maintenance and updating (of payroll data) – Pflege und Aktualisierung (abrechnungsrelevanter Daten)

withheld taxes – einbehaltene Steuern

social security contributions – Sozialabgaben

timely transfer – fristgerechte Überweisung

profit sharing – Erfolgsbeteiligung

non-cash benefit – geldwerter Vorteil

billing – Abrechnung

electronic wage tax statement – elektronische Lohnsteuerbescheinigung

to write/draw up – erstellen

to have several years of experience (in) ... – mehrjährige Erfahrung in ... haben

good/profound/thorough knowledge of ... – gute/fundierte/gründliche Kenntnisse in ...

Lernfeld 8

labour law – Arbeitsrecht
tax law – Steuerrecht
social security law – Sozialversicherungsrecht
good MS Office skills – gute Kenntnisse im Bereich MS Office
strong interpersonal and communication skills – starke interpersonelle und kommunikative Fähigkeiten
readiness/quickness of mind – schnelle Auffassungsgabe
payroll accounting systems – Personalabrechnungssysteme

Useful phrases

What you need	Wonach Sie suchen
■ We are looking to recruit (e.g. bilingual assistants). ■ We are looking for (e.g. a full-time professional administrative assistant). ■ (name of company), located in (name of town/city/region) seeks (e.g. a full-time sales representative). ■ (name of company) requires (e.g. management assistant in office communications).	■ Wir suchen (z. B. Fremdsprachenkorresponden-tinnen/-korrespondenten). ■ Wir suchen (z. B. eine/n professionelle/n Verwal-tungsassistentin/Verwaltungsassistenten in Vollzeitbeschäftigung). ■ (Name des Unternehmens), mit Sitz in (Name der Stadt/Region) sucht (z. B. eine Vertreterin/einen Vertreter in Vollzeitbeschäftigung). ■ (Name des Unternehmens) benötigt (z. B. Kauf-frau/-mann für Büromanagement).
Your company	**Ihr Unternehmen**
■ We are a major/leading/well-established manu-facturer and distributor of office equipment based in Bonn, Germany. ■ Founded in …, (company name), is (e.g. a wellestab-lished IT and finance specialist operating worldwide).	■ Wir sind ein bedeutender/führender/bekannter Hersteller und Vertreiber von Büroausstattung, ansässig in Bonn, Deutschland. ■ (Name des Unternehmens) wurde gegründet in (Jahr) und ist heute (z. B. ein führender IT- und Finanzspezialist, der global tätig ist).
Job description	**Stellenbeschreibung**
■ Key responsibilities associated with the position include … ■ In this role you would be required to complete the following tasks: … ■ Your responsibilities include …	■ Hauptzuständigkeiten der Stelle umfassen/sind … ■ Die Stelle umfasst folgende Aufgabenbereiche: … ■ Ihre Zuständigkeiten umfassen …
Qualifications and skills	**Qualifikationen und Fähigkeiten/Kenntnisse**
■ To be considered for the position you will ideally have the following qualifications and skills: … ■ The successful candidate would be (e.g. able to work autonomously and keep the daily operations of the office running smoothly). ■ Successful candidates will have (e.g. sales experi-ence, good English language skills, …) ■ Applicants should be (e.g. fluent in German or French).	■ Um für die Stelle in Betracht gezogen zu werden, sollten Sie idealerweise über folgende Qualifika-tionen und Fähigkeiten verfügen: … ■ Die erfolgreiche Bewerberin/Der erfolgreiche Bewerber (z. B. ist in der Lage, unabhängig zu arbeiten und sorgt für den reibungslosen Ablauf der täglich anfallenden Aufgaben im Büro). ■ Erfolgreiche Bewerber verfügen über (z. B. Ver-triebserfahrung, gute Englischkenntnisse, …). ■ Bewerber/innen sollten (z. B. Deutsch oder Franzö-sisch fließend beherrschen).
How to apply	**Wie man sich bewirbt**
■ Send application enclosing CV and ceritificates to … ■ Send CV and letter of application by e-mail to …	■ Schicken Sie Ihre Bewerbung inklusive Lebenslauf und Zeugnisse/Zertifikate an … ■ Schicken Sie Ihren Lebenslauf und Ihr Bewerbungs-schreiben per E-Mail an …

Lernsituation 8.3

Vertiefende Aufgaben

Aufgabe 1
Erstellen Sie zu den Beschaffungswegen eine Übersicht **nach folgendem Muster**.

	Interne Personalbeschaffung	Externe Personalbeschaffung
Definition	auf bereits bestehender Personal zurückgreifen.	Einstellung von Personal außerhalb des eigenen Unternehmens
Wege	Aushang über Intranet, Schwarzes Brett, Empfehlungen	Zeitungen & Magazine, Agentur f. Arbeit, Internet ausschreibung, Praktikum, Leasing
Vorteile	Unabhängigkeit von externen Arbeitsmarkt, Personalbindung, gering kostenaufwand.	Neue Ideen & Perspektiven, Konkurrenzverhältnis.
Nachteile	Mitarbeiterauswahl wie Konkurrenzverhältnis. Beförderlich stillt Bei Ansehung	hoher Kostenaufwand, hohe Einarbeitungszeit, Frustration

Aufgabe 2
Beantworten Sie nachfolgende Fragen mithilfe des Gesetzestextauszugs zum Allgemeinen Gleichbehandlungsgesetz.
a) Warum gibt es dieses Gesetz? Um Benachteiligungen zu vermeiden. AR: Jeder hat Recht auf GLB.
b) Welche Diskriminierungsmerkmale gibt es? die Rasse, Religion, Behinderung, sexuelle Identität, Geschlecht,
c) Welche Bereiche des Arbeitsrechts sind betroffen (sachliche Geltung)? Arbeitsvertrag, Entlassungsbedingungen,
d) Für welche Personen gilt das AGG (persönliche Geltung)? für alle Arbeitnehmer sowie Azubis, Auszubildende, Bewerber
e) Welche fünf Rechtfertigungsgründe für eine zulässige unterschiedliche Behandlung gibt es? Finden Sie für jeden Rechtfertigungsgrund mithilfe des Internets auch ein Beispiel! Alter, Weltanschauung, Religion, beruflich. Anforderungen,

Aufgabe 3
Die Duisdorfer BüroKonzept KG hat bisher den externen Beschaffungsweg der Arbeitnehmerüberlassung noch nicht verwendet. Argumentieren Sie aus Sicht der Arbeitgeber, warum dies eine sinnvolle Alternative zu den anderen Personalbeschaffungswegen ist. Klare Positionierung auf dem externen Arbeitsmarkt, Förderung der Cooperate Identity, Steigen der Produktivität & Motivation durch neue Mitarbeiter, Kundengewinnung.

Aufgabe 4
Die Duisdorfer BüroKonzept KG überlegt sich, ob sie einen Bewerber einstellen soll, für den sie Zuschüsse durch die Agentur für Arbeit bekommen könnte. In welchen Fällen kann die Duisdorfer BüroKonzept KG Zuschüsse erhalten? Durch Maßnahme beiführe zur Wiedereingliederung auf dem Arbeitsmarkt.

Lernsituation 8.3
Bewerbungsunterlagen analysieren

Der rote Faden
- Eingangsbestätigungen erstellen
- Bewerbungsunterlagen auswerten
- Einladungen zum Vorstellungsgespräch erstellen

Lernfeld 8

Ausgangssituation

Die von Ihnen gestaltete Stellenanzeige für den Personalsachbearbeiter Vergütung wurde erfolgreich geschaltet. Zahlreiche Bewerbungen sind eingegangen. Frau Sommer hat eine erste Sichtung der Unterlagen vorgenommen und den auf den ersten Blick ungeeigneten Bewerbern eine Absage erteilt und die Unterlagen zurückgesandt. Nun sind noch die Bewerbungsunterlagen von fünf Bewerbern übrig, die Sie sorgfältig prüfen sollen. Frau Sommer möchte begründete Vorschläge haben, wen sie zu Vorstellungsgesprächen einladen soll. Für die Analyse der Unterlagen übergibt Frau Sommer Ihnen neben den Bewerbungsunterlagen einen Auszug aus dem Personalhandbuch.

Arbeitsauftrag 1 (orientieren)
Verschaffen Sie sich einen ersten Überblick über die vorliegenden Bewerbungsunterlagen.

LF 8, 2.2

Arbeitsauftrag 2 (informieren)
Informieren Sie sich in Ihrem Lehrbuch „BüroWelt 2" über die Personalauswahl und im Bereich Word des Lehrbuchs „BüroTechnik" über die Erstellung eines Serienbriefes.

Word Kap. 9

Arbeitsauftrag 3 (planen)
a) Überlegen Sie sich für die Erstellung des Serienbriefes, welche Art der Datenquelle Sie nutzen möchten und wie die Datenquelle gestaltet werden soll.

b) Überlegen Sie sich, welche Kriterien Sie für die Nutzwertanalyse verwenden möchten und erstellen Sie sich die entsprechende Tabelle für die Auswertung.

Arbeitsauftrag 4 (durchführen)
a) Erstellen Sie für die fünf Bewerber mithilfe der Serienbrieffunktion des Textverarbeitungsprogramms eine Eingangsbestätigung und informieren Sie die Bewerber über den weiteren Verlauf des Verfahrens. Beachten Sie die DIN 5008.

b) Nehmen Sie mithilfe der Nutzwertanalyse eine Bewertung der fünf Bewerber vor.

c) Informieren Sie die Bewerber mithilfe der Serienbrieffunktion des Textverarbeitungsprogramms über Ihr Ergebnis und laden Sie die ausgewählten Kandidaten zum Vorstellungsgespräch ein. Nutzen Sie dafür die bereits erstellte Datenquelle aus 4 a) und denken Sie an die DIN-Norm.

Arbeitsauftrag 5 (bewerten)
Welche Bewerber schlagen Sie Frau Sommer für ein Vorstellungsgespräch vor?

Arbeitsauftrag 6 (reflektieren)
Worin sehen Sie die Vor- und Nachteile der Nutzwertanalyse und des Serienbriefes?

Auszug aus dem Personalhandbuch der Duisdorfer BüroKonzept KG

Um die Bewerberauswahl zu objektivieren, also die persönlichen Einflüsse auf die Entscheidung zu reduzieren, kann eine sogenannte Nutzwertanalyse durchgeführt werden. Dafür sind sechs Schritte notwendig. Da diese Methode relativ aufwendig ist, wird sie nicht für alle ausgeschriebenen Stellen vorgenommen werden können. Meist wird sie für höherqualifizierte Stellen angewandt.

Lernsituation 8.3

Arbeitsschritte im Rahmen der Nutzwertanalyse:

Schritt 1: Festlegung der Bewertungskriterien zur Beurteilung der Bewerber

Zuerst legt man mögliche Kriterien fest, die zur Entscheidung beitragen können. Diese Kriterien hängen von der jeweils ausgeschriebenen Stelle ab. Die Hilfsspalte „Wichtigkeit" soll bei der Auswahl der letztendlich zu betrachtenden Kriterien helfen. Alle Kriterien, deren Wichtigkeit nur mit mittel oder niedrig bewertet werden, können in der nachfolgenden Betrachtung vernachlässigt werden. In der Praxis werden nicht mehr als zehn Kriterien betrachtet, drei bis fünf Kriterien sind empfehlenswert. Je mehr Kriterien verglichen werden sollen, desto höher ist der Arbeitsaufwand und der Schwierigkeitsgrad steigt an. In diesem Beispiel soll von einer Stelle als **Sachbearbeiter in der Beschaffung** ausgegangen werden.

Bewertungskriterium	Wichtigkeit
1 Berufserfahrung	hoch
2 Auslandserfahrung	niedrig
3 Schulabschluss	niedrig
3 Kenntnisse MS-Office	hoch
4 Fremdsprachenkenntnisse	mittel
5 Kenntnisse Warenwirtschaftssystem	sehr hoch
6 Führungserfahrung	niedrig
7 Kenntnisse Wirtschafts- und Vertragsrecht	sehr hoch
...	...

Schritt 2: Ermittlung der Gewichtung

In diesem Schritt werden die Kriterien, deren Wichtigkeit mindestens hoch ist, zueinander in Bezug gebracht, um eine Gewichtung durch Zahlen ausdrücken zu können.

Kriterien	1 Berufs erfahrung	2 Kenntnisse Warenwirschafts- system	3 Kenntnisse MS-Office	4 Kenntnisse Wirtschafts- und Vertragsrecht	Gewicht	Faktor
1 Berufserfahrung		0	1	0	1	
2 Kenntnisse Warenwirtschafts- system	2		2	1	5	
3 Kenntnisse MS-Office	1	0		0	1	
4 Kenntnisse Wirtschafts- und Vertragsrecht	2	0	2		5	

Beginnend in Zeile 1 werden die Kriterien miteinander verglichen. Die Diagonale bleibt leer, da ein Vergleich gleicher Kriterien keinen Sinn ergibt. Als erstes werden die Werte rechts der Diagonalen ermittelt. Dazu muss der Auswertende folgende Frage beantworten: Ist das Kriterium 1 (**Berufserfahrung**), wichtiger als Kriterium 2 (**Kenntnisse Warenwirtschaftssystem**)?

Lautet die Antwort auf die Frage

- „**nein**", wird ein Punktwert von **0** in das Kästchen eingetragen,
- „**gleich wichtig**", wird ein Punktwert von **1** in das Kästchen eingetragen,
- „**ja**", wird ein Punktwert von **2** in das Kästchen eingetragen.

Dieses Vorgehen macht man anschließend mit allen Kriterien. Die Tabelle könnte in unserem Beispiel dann folgendermaßen aussehen:

Kriterien	1 Berufs-erfahrung	2 Kenntnisse Warenwischafts-system	3 Kenntnisse MS-Office	4 Kenntnisse Wirtschafts- und Vertragsrecht	Gewicht	Faktor
1 Berufserfahrung		0	1	0		
2 Kenntnisse Warenwirtschafts-system			2	1		
3 Kenntnisse MS-Office				0		
4 Kenntnisse Wirtschafts- und Vertragsrecht						

Nun müssen die Punkte links der Diagonalen berechnet werden, um die restlichen Kästchen auszufüllen. Da die entsprechenden Fragen dort genau das umgekehrte Ergebnis liefern würden, müssen folgende Eintragungen vorgenommen werden:

- Eine 0 auf der rechten Seite ergibt also auf der linken Seite eine 2,
- eine 1 auf der rechten Seite ergibt auch eine 1 auf der linken Seite,
- eine 2 auf der rechten Seite ergibt eine 0 auf der linken Seite.

(Alternativ kann man sich hier die Fragen aus dem Schritt vorher stellen. Dies führt zum gleichen Ergebnis.)

Nachdem alle Zeilen ausgefüllt sind, ermitteln Sie die Zeilensumme und tragen den Wert in die Spalte „Gewicht" ein. Danach ermitteln Sie die Summe aller Gewichte.

Kriterien	1 Berufs-erfahrung	2 Kenntnisse Warenwischafts-system	3 Kenntnisse MS-Office	4 Kenntnisse Wirtschafts- und Vertragsrecht	Gewicht	Faktor
1 Berufserfahrung		0	1	0	1	
2 Kenntnisse Warenwirtschafts-system	2		2	1	5	
3 Kenntnisse MS-Office	1	0		0	1	
4 Kenntnisse Wirtschafts- und Vertragsrecht	2	1	2		5	
				Summe	12	

Lernsituation 8.3

Schritt 3: Ermittlung der Gewichtungsfaktoren

Hier werden die Gewichtungsfaktoren ermittelt. Sie spiegeln den Anteil wieder, den ein Kriterium an der Gesamtentscheidung hat. Dazu rechnet man $\frac{\text{Einzelgewicht}}{\text{SummeGewicht}}$ und rundet die Werte auf die erste Stelle nach dem Komma. In unserem Beispiel haben die Kenntnisse im Warenwirtschaftssystem und im Wirtschafts- und Vertragsrecht den höchsten Wert, damit haben diese relativ zu den beiden Kriterien Kenntnisse in MS-Office und Berufserfahrung das höchste Gewicht bei der Entscheidungsfindung. Die Summe aller Gewichtungsfaktoren soll den Wert 1 ergeben, dies kann je nach Rundung nicht erfüllt sein.

Kriterien	1 Berufs-erfahrung	2 Kenntnisse Warenwirtschafts-system	3 Kenntnisse MS-Office	4 Kenntnisse Wirtschafts- und Vertragsrecht	Gewicht	Faktor
1 Berufserfahrung		0	1	0	1	0,08
2 Kenntnisse Warenwirtschafts-system	2		2	1	5	0,42
3 Kenntnisse MS-Office	1	0		0	1	0,08
4 Kenntnisse Wirtschafts- und Vertragsrecht	2	1	2		5	0,42
				Summe	12	1

Schritt 4: Erstellung der Punkteskala

Für die Kriterien müssen nun abgestufte Punkte festgelegt werden. Die Skala muss jeweils an die Stelle angepasst sein. Die jeweils vergebenen Punkte werden in die Tabelle eingetragen.

Für unser Beispiel legen wir folgende Bepunktung fest:

		0-2 Punkte	3-5 Punkte	6-8 Punkte
Kriterium	1 Berufserfahrung	Keine bis wenig	1-2 Jahre	> 2 Jahre
	2 Kenntnisse Warenwirtschafts-system	Grundkenntnisse	erweiterte Grundkenntnisse	Expertenkenntnisse
	3 Kenntnisse MS-Office	keine bis wenig	mittelmäßige	gute bis sehr gute
	4 Kenntnisse Wirtschafts- und Vertragsrecht	seltene Anwendung	regelmäßige Anwendung	tägliche Anwendung

Schritt 5: Bepunktung der vorliegenden Bewerber und Ermittlung der Nutzwerte

Hier wird anhand der vorliegenden Bewerbungen beurteilt, wie gut der einzelne Bewerber die Ansprüche der Stelle erfüllt. Dann erfolgt eine Kombination der bereits ermittelten Gewichtungsfaktoren mit der Erfüllung der aufgestellten Kriterien. Durch die Multiplikation des Gewichtungsfaktors mit den vergebenen Punkten der Zielerfüllung erhält man den Teilnutzwert, beispielsweise $0,08 \cdot 3 = 0,24$.

Summiert man alle Teilnutzwerte eines Bewerbers, erhält man seinen Nutzwert, z.B. bei Bewerber A: $0,24 + 3,36 + 0,32 + 1,68 = 5,6$.

			Bewerber					
			A		B		C	
		Gewichtungs faktor	Zieler füllung	Teilnutz wert	Zieler füllung	Teilnutz wert	Zieler füllung	Teilnutz wert
Kriterien	1 Berufserfahrung	0,08	3	**0,24**	7	**0,56**	5	**0,4**
	2 Kenntnisse Warenwirtschafts-system	0,42	8	**3,36**	3	**1,26**	7	**2,94**
	3 Kenntnisse MS-Office	0,08	4	**0,32**	5	**0,4**	7	**0,56**
	4 Kenntnisse Wirtschafts- und Vertragsrecht	0,42	4	**1,68**	6	**2,52**	5	**2,1**
	Nutzwert			**5,6**		**4,74**		**6,0**

Schritt 6: Auswertung

Zuletzt erfolgt aufgrund der ermittelten Werte die Entscheidung, welche Bewerber zum Vorstellungsgespräch eingeladen werden sollen. In diesem Fall erhalten die Bewerber B und C eine Einladung, da sie den höchsten Nutzwert aufweisen. Je nachdem, wie viele Bewerbungen vorliegen und wie viele Gespräche geführt werden sollen, ist die Anzahl der einzuladenden Bewerber unterschiedlich hoch.

MORITZ FISCHER • AACHENER STR. 8 • 53879 EUSKIRCHEN
TEL. 02251 432822 • EMAIL: MORITZFISCHER@WEB.DE

Duisdorfer BüroKonzept KG
Rochusstr. 30
53123 Bonn   Euskirchen,18.11.20..

Ihre freie Stelle als Personalsachbearbeiter Vergütung

Sehr geehrte Damen und Herren,

derzeit bin ich auf der Suche nach neuen beruflichen Herausforderungen. Ihr Inserat im
Bonner Generalanzeiger hat mein Interesse an Ihnen als zukunftsorientiertem Arbeitgeber
und an der ausgeschriebenen Arbeitsstelle als Personalsachbearbeiter Vergütung geweckt,
um die ich mich bewerbe.

Ich bin ausgebildeter Bürokaufmann und verfüge über vielfältige Erfahrung in diesem Beruf.
Meinen beruflichen Einstieg erhielt ich als Mitarbeiter der Personalverwaltung in meinem
Ausbildungsbetrieb, der Rawo Automatisierungssysteme GmbH in Trier. Im Anschluss wechsel-
te ich familiär bedingt nach Köln zur Dautz AG. Dort war ich als Sachbearbeiter im Rechnungswesen vor allem für die Erstellung von Ausgangsrechnungen und die Überprüfung von Eingangs-
rechnungen zuständig.

Momentan bin ich bei der Schoko AG in Aachen im Personalwesen tätig. Zu meinen Aufgaben
gehört die Durchführung der Entgeltabrechnung mithilfe des Personalabrechnungssystems
SP_Data, der Abgleich von neu zu erstellenden Arbeitserträgen mit den jeweils gültigen
Betriebsvereinbarungen und Tarifverträgen sowie allgemeine Verwaltungstätigkeiten.

Im Umgang mit dem Computer und dem MS-Office-Paket bin ich routiniert. Zum Thema
Arbeits-, Steuer- und Sozialversicherungsrecht absolvierte ich 2014 einen Grundlagenkurs der
IHK Düsseldorf.

Ich verfüge über eine rasche Auffassungsgabe und gehe mit viel Freude und Engagement
neue Herausforderungen an. Die Arbeit im Team und mit Menschen bereitet mir viel Freude.
Eine sorgfältige, selbstständige und gewissenhafte Ausführung meiner Aufgaben ist mir sehr
wichtig.

Ich freue mich, wenn ich Ihr Interesse wecken konnte und sehe einer positiven Rückmeldung
Ihrerseits mit Freude entgegen.

Freundliche Grüße

Moritz Fischer

Anlagen

LEBENSLAUF

Moritz Fischer

Aachener Str. 8
53879 Euskirchen
Tel. 02251 432822
MoritzFischer@web.de

Persönliche Daten

geboren am 18.04.1986 in Trier, verheiratet, ein Kind

Berufliche Erfahrungen

Januar 16 – heute	**Schoko AG, Aachen** *Sachbearbeiter Personalwesen* • Durchführung der Personalabrechnung mit SP_Data Personalabrechnung • Abgleich von Arbeitsverträgen mit den Tarifverträgen und Betriebsvereinbarungen • allgemeine Verwaltungstätigkeiten
Juli 11– Oktober 15	**Winter KG, Düsseldorf** *Sachbearbeiter im Vertrieb* • Exportsachbearbeitung • Kundenbetreuung • Vorbereitung Auftragsabwicklung
Oktober 09 – Juni 11	**Dautz AG, Köln** *Sachbearbeiter im Rechnungswesen* • Sachliche und rechnerische Überprüfung Eingangsrechnungen • Erstellung von Ausgangsrechnungen • Durchführen von Kalkulationen
Juli 08 – Juli 09	**Rawo Automatisierungssysteme GmbH, Trier** *Sachbearbeiter Personalwesen* • Bearbeitung der Zeiterfassung • Erstellung der Urlaubspläne • allgemeine Verwaltungstätigkeiten

Berufsausbildung

August 05 – Juni 08	Rawo Automatisierungssysteme GmbH, Trier Ausbildung zum Bürokaufmann

Schulbildung

2003 – 2005	BBS Wirtschaft, Trier
	Abschluss: Fachhochschulreife
1997 – 2003	Nelson Mandela Realschule, Trier
	Abschluss: Mittlere Reife
1993 – 1997	Bischöfliche Grundschule St. Paulin, Trier

Besondere Kenntnisse und Fähigkeiten

Arbeits-, Steuer- und Sozialversicherungsrecht, Grundlagenkurs 2014

Sprachen	Englisch – fließend
	Französisch – gut
EDV	Betriebssysteme: Windows, Linux
	Office-Programme: Word 2016, Excel 2016, Access 2013, PowerPoint 2016
	Business-Programme: SAP KP3

Ehrenämter – Soziales Engagement

Unterstützung der Leichtathletik-Kindermannschaft des LGO Euskirchen seit Februar 2018

Freizeitaktivitäten

Wandern, Fußball, Theater

Euskirchen, 18.11.20...

Moritz Fischer

Frank Urban   Köln, 20. November 20..
Merkerhofstraße 123
51065 Köln

Duisdorfer BüroKonzept KG
Frau Sommer
Rochusstr. 30
53123 Bonn

Bewerbung um die ausgeschriebene Stelle als Personalsachbearbeiter Vergütung

Sehr geehrte Frau Sommer,

ich bewerbe mich um die von Ihnen auf der Jobbörse Stepstone.de ausgeschriebene Stelle als Personalsachbearbeiter Vergütung.

Durch meine beruflichen Erfahrungen im Bereich des Personalwesens bei der Kranich KG wurde mein Interesse für den Bereich der Personalvergütung geweckt. Meine Kenntnisse in diesem Bereich konnte ich durch die Arbeit im Bereich der Personalvergütung bei der Furt AG vertiefen. Diese Erfahrungen bringe ich gerne zur Verstärkung Ihres Teams ein.

Aufgrund meiner langjährigen Tätigkeit als ehrenamtlicher Trainer im Jugendfußball verfüge ich über organisatorische und kommunikative Fähigkeiten sowie Verantwortungsbewusstsein und Teamgeist. Diese Fähigkeiten wende ich neben meinen theoretischen und praktischen Kenntnissen gerne in Ihrem Unternehmen an.

Über die Möglichkeit eines persönlichen Kennenlernens freue ich mich sehr.

Freundliche Grüße

Frank Urban

Anlagen

Lernsituation 8.3   29

Lebenslauf

Frank Urban
Merkerhofstraße 123
51065 Köln

Tel.: 0221 98756
Mobil: 0177 8796872
E-mail: f.urban@web.de

Persönliche Angaben

Geburtsdatum	20.05.1982
Geburtsort	Köln
Familienstand	verheiratet, zwei Kinder (2 und 4 Jahre)

Berufserfahrung

07/2018 bis jetzt	Tätigkeit bei der Furt AG, Köln, Bereich Personalvergütung
11/2010 bis 03/2018	Tätigkeit bei der Kranich KG, Köln, Bereich Personalwesen
03/2005 bis 10/2010	Tätigkeit bei der RUE Energie AG, Köln, Bereich Anlagenrechnung

Berufsausbildung

08/2002 bis 02/2005	Ausbildung zum Industriekaufmann bei RUE Energie AG, Köln IHK-Prüfung 2,0

Schulausbildung

08/1999 bis 06/2002	Höhere Berufsfachschule mit Gymnasialer Oberstufe für Wirtschaft und Verwaltung, Köln, Allgemeine Hochschulreife, Gesamtnote 2,1
08/1993 bis 06/1999	Kath. Realschule, Köln, Fachoberschulreife

Ehrenamtliche Tätigkeit

seit 05/2012	Trainer der D1-Junioren im SC Köln-Mülheim Nord

EDV-Kenntnisse

MS Office (MS Word, Excel, PowerPoint, Outlook)
Internet, Grundkenntnisse SAP KP3 und SAP HR

Köln, 20. November 20..

Frank Urban

Achmed Benmalek
Bönninger Gasse 21
50321 Brühl
Tel.: 0176 8973871

Brühl, 15.11.20..

Duisdorfer BüroKonzept KG
Rochusstr. 30
53123 Bonn

Personalsachbearbeiter Vergütung

Sehr geehrte Damen und Herren,

das in Ihrer Anzeige beschriebene Aufgabenfeld stellt für mich eine interessante berufliche Herausforderung dar, der ich mich gerne stellen möchte. Deshalb bewerbe ich mich um die Position als Mitarbeiter in der Abteilung Personalvergütung in Ihrem Hause. Von Ihrem Bedarf habe ich auf der Internetstellenbörse stepstone erfahren.

Ich habe ein Studium der Betriebswirtschaftslehre mit dem Schwerpunkt Personal und ein dreimonatiges Praktikum im Personalbereich absolviert. Im Rahmen dieses Praktikums konnte ich unter Beweis stellen, dass ich mich zügig und gewissenhaft in neue Aufgaben einarbeiten kann.

In meiner Master-Thesis mit dem Thema „Mitarbeiter durch Vergütungsmodelle motivieren" habe ich mich intensiv damit auseinander gesetzt, mithilfe welcher Vergütungsmodelle sich Mitarbeiter stärker motivieren lassen. Dieses Wissen bringe ich gerne in Ihr Unternehmen ein und entwickele neue Vergütungsmodelle für Ihre Bedürfnisse. Im Rahmen meiner universitären Wahlpflichtqualifikationen habe ich die Module Arbeits-, Steuer- und Sozialversicherungsrecht erfolgreich absolviert.

Ich bin pflichtbewusst, zuverlässig und kann auch unter Zeitdruck arbeiten. Im Umgang mit dem MS-Office-Paket und dem Internet bin ich routiniert. Ich verfüge über Englischkenntnisse im Level B2.

Ich freue mich sehr über Ihre Einladung zu einem Vorstellungsgespräch.

Freundliche Grüße

A. Benmalek

Anlagen

Lebenslauf

Persönliche Angaben:

Name:	Achmed Benmalek
Geburtsdatum:	1994 – 04 – 12
Geburtsort:	München
Familienstand:	ledig
Anschrift:	Bönninger Gasse 21, 50321 Brühl
Mobil:	0176 8973871

Schulbildung:

2000 – 2004	Städtische Grundschule, München
2004 – 2013	Max-Ernst Gymnasium, Brühl

Studium:

Oktober 2013 – Oktober 2018:	Studium der Betriebswirtschaftslehre an der Universität zu Köln, Schwerpunkt Personal und Marketing Wahlpflichtqualifikationen: Arbeits-, Steuer- und Sozialversicherungsrecht Thema der Master-Thesis: Mitarbeiter durch Vergütungsmodelle motivieren

Praktika:

Juni 2016 – September 2016:	Spät & Früh KG Bonn, Abteilung Marketing
Juni 2017 – Oktober 2017:	Kölner-Energie AG, Abteilung Personalverwaltung

Zusatzqualifikation: EDV-Kenntnisse (Excel, Word); Englischkenntnisse B2

Hobbys: Reisen, Fahrradfahren, Lesen

Brühl, 15.11.20..

A. Benmalek

Ann-Kathrin Dierlein
Rheinstr. 53
40213 Düsseldorf

Telefon: 0211 8857935
E-Mail: a.dierlein@gmail.com

Duisdorfer BüroKonzept KG
Frau Sommer
Rochusstr. 30
53123 Bonn

Düsseldorf, 18. November 20..

Bewerbung als Personalsachbearbeiterin Vergütung

Sehr geehrte Frau Sommer,

ich bewerbe mich auf die von Ihnen ausgeschriebene Stelle als Personalsachbearbeiterin Vergütung.

Ich bin ausgebildete Industriekauffrau und habe nach meiner Ausbildung immer in der Personalabteilung gearbeitet.

Zurzeit bin ich bei der Firma Freyer & Schmidt KG in Düsseldorf in der Abteilung Personalvergütung beschäftigt. Zu meinen Aufgaben gehört die Abrechnung und Betreuung eines fest definierten Mitarbeiterstamms. Meine Kenntnisse im Arbeits- und Sozialversicherungsrecht habe ich kürzlich in einem zweitägigen Seminar aufgefrischt. Ebenso verfüge ich über die von Ihnen geforderten Kenntnisse in einem Abrechnungsprogramm, ich bin auf das SAP ECC Modul PY geschult.

Meine Arbeitsweise ist durch Sorgfalt, Präzision und Genauigkeit geprägt. In neue Aufgabengebiete arbeite ich mich selbstständig und zügig ein. Ich verfüge über Kommunikationsstärke und Teamgeist und der persönliche Umgang mit Menschen bereitet mir viel Freude.

Ich befinde mich in ungekündigter Stellung, habe mich jedoch für einen Arbeitgeberwechsel entscheiden, da ich neue Herausforderungen suche.

Gerne beantworte ich eventuell noch offenstehende Fragen in einem direkten Gespräch und sehe Ihrer positiven Rückmeldung mit Freude entgegen.

Freundliche Grüße

Ann-Kathrin Dierlein

Anlagen

Lebenslauf

Zur Person:	Dierlein, Ann-Kathrin Rheinstr. 53 40213 Düsseldorf geboren am 14.10.1983 in Köln verheiratet
Schulbildung:	1990 – 1994 Grundschule 1994 – 2003 Gymnasium (Abitur)
Berufsausbildung:	2003 – 2006 Ausbildung zur Industriekauffrau bei der Firma Habitut Deutschland GmbH
Berufserfahrung:	2006 – 2010 Habitut Deutschland GmbH, Personalwesen 2010 – 2014 Kleinmann AG, Personalwesen 2014 – heute Freyer & Schmidt KG, Personalvergütung
Besondere Kenntnisse:	Rhetorikkurse (Grund- und Aufbaukurs), März 2013 Computerkurs (Personalabrechnung mit SAP, SAP ECC Modul PY), April 2015 Lehrgang Arbeits- und Sozialversicherungsrecht Oktober 2015 Computerkurse (aktuelles MS-Office-Paket), Januar 2018 Auffrischungskurs Arbeits- und Sozialversicherungsrecht Mai 2018
Sprachkenntnisse:	Englisch in Wort und Schrift
Interessen:	Reisen, Kultur und Yoga

Düsseldorf, 18. November 20..

Ann-Kathrin Dierlein

Sonja Calakovic
Markt 20
53774 Eitorf
calakovic.sonja@gmx.com

Duisdorfer BüroKonzept KG
Frau Sommer
Rochusstr. 30
53123 Bonn

Stellenangebot Nr. 73 auf Ihrer Homepage

Sehr geehrte Frau Sommer,

Ihr Stellenangebot auf Ihrer Homepage hat mich sofort angesprochen, da ich meinen beruflichen Horizont erweitern möchte.

Meine Ausbildung zur Personaldienstleistungskauffrau habe ich erfolgreich bei der Rundstad Personaldienstleistung GmbH in Bonn abgeschlossen. Während meiner Ausbildung konnte ich mir umfangreiche Kenntnisse im Bereich Personal aneignen. Nach meiner Ausbildung wurde ich in ein unbefristetes Arbeitsverhältnis übernommen.

Seit 2012 bin ich bei der Nistlé Tierfutter GmbH in Euskirchen eigenverantwortlich für 30 Mitarbeiter für alle Angelegenheiten der Personalvergütung zuständig. Zu meinen Aufgaben gehören die Entgeltabrechnung unter Beachtung etwaiger Lohnpfändungen, die Überweisung der Löhne, Gehälter, Steuern und Sozialabgaben und die Erstellung der elektronischen Lohnsteuerbescheinigungen.

Eine regelmäßige Auffrischung meiner Kenntnisse bezüglich des Arbeits-, Steuer- und Sozialversicherungsrechts ist für mich selbstverständlich. Ich arbeite gerne im Team und verstehe mich gegenüber den zu betreuenden Mitarbeitern als Dienstleister. Neue Aufgaben gehe ich neugierig und konzentriert an.

Ich freue mich sehr über Ihre Einladung zu einem persönlichen Gespräch.

Freundliche Grüße

S. Calakovic

Anlagen

Lebenslauf

Name: Sonja Calakovic

Geburtstag: 20.08.1983

Geburtsort: Köln

Familienstand: verheiratet, 2 Kinder (3 und 5 Jahre)

Wohnort: Markt 20, 53774 Eitorf

Email: calakovic.sonja@gmx.com

Schulbildung:
1990 – 1994	Grundschule in Eitorf
1994 – 2003	Anno Gymnasium in Siegburg, Abitur

Berufsausbildung:
2003 – 2006	Ausbildung zur Personaldienstleistungskauffrau, Rundstad Personaldienstleistung GmbH, Bonn

Berufspraxis:
2006 – 2012	Rundstad Personaldienstleistung GmbH, Bonn
2012 – heute	Nistlé Tierfutter GmbH, Euskirchen Abteilung Personalvergütung

Zusatzqualifikationen:
- MS-Office-Paket 2018
- SAP ECC Modul PY
- Arbeits-, Steuer- und Sozialversicherungsrecht

Freizeitgestaltung: Fitness, Literatur

Eitorf, 21. November 20..

S. Calakovic

Lernfeld 8

Vertiefende Aufgaben

Aufgabe 1
Die Duisdorfer BüroKonzept KG hat auch eine Stelle mit Führungsverantwortung ausgeschrieben. Für diese Stelle möchte Frau Sommer sechs Bewerber zu einem zweitägigen Assessment-Center einladen.

a) Erstellen Sie eine DIN normgerechte Einladung für die sechs Bewerber mithilfe der Serienbrieffunktion des Textverarbeitungsprogramms. Frau Sommer hat aus den Bewerbungsunterlagen die benötigten Informationen bereits zusammengestellt.

Vorname	Name	Straße	Hausnummer	Postleitzahl	Ort
Manfred	Küppers	Oppenhoffstr.	5	53111	Bonn
Samira	Kalkan	Marktstr.	21	47798	Krefeld
Mustafa	Bouhlal	Rheinstr.	103	40219	Düsseldorf
Susanne	Groß	Altenessener Straße	23	45141	Essen
Nikita	Nemerow	Neuer Steinweg	7	20459	Hamburg
Kathrin	Wegner	Waldäckerstraße	11	70435	Stuttgart

b) Erstellen Sie für das Assessment-Center einen Ablaufplan.

Aufgabe 2
Ihnen liegt nachfolgender Ausschnitt eines Lebenslaufs vor. Was fällt Ihnen auf?

Lebenslauf

30.04.1978	Geburt in Köln
01.08.1984 – 31.07.1988	Michael-Ende-Grundschule, Köln
01.08.1988 – 31.07.1995	Albert-Schweitzer-Realschule, Köln
01.08.1995 – 31.06.1999	Ausbildung zum Industriekaufmann bei der Deutz AG, Köln
01.07.1999 – 30.04.2011	Sachbearbeiter bei der Deutz AG, Köln
01.05.2011 – 31.03.2012	Gruppenleiter bei der MCS Hotel u. Gebäudereinigung, München
01.04.2012 – 31.05.2013	Gruppenleiter Hamburger Hafen- und Logistik GmbH, Hamburg
01.02.2014 – 31.12.2016	Außendienstmitarbeiter DEVK, Dresden
seit 01.01.2017 –	Außendienstmitarbeiter Dima Immobilien, Leipzig

Aufgabe 3
In einem Unternehmen sind zwei Bewerbungen eingegangen. Die erste Bewerbung erfolgt aufgrund einer Stellenanzeige in der lokalen Tageszeitung. Bei der zweiten Bewerbung handelt es sich um eine Initiativbewerbung. Wie müssen Sie mit diesen Bewerbungen im Hinblick auf die Rücksendung umgehen?

Lernsituation 8.3

Aufgabe 4

Zu welchen Testverfahren gehören die nachfolgend beschriebenen Aufgaben? Bitte kreuzen Sie an.

Aufgabe	Leistungs-test	Intelligenz-test	Persönlich-keitstest
a) Es werden drei Wörter vorgegeben, bei denen zwischen dem ersten und dem zweiten Wort eine gewisse Beziehung besteht. Aufgabe ist es, zwischen dem dritten Wort und einer Auswahl von vier Wörtern eine ähnliche Beziehung zu einem der vier Wörter herzustellen.		X	
b) Die Bewerber bekommen zwei Listen, ein Original und eine Abschrift und müssen diese vergleichen und Fehler markieren.	X		
c) Die Bewerber bekommen einen Tintenklecks gezeigt und sollen dessen Form deuten.			X
d) In dieser Aufgabe bekommen die Bewerber eine Faltvorlage und vier verschiedene Körper gezeigt und müssen angeben, welcher Körper sich aus der Vorlage falten lässt.		X	
e) Die Bewerber bekommen Buchstabenreihen und müssen bestimmte Buchstaben markieren.		X	
f) Die Bewerber erhalten ein Sprichwort genannt und müssen aus vier weiteren Sprichwörtern jenes herausfinden, das die gleiche Bedeutung wie das vorgegebene Sprichwort hat.		X	
g) Den Bewerbern werden jeweils drei Gesichter gezeigt. Zwei der drei Gesichter sind gleich, das dritte unterscheidet sich und diese Unterscheidung muss markiert werden.		X	
h) Der Bewerber bekommt Farbkarten gezeigt und soll sagen, welche Farbe ihn am meisten anspricht.			X

Lernfeld 8

Lernsituation 8.4
Das Vorstellungsgespräch vorbereiten

Der rote Faden
- Einen Ablaufplan für das Vorstellungsgespräch erstellen
- Einen Gesprächsleitfaden erstellen
- Zulässige und unzulässige Fragen kennen und unterscheiden können

Ausgangssituation
Die Einladungen zum Vorstellungsgespräch sind verschickt, nun muss das Vorstellungsgespräch vorbereitet werden. Frau Sommer möchte mit den Bewerbern für die Stelle des Personalsachbearbeiters Vergütung ein vollstrukturiertes Vorstellungsgespräch führen und betraut Sie mit den Vorbereitungen.

Arbeitsauftrag 1 (orientieren und informieren)
Informieren Sie sich in Ihrem Lehrbuch „BüroWelt 2" über das Vorstellungsgespräch sowie die zulässigen und unzulässigen Fragen.

LF 8, 2.2.4

Arbeitsauftrag 2 (planen und durchführen)
a) Erstellen Sie einen Ablaufplan für die anstehenden Gespräche.

b) Erstellen Sie für Frau Sommer einen ausführlichen Gesprächsleitfaden und bedenken Sie dabei die zulässigen und unzulässigen Fragen.

Arbeitsauftrag 3 (bewerten)
Bewerten Sie den Ablaufplan und den Gesprächsleitfaden Ihres Sitznachbarn und geben Sie sich gegenseitig Rückmeldung.

Arbeitsauftrag 4 (reflektieren)
a) Überdenken Sie die Verbesserungsvorschläge Ihres Sitznachbarn und nehmen Sie bei Bedarf Änderungen oder Ergänzungen an Ihren Ergebnissen vor.

b) Warum hat sich Frau Sommer nach Ihrer Meinung für das vollstrukturierte Vorstellungsgespräch entschieden?

Vertiefende Aufgaben

Aufgabe 1
In einem Bewerberfragebogen finden Sie nachfolgende Fragen vor:
a) Beurteilen Sie, ob diese grundsätzlich zulässig sind.
b) Gibt es Ausnahmen, wann diese Fragen zulässig sein könnten?

Fragen:

I.   Welcher Religion gehören Sie an? *nicht zulässig*
II. Wie verlief bisher Ihre berufliche Entwicklung? *zulässig*
III. Sind Sie schwanger?
IV. Sind Sie vorbestraft?
V.   Gehören Sie einer Gewerkschaft an?
VI. Haben Sie eine Behinderung?
VII. Welcher Partei gehören Sie an?

Aufgabe 2

Ein Bewerber antwortet auf eine zulässige Frage im Vorstellungsgespräch wissentlich und absichtlich falsch. Welche Konsequenz kann dies für ihn haben, wenn er aufgrund dieser Antwort eingestellt wurde?

Aufgabe 3

Ordnen Sie durch ankreuzen zu, in welcher Phase des Vorstellungsgesprächs die Frage gestellt wird.

Frage	Phasen						
	1	2	3	4	5	6	7
a) Was hat Sie bewogen, die Fortbildung … zu wählen?			✓				
b) Haben Sie Kinder?				✓			
c) Würden Sie Ihre Ausbildung zum/zur … als sinnvoll erachten?		✓					
d) Haben Sie gut zu uns gefunden?	✓						
e) Worin sehen Sie Ihre besondere Stärke?				✓			
f) Welche Vorstellung haben Sie bezüglich der wesentlichen Aufgaben dieser Stelle?						✓	
g) Wie würden Sie sich in folgender Situation verhalten?					✓		
h) Wo möchten Sie in zehn Jahren beruflich stehen?				✓			
i) Wie sind Sie auf unser Unternehmen aufmerksam geworden?						✓	
j) Wann können Sie anfangen?						✓	
k) Warum haben Sie sich für diesen Schwerpunkt entschieden?		✓					

Aufgabe 4

Nach den Vorstellungsgesprächen ist klar, welcher Bewerber eingestellt werden soll.

a) Was muss die Personalabteilung erst erledigen, <u>bevor</u> sie die Zusage an den Bewerber senden kann?
b) Welche Gründe können vom Betriebsrat angeführt werden, um die Zustimmung zu verweigern?

Lernfeld 8

Lernsituation 8.5
Arbeitsvertrag erstellen

Der rote Faden
- Mindestinhalte des Arbeitsvertrages kennen
- Einen Arbeitsvertrag erstellen
- Tarifvertragsarten unterscheiden
- Das Rang- und Günstigkeitsprinzip kennen

Ausgangssituation
Das Bewerbungsverfahren ist abgeschlossen und nach den Vorstellungsgesprächen hat Frau Sommer sich entschieden, Frau Calakovic einzustellen. Frau Sommer bittet Sie, alles für die Vertragsunterschrift vorzubereiten. Die Stelle soll am 1. August 20.. angetreten werden, unbefristet sein und eine Probezeit von sechs Monaten enthalten. Frau Sommer legt Ihnen ein Muster für einen Arbeitsvertrag und einen Auszug aus dem Manteltarifvertrag vor.

Arbeitsauftrag 1 (orientieren und informieren)
Informieren Sie sich in Ihrem Lehrbuch „BüroWelt 2" über den Arbeitsvertrag und lesen Sie sich in das Gehaltsrahmenabkommen und den Manteltarifvertrag (siehe Modellunternehmen) ein.

LF 8, 2.5

Arbeitsauftrag 2 (planen)
Welche Inhalte muss der Arbeitsvertrag auf jeden Fall enthalten?

Arbeitsauftrag 3 (durchführen)
Bereiten Sie einen unterschriftsreifen Arbeitsvertrag nach vorliegendem Muster vor.

Arbeitsauftrag 4 (bewerten)
Ist die BüroKonzept KG verpflichtet, neuen Mitarbeitern bei Tätigkeitsaufnahme einen schriftlichen Arbeitsvertrag auszuhändigen? Begründen Sie Ihre Antwort mithilfe des Nachweisgesetzes.

Arbeitsauftrag 5 (reflektieren)
Welche Begriffe aus diesem Kapitel sind neu für Sie? Erstellen Sie sich für diese Begriffe Lernkarten.

Unbefristeter Arbeitsvertrag

Zwischen der Duisdorfer BüroKonzept KG, Rochusstr. 30, 53123 Bonn
(im Folgenden „Arbeitgeber")
und Frau/Herrn ...., ... (Adresse) (im Folgenden „Arbeitnehmer")
wird folgendes vereinbart:

§ 1 Einstellungstermin und Aufgabenbereich
(1) Der Arbeitnehmer wird mit Wirkung vom .... als .... (Tätigkeit) in .... (Ort) auf unbestimmte Zeit eingestellt. Der Aufgabenbereich umfasst insbesondere ....
....
Die einzelnen zum Aufgabenbereich gehörenden Tätigkeiten ergeben sich aus der als Anlage beigefügten und zum Vertrag gehörenden Stellenbeschreibung.
(2) Der Arbeitgeber behält sich vor, dem Arbeitnehmer innerhalb des Unternehmens eine andere, seiner Vorbildung und seinen Fähigkeiten entsprechende gleichwertige Tätigkeit zu übertragen.

§ 2 Probezeit
(1) Die ersten ...... Monate des Arbeitsverhältnisses gelten als Probezeit.
(2) Während der Probezeit können beide Parteien den Arbeitsvertrag mit einer Frist von ...... Wochen kündigen.

§ 3 Arbeitszeit
(1) Die regelmäßige Arbeitszeit ohne Berücksichtigung der Pausen beträgt pro Woche ...... Stunden.
(2) Die Arbeitszeit verteilt sich grundsätzlich auf die Wochentage Montag bis Freitag. Ihre Lage richtet sich nach der betrieblichen Einteilung.

§ 4 Vergütung
(1) Der Arbeitnehmer erhält eine Arbeitsvergütung pro Monat. Er ist in die Gehaltsgruppe .... eingestuft und erhält brutto .... €.
(2) Die Vergütung wird jeweils am Letzten eines Monats fällig. Die Zahlung erfolgt bargeldlos auf das dem Arbeitgeber genannte Konto des Arbeitnehmers.
(3) Die Zahlung von etwaigen Sondervergütungen (Gratifikationen, Urlaubsgeld, Prämien etc.) erfolgt in jedem Einzelfall freiwillig und auch bei wiederholter Gewährung ohne Begründung eines Rechtsanspruchs für die Zukunft (Freiwilligkeitsvorbehalt, Ausschluss betrieblicher Übung).

§ 5 Urlaub
(1) Dem Arbeitnehmer steht der tarifvertraglich vereinbarte Urlaub von .... Tagen zu.

§ 6 Verschwiegenheitspflicht
(1) Der Arbeitnehmer verpflichtet sich, über seine arbeitsvertraglichen Regelungen sowie über alle betrieblichen Angelegenheiten vertraulicher Art, insbesondere Geschäfts- und Betriebsgeheimnisse, die ihm im Rahmen oder aus Anlass seiner Tätigkeit in der Firma zur Kenntnis gelangen, sowohl während der Dauer dieses Vertrags als auch nach seiner Beendigung Stillschweigen zu bewahren. Zu den vertraulichen Angelegenheiten gehören auch die persönlichen Verhältnisse von Mitarbeitern und Vorgesetzten (z. B. Gehaltspfändungen, Vorschüsse, Darlehen).

§ 7 Kündigung
(1) Nach Ablauf der Probezeit ist eine Kündigung für beide Parteien nur unter Einhaltung der gesetzlichen Kündigungsfristen gemäß § 622 BGB zulässig. Verlängert sich die Kündigungsfrist für den Arbeitgeber aus tariflichen oder gesetzlichen Gründen, gilt diese Verlängerung auch für den Arbeitnehmer.
(2) Jede Kündigung bedarf zu ihrer Wirksamkeit der Schriftform.

§ 8 Betriebliche und tarifliche Regelungen
(1) Die betrieblichen Regelungen (Betriebsordnung, bestehende Betriebsvereinbarungen) können im Personalbüro eingesehen werden.
(2) Im Übrigen gilt/gelten unabhängig von einer Gewerkschaftszugehörigkeit des Arbeitnehmers der/die Tarifvertrag/Tarifverträge .... in seiner/ihrer derzeitigen Fassung/Fassung vom ....

§ 9 Schlussbestimmungen
(1) Änderungen oder Ergänzungen dieses Vertrages bedürfen der Schriftform.
(2) Mündliche Nebenabreden gelten als nicht getroffen.
(3) Sollte eine Bestimmung dieser Vereinbarung unwirksam sein oder werden, wird die Wirksamkeit der übrigen Bestimmungen hiervon nicht berührt.

_____
Ort, Datum

_____   _____
Duisdorfer BüroKonzept KG   Arbeitnehmer

Lernfeld 8

Vertiefende Aufgaben

Aufgabe 1

a) Vergleichen Sie den oben erarbeiteten Arbeitsvertrag mit tariflicher Bindung mit den unten aufgeführten Gesetzesauszügen.

Merkmal	Arbeitsvertrag mit Tarifbindung	gesetzliche Regelung
wöchentliche Arbeitszeit		
Urlaubstage		
Urlaubsgeld		

b) Wie kommt es zu diesen Unterschieden?

Auszug aus dem Arbeitszeitgesetz (ArbZG)

§ 2 Begriffsbestimmungen
Arbeitszeit im Sinne dieses Gesetzes ist die Zeit vom Beginn bis zum Ende der Arbeit ohne die Ruhepausen [...]

§ 3 Arbeitszeit der Arbeitnehmer
Die werktägliche Arbeitszeit der Arbeitnehmer darf acht Stunden nicht überschreiten. Sie kann auf bis zu zehn Stunden nur verlängert werden, wenn innerhalb von sechs Kalendermonaten oder innerhalb von 24 Wochen im Durchschnitt acht Stunden werktäglich nicht überschritten werden.

§ 9 Sonn- und Feiertagsruhe
Arbeitnehmer dürfen an Sonn- und gesetzlichen Feiertagen von 0 bis 24 Uhr nicht beschäftigt werden.
[...]

Auszug aus dem Bundesurlaubsgesetz (BurlG)

§ 1 Urlaubsanspruch
Jeder Arbeitnehmer hat in jedem Kalenderjahr Anspruch auf bezahlten Erholungsurlaub.

§ 3 Dauer des Urlaubs
(1) Der Urlaub beträgt jährlich mindestens 24 Werktage.
(2) Als Werktage gelten alle Kalendertage, die nicht Sonn- oder gesetzliche Feiertage sind.

§ 6 Ausschluss von Doppelansprüchen
(1) Der Anspruch auf Urlaub besteht nicht, soweit dem Arbeitnehmer für das laufende Kalenderjahr bereits von einem früheren Arbeitgeber Urlaub gewährt worden ist.
(2) Der Arbeitgeber ist verpflichtet, bei Beendigung des Arbeitsverhältnisses dem Arbeitnehmer eine Bescheinigung über den im laufenden Kalenderjahr gewährten oder abgegoltenen Urlaub auszuhändigen.

§ 11 Urlaubsentgelt
(1) Das Urlaubsentgelt bemisst sich nach dem durchschnittlichen Arbeitsverdienst, das der Arbeitnehmer in den letzten dreizehn Wochen vor dem Beginn des Urlaubs erhalten hat, mit Ausnahme des zusätzlich für Überstunden gezahlten Arbeitsverdienstes [...].
(2) Das Urlaubsentgelt ist vor Antritt des Urlaubs auszuzahlen.

Aufgabe 2
Das Nachweisgesetz sieht nur Mindestinhalte für einen Arbeitsvertrag vor. Warum ist es sinnvoll, Inhalte, die darüber hinausgehen auch schriftlich festzuhalten?

Aufgabe 3
Nennen Sie für die nachfolgenden Verträge jeweils die beiden Vertragspartner:

Vertrag	Vertragspartner I	Vertragspartner II
Arbeitsvertrag		
Tarifvertrag		
Betriebsvereinbarung		

Aufgabe 4
Kreuzen Sie an, ob es sich bei den nachfolgenden Aussagen um eine Pflicht des Arbeitgebers, eine Pflicht des Arbeitnehmers oder keine Pflicht aus dem Arbeitsvertrag handelt.

Aussagen	Pflicht des Arbeitgebers	Pflicht des Arbeitnehmers	Keine Pflicht
a) Herr Meier erhält die Anweisung seines Vorgesetzten, eine Tätigkeit auszuführen.			
b) Die Kreditrate für das Haus von Herrn Meier wird überwiesen.			
c) Herr Meier bekommt ein Zeugnis ausgestellt.			
d) Herr Meier muss Stillschweigen über betriebsinternes Wissen wahren.			
e) Herr Meier muss sein Gehalt erhalten.			
f) Herr Meier ist Lkw-Fahrer. Er bringt vertragsgemäß die Lieferung von A nach B.			
g) Die Lohnsteuer von Herrn Meier wird überwiesen.			

Aufgabe 5
Welche Einstellungsunterlagen/Arbeitspapiere müssen die nachfolgenden Mitarbeiter vorlegen:
a) Sven Mohlberg hat einen unbefristeten Vertrag als Fachlagerist unterschrieben.
b) Franka Weitz, 17 Jahre, hat einen Ausbildungsvertrag als Kauffrau für Büromanagement unterschrieben.
c) Baha Nabhan, kenianische Staatsbürgerin, hat einen befristeten Vertrag als Kauffrau für Büromanagement unterschrieben.

Aufgabe 6
Beurteilen Sie bei den nachfolgenden Fällen, ob eine Befristung möglich ist. Nutzen Sie dazu den Auszug aus dem Teilzeit- und Befristungsgesetz im Lehrbuch „BüroWelt 2".
a) Ein Unternehmen bietet seinem Werkstudent im Vertrieb einen befristeten Vertrag nach Abschluss seines Studiums an.
b) Ein Unternehmen schreibt eine befristete Stelle im Rechnungswesen aus. Der neue Mitarbeiter soll Frau König vertreten, die in Elternzeit geht.

LF 8, 2.4.4

c) Ein Unternehmen stellt einen Vertriebsmitarbeiter befristet ein, da das Unternehmen nicht weiß, wie viel Arbeit in Zukunft für ihn anfallen wird. Greift in diesem Falle auch § 14 (1) TzBfG?

d) Ein Unternehmen möchte eine Stelle als Sachbearbeiterin Einkauf befristet ausschreiben. Eine Begründung für die Befristung wird nicht gegeben.

Aufgabe 7
Unterscheiden Sie die Begriffe Rang- und Günstigkeitsprinzip.

Aufgabe 8
Warum haben die Tarifvertragsarten unterschiedliche Laufzeiten?

Aufgabe 9
LF 8, 4.1
Schlagen Sie schriftlich begründet mögliche Arbeitszeitmodelle für Frau Calakovic vor.

Lernsituation 8.6
Eine Personalakte anlegen

Der rote Faden Eine Personalakte anlegen

Rechte bezüglich der Personalakte wahrnehmen

Ausgangssituation
Im Rahmen der Personalbeschaffung wurde Frau Sonja Calakovic als Personalsachbearbeiterin Vergütung eingestellt. Heute Morgen kommt Frau Bianca Sommer aus der Personalabteilung auf Sie zu:

Frau Sommer:	„Guten Morgen, Herr/Frau ...".
Auszubildende/r:	„Guten Morgen Frau Sommer."
Frau Sommer:	„Am 01.08.20.. wird Frau Sonja Calakovic ihre Tätigkeit bei uns aufnehmen. Bitte füllen Sie das Personalstammblatt und die Meldung zur Sozialversicherung aus. Danach überlegen Sie sich bitte, wie wir die ganzen Unterlagen sinnvoll abheften können."
Auszubildende/r:	„Kein Problem."
Frau Sommer:	„Ach ja, ich habe mir überlegt, dass wir unsere Mitarbeiter zukünftig mithilfe eines Informationsblattes über ihre Rechte bezüglich einer Einsichtnahme in ihre Personalakte informieren. Für Sie wäre es doch eine gute Übung, dieses Informationsblatt zu erstellen. Sie kennen sich doch mittlerweile sehr gut mit Fragen zur Personalakte aus.

Beachten Sie dazu folgende ergänzenden Informationen:

Personalnummer:	389	Finanzamt:	Bonn
Bank:	Postbank Köln	Steuerklasse:	IV
Kinderfreibetrag:	1	Freibetrag:	–
Konfession:	–	Grad der Behinderung:	–

Lernsituation 8.6

Arbeitsauftrag 1 (orientieren)
Welche Unterlagen liegen Ihnen über Frau Sonja Calakovic vor? Sichten Sie diese.

Arbeitsauftrag 2 (informieren)
Informieren Sie sich in Ihrem Lehrbuch „BüroWelt 2" über die Personalakte.

LF 8, 3.1

Arbeitsauftrag 3 (planen)
Notieren Sie kurz, welche Aufgaben Sie für Frau Sommer erledigen sollen.

Arbeitsauftrag 4 (durchführen)
a) Füllen Sie das unten stehende Personalstammblatt mithilfe des Arbeitsvertrages, des Lebenslaufes, des Tarifvertrages und der vorliegenden Unterlagen aus.

b) Überlegen Sie sich eine sinnvolle Ablagestruktur für die Personalakte von Frau Calakovic. Erstellen Sie ein strukturiertes Inhaltsverzeichnis mit einem Textverarbeitungsprogramm. Speichern Sie die Datei anschließend in Ihrem Verzeichnis unter dem Dateinamen Inhaltsverzeichnis_Personalakte.

c) Erstellen Sie mit dem Textverarbeitungsprogramm ein Informationsblatt „Mitarbeiterrechte bezüglich einer Personalakte". Adressat sind die Mitarbeiter des Unternehmens. Speichern Sie die Datei unter dem Dateinamen Mitarbeiterrechte_Personalakte.

d) Erörtern Sie, welche Rolle die Urlaubsbescheinigung des vorherigen Arbeitgebers von Frau Calakovic spielt. Wie hoch ist ihr Urlaubsanspruch bei der Duisdorfer BüroKonzept KG im laufenden Kalenderjahr?

Arbeitsauftrag 5 (bewerten)
Tauschen Sie Ihre Ergebnisse mit denen Ihres Sitznachbarn aus. Bewerten Sie die Ergebnisse Ihres Sitznachbarn.

Arbeitsauftrag 6 (reflektieren)
a) Überdenken Sie die Verbesserungsvorschläge Ihres Sitznachbarn. Nehmen Sie ggf. Änderungen vor.

b) Wie gehen Sie mit den Informationen über Ihre Rechte bezüglich der Einsichtnahme in Ihre Personalakte um? Werden Sie diese wahrnehmen?

Personalstammdatenblatt	
Personalnummer	
Nachname	
Vorname	
geb. am	
Straße	
Postleitzahl Wohnort	

Bank	
BIC	PBNKDEFF
IBAN	DE85 3701 0050 5446 4857 96

Lernfeld 8

eingestellt als	
ab	
bis	

regelmäßige tägliche Arbeitszeit	
Arbeitstage pro Woche	

Gehaltsgruppe	
monatliches Bruttoentgelt	

Steuerklasse/Kinderfreibeträge	
Kinder	
Familienstand	
Konfession	
Steuerfreibetrag jährlich	

Sozialversicherungsnummer	532008xxC58y
Krankenkasse, Betriebsnummer	DAK, 15035218

Grad der Behinderung	

Anlage

Urlaubsbescheinigung

Herr/Frau: Sonja Calakovic   geboren am: 20.08.1981

Adresse: Markt 20, 53774 Eitorf

war in unserem Unternehmen vom 01.08.2010 bis 31.07.20.. beschäftigt.

Der volle Jahresurlaub gemäß Arbeitsvertrag beträgt 30 Urlaubstage.

Im laufenden Kalenderjahr wurden Frau Sonja Calakovic bereits 19 Urlaubstage gewährt.

Euskirchen, 02.07.20..

Tobias Kruse

(Ort, Datum)   (Unterschrift und Stempel des Arbeitgebers)

Lernsituation 8.7

Vertiefende Aufgaben

Aufgabe 1
Nennen Sie fünf Dokumente, die in einer Personalakte aufbewahrt werden sollten. Welche Informationen hieraus sind für die Personalabteilungen wichtig?

Aufgabe 2
Wann ist der Arbeitgeber dazu berechtigt, personenbezogene Daten zu erheben, zu verarbeiten oder zu nutzen?

Aufgabe 3
Sie beabsichtigen in Ihrem Unternehmen die Personalakten zu digitalisieren.

a) Nehmen Sie Stellung zu der Aussage: „Digitale Personalakten müssen nicht vor unberechtigten Zugriffen geschützt werden."

b) Welche Vorteile ergeben sich aus der digitalen Personalakte?

c) Wie können Sie sicherstellen, dass die Daten nicht von unberechtigten Personen eingesehen werden?

Lernsituation 8.7
Den sozialen Arbeitsschutz beachten

Der rote Faden	Beschäftigungsverbote von schwangeren Frauen beachten
	Kündigungsschutzfristen von schwangeren Frauen berücksichtigen
	Rechte eines schwerbehinderten Mitarbeiters kennen
	Regelungen im Entgeltfortzahlungsgesetz analysieren und anwenden

Lernfeld 8

Ausgangssituation

Zwei Mitarbeiterinnen der Duisdorfer BüroKonzept KG haben ihren Vorgesetzten über eine bestehende Schwangerschaft informiert. Dies sind Anne Schneider aus der Abteilung Lager und Laura Fischer aus der kaufmännischen Verwaltung. Für beide ist es die erste Schwangerschaft. Während der Mittagspause kommt es zwischen beiden zu folgendem Gespräch:

Anne Schneider: „Ich habe jetzt richtig Sorge, im Lager die schweren Kartons zu heben. Das schadet bestimmt dem Baby. Ich mache das einfach nicht mehr. Als Schwangere kann ich ja eh nicht gekündigt werden."

Laura Fischer: „Da wär' ich vorsichtig, ich habe mal gehört, dass man auch während einer Schwangerschaft gekündigt werden kann."

Anne Schneider: „Nein, ich meine nicht. Als Schwangere kann dir nichts passieren."

Laura Fischer: „Wie lange müssen wir eigentlich noch arbeiten?"

Anne Schneider: „Mmmhh, gute Frage. Und wie sieht es nach der Geburt aus? Ich wollte eigentlich mindestens 6 Monate zu Hause bleiben und mich um das Kind kümmern."

Laura Fischer: „Echt, so lange? Ich könnte nicht so lange zu Hause bleiben. Spätestens vier Wochen nach der Geburt werde ich wieder anfangen zu arbeiten, und meine Eltern passen dann auf das Baby auf. Die freuen sich schon."

Arbeitsauftrag 1 (orientieren)

Verschaffen Sie sich einen Überblick über die vorliegende Situation. Welche Fragen treten bei Laura Fischer und Anna Schneider auf?

Arbeitsauftrag 2 (informieren)

Informieren Sie sich in Ihrem Lehrbuch „BüroWelt 2" über das Mutterschutzgesetz.

LF 8, 3

Arbeitsauftrag 3 (planen und durchführen)

a) Erstellen Sie mit einem Textverarbeitungsprogramm ein allgemeines Informationsblatt für Schwangere in Anlehnung an das abgebildete Muster. Halten Sie hier die wichtigsten Informationen für werdende Mütter fest. Speichern Sie die Datei anschließend unter dem Dateinamen „Mutterschutz" in Ihrem Verzeichnis.

Lernsituation 8.7

Wichtige Informationen für schwangere Mitarbeiterinnen	**Duisdorfer BüroKonzept KG**

Liebe Mitarbeiterin,
herzlichen Glückwunsch zu Ihrer bestehenden Schwangerschaft. Mit dem vorliegenden Informationsblatt möchten wir Ihnen wichtige Informationen über Ihren Arbeitseinsatz und Ihre Rechte als schwangere Arbeitnehmerin geben.

I. Anwendungsbereich

II. Wichtige Regelungen während Ihrer Schwangerschaft

III. Schutzfristen vor und nach der Entbindung

Beschäftigungsverbot
- 6 Wochen vor- und acht Wochen = Arbeit nach der Geburt
- bei Gefahr für Mutter & Kind Beschäftigungsverbot

IV. Kündigungsschutz während Ihrer Schwangerschaft

Während & 4 Monate nach der Schwangerschaft

Wir hoffen, Ihnen mit diesem Informationsblatt einen allgemeinen Überblick geben zu können. Sollten Sie weitere Fragen, speziell zu Sonderfällen und Ausnahmen haben, sprechen Sie uns gerne an.

b) Wenden Sie Ihr erworbenes Wissen auf die Ausgangssituation an. Welche Antworten können Sie den beiden Schwangeren geben, um ihre Unklarheiten zu beseitigen?

Arbeitsauftrag 4 (bewerten)
Stellen Sie Ihre Arbeitsergebnisse mithilfe eines Beamers, Overheadprojektors etc. Ihren Mitschülern vor. Bewerten Sie als Zuhörer bei den Präsentationen Ihrer Mitschüler die vorgestellten Ergebnisse und geben Sie Feedback.

Arbeitsauftrag 5 (reflektieren)
Überlegen Sie sich konkrete Maßnahmen, die in der Duisdorfer BüroKonzept KG eingesetzt werden können, um das Mutterschutzgesetz richtig umzusetzen.

Lernfeld 8

Vertiefende Aufgaben

Aufgabe 1
Berechnen Sie in den folgenden Fällen den **Beginn** und das **Ende** der Mutterschutzfrist.

a) Frau Huber:
- errechneter Geburtstermin: 03.03.20..
- tatsächlicher Geburtstermin: 03.03.20..
- Mutterschutz: _____

b) Frau Müller:
- errechneter Geburtstermin: 15.05.20..
- tatsächlicher Geburtstermin: 10.05.20..
- Mutterschutz: _____

c) Frau Kahli:
- errechneter Geburtstermin: 20.08.20..
- tatsächlicher Geburtstermin: 22.08.20..
- Mutterschutz: _____

d) Frau Sommer:
- errechneter Geburtstermin: 07.07.20..
- tatsächlicher Geburtstermin: 07.07.20..
- Mehrlingsgeburt: ja
- Mutterschutz: _____

20..

Januar	Februar	März	April
Mo Di Mi Do Fr Sa So	Mo Di Mi Do Fr Sa So	Mo Di Mi Do Fr Sa So	Mo Di Mi Do Fr Sa So
1 2 3	1 2 3 4 5 6 7	1 2 3 4 5 6	1 2 3
4 5 6 7 8 9 10	8 9 10 11 12 13 14	7 8 9 10 11 12 13	4 5 6 7 8 9 10
11 12 13 14 15 16 17	15 16 17 18 19 20 21	14 15 16 17 18 19 20	11 12 13 14 15 16 17
18 19 20 21 22 23 24	22 23 24 25 26 27 28	21 22 23 24 25 26 27	18 19 20 21 22 23 24
25 26 27 28 29 30 31	29	28 29 30 31	25 26 27 28 29 30

Mai	Juni	Juli	August
Mo Di Mi Do Fr Sa So	Mo Di Mi Do Fr Sa So	Mo Di Mi Do Fr Sa So	Mo Di Mi Do Fr Sa So
1	1 2 3 4 5	1 2 3	1 2 3 4 5 6 7
2 3 4 5 6 7 8	6 7 8 9 10 11 12	4 5 6 7 8 9 10	8 9 10 11 12 13 14
9 10 11 12 13 14 15	13 14 15 16 17 18 19	11 12 13 14 15 16 17	15 16 17 18 19 20 21
16 17 18 19 20 21 22	20 21 22 23 24 25 26	18 19 20 21 22 23 24	22 23 24 25 26 27 28
23 24 25 26 27 28 29	27 28 29 30	25 26 27 28 29 30 31	29 30 31
30 31			

September	Oktober	November	Dezember
Mo Di Mi Do Fr Sa So	Mo Di Mi Do Fr Sa So	Mo Di Mi Do Fr Sa So	Mo Di Mi Do Fr Sa So
1 2 3 4	1 2	1 2 3 4 5 6	1 2 3 4
5 6 7 8 9 10 11	3 4 5 6 7 8 9	7 8 9 10 11 12 13	5 6 7 8 9 10 11
12 13 14 15 16 17 18	10 11 12 13 14 15 16	14 15 16 17 18 19 20	12 13 14 15 16 17 18
19 20 21 22 23 24 25	17 18 19 20 21 22 23	21 22 23 24 25 26 27	19 20 21 22 23 24 25
26 27 28 29 30	24 25 26 27 28 29 30	28 29 30	26 27 28 29 30 31
	31		

Aufgabe 2
In der Duisdorfer BüroKonzept KG gibt es zwei Mitarbeiter mit einer Behinderung. Beantworten Sie mithilfe des Lehrbuchs „BüroWelt 2" folgende Fragen:
a) Wann liegt eine Behinderung gemäß dem Neunten Sozialgesetzbuch vor?
b) Erläutern Sie, wodurch und wie die Schwere der Behinderung festgelegt wird.
c) Erläutern Sie, welche besonderen Rechte Menschen mit einer Behinderung in Unternehmen haben.
d) Welches Ziel wird mit der Initiative Inklusion verfolgt?

Lernsituation 8.7 51

Aufgabe 3

Beantworten Sie mithilfe Ihres Lehrbuchs „BüroWelt 2" folgende Fragen zum Entgeltfortzahlungsgesetz.

a) Erläutern Sie, inwiefern das Entgeltfortzahlungsgesetz in Deutschland einen „Mindeststandard" darstellt.

b) Wer hat Anspruch auf Entgeltfortzahlung, wer nicht? Nennen Sie ein konkretes Beispiel.

c) Beschreiben Sie, was eine „Krankheit" im Sinne des Entgeltfortzahlungsgesetzes ist.

d) Wie erfolgt die Entlohnung im Krankheitsfall?

e) Welche Möglichkeiten bieten sich einem Arbeitgeber, der Zweifel an der tatsächlichen Arbeitsunfähigkeit seines Arbeitnehmers hat?

f) Herr Hans Lembke, der bei der Duisdorfer BüroKonzept KG in der Abteilung Beschaffung arbeitet, hat am 15.10.20.. seinen Ohrenarzt wegen starker Schmerzen im rechten Ohr aufgesucht. Dieser schreibt Herrn Lembke bis zum 21.10.20.. krank.

    I. Wann muss Herr Lembke seinen Arbeitgeber spätestens über seine bestehende Arbeitsunfähigkeit informieren?

    II. Ab welchem Datum muss Herr Lembke eine ärztliche Bescheinigung beim Arbeitgeber vorlegen?

Kalenderblattauszug 20..																				
Oktober								**November**								**Dezember**				
M	D	M	D	F	S	S		M	D	M	D	F	S	S		M	D	M	D	F	S	S

Oktober

M	D	M	D	F	S	S
		1	2	3	4	
5	6	7	8	9	10	11
12	13	14	15	16	17	18
19	20	21	22	23	24	25
26	27	28	29	30	31	

November

M	D	M	D	F	S	S
						1
2	3	4	5	6	7	8
9	10	11	12	13	14	15
16	17	18	19	20	21	22
23	24	25	26	27	28	29
30						

Dezember

M	D	M	D	F	S	S
	1	2	3	4	5	6
7	8	9	10	11	12	13
14	15	16	17	18	19	20
21	22	23	24	25	26	27
28	29	30	21			

Aufgabe 4

a) Beschreiben Sie, welches Ziel mit der Zahlung von Elterngeld verfolgt wird und welche Voraussetzungen für eine Zahlung erfüllt sein müssen.

b) Unterscheiden Sie Basiselterngeld und ElterngeldPlus.

c) Beschreiben Sie das Grundprinzip der Elternzeit.

Lernsituation 8.8
Brutto- und Nettoentgelte ermitteln

Der rote Faden	Die Entgeltabrechnung für einen Auszubildenden erklären
	Das Bruttoentgelt für einen Auszubildenden ermitteln
	Arbeitsverträge, Tarifverträge und Betriebsvereinbarungen analysieren
	Steuerliche und sozialversicherungsrechtliche Abzüge erklären
	Das Nettoentgelt für einen Auszubildenden berechnen
	Das Bruttoentgelt für einen Mitarbeiter ermitteln
	Steuertabellen und aktuelle Sozialversicherungsbeitragssätze anwenden
	Das Nettoentgelt für einen Mitarbeiter computergestützt ermitteln

Ausgangssituation

Frau Necke ist als Sachbearbeiterin im Personalwesen, Personalvergütung der Duisdorfer Büro-Konzept KG tätig. Ihre Hauptaufgabe ist es, die monatlichen Bruttoentgelte aller Mitarbeiter zu ermitteln und die Auszahlung der Nettoentgelte zu veranlassen. In diesem Zusammenhang muss Frau Necke auch die Überweisungen der Sozialversicherungsbeiträge an die jeweilige Krankenkasse sowie der steuerlichen Abzüge an die zuständige Steuerbehörde tätigen. Häufig wenden sich auch Mitarbeiter mit Fragen zu ihren Entgeltabrechnungen an sie. Damit hat Frau Necke die wichtige Aufgabe, ihre Kollegen in allen Angelegenheiten zur Personalvergütung zu beraten und zu informieren.

Am 1. August beginnen sechs Auszubildende ihre Berufsausbildung in der Duisdorfer BüroKonzept KG. Frau Necke rechnet schon mit vielen Fragen der sechs Neuen zu ihrer ersten Entgeltabrechnung. In diesem Jahr möchte sie vorbeugen und plant eine kleine Informationsveranstaltung zu Fragen der Ermittlung des Bruttoentgelts und zur Berechnung des Nettoentgelts. Da Sie selbst gerade Ihren Ausbildungseinsatz in der Abteilung Personalwesen absolvieren, bittet Frau Necke Sie, eine Präsentation zur Information der neuen Auszubildenden über die Entgeltabrechnung zu erstellen. Sie stellt Ihnen ein Muster der ersten Entgeltabrechnung für einen Auszubildenden zur Verfügung.

Arbeitsauftrag 1 (orientieren)

Machen Sie sich zunächst mit dem grundsätzlichen Aufbau der Entgeltabrechnung in der Duisdorfer BüroKonzept KG vertraut. Orientieren Sie sich dabei an dem Muster der Entgeltabrechnung für einen Auszubildenden im ersten Ausbildungsjahr. Der Auszubildende im Beispiel ist bei einer Krankenkasse krankenversichert, die einen kassenindividuellen Zusatzbeitrag in Höhe von 1,1 % erhebt.

Lernsituation 8.8

Duisdorfer BüroKonzept KG

Entgeltabrechnung		Monat	August 20..
Name	Auszubildender	Personalnummer	111
Vorname	im 1. Ausbildungsjahr	SV-Nummer	111111xxA11x
Geb.-Datum	11.11.2001	Konfession	–
Steuerklasse	I	Kinderfreibeträge	0
Anzahl Kinder	0	Familienstand	ledig

	Tarif- und Grundentgelt		666,00 €
+	Zuschläge	– €	
+	Sonderzahlungen	– €	
+	Arbeitgeberanteil zu VL	– €	
=	**sozialversicherungspflichtigen Bruttoentgelt**		666,00 €
–	Steuerfreibetrag	– €	
=	**steuerpflichtiges Bruttoentgelt**	666,00 €	
–	Lohnsteuer	– €	
–	Kirchensteuer	– €	
–	Solidaritätszuschlag	– €	
=	**steuerliche Abzüge**		– €

		%-Satz	
–	Krankenversicherung	7,3 %	48,62 €
–	ZusatzKrankenvers.	0,55 %	3,66 €
–	Pflegeversicherung	1,525 %	10,16 €
–	ZusatzPflegevers.	0,00 %	– €
–	Rentenversicherung	9,30 %	61,94 €
–	Arbeitslosenversicherung	1,25 %	8,33 €

=	**Abzüge Sozialversicherungsbeiträge**		132,71 €
=	**Nettoentgelt**		533,29 €
–	VL (gesamt)		– €
+ / –	Vorschüsse		– €
=	**Überweisungsbetrag**		533,29 €

Arbeitgeberanteile zur Sozialversicherung		
	%-Satz	Betrag
Krankenversicherung	7,3 %	48,62 €
Zusatzbeitrag Krankenversicherung	0,55 %	3,66 €
Pflegeversicherung	1,525 %	10,16 €
Rentenversicherung	9,3 %	61,94 €
Arbeitslosenversicherung	1,25 %	8,33 €

Aus Vereinfachungsgründen wird in allen hier verwendeten Sozialversicherungsnummern das Geburtsjahr durch xx und die Prüfziffer durch y ausgedrückt.

Lernfeld 8

LF 8, 5 + Modellunternehmen

Arbeitsauftrag 2 (orientieren)
1. Wie wird das Bruttoentgelt eines Auszubildenden in der Duisdorfer BüroKonzept KG ermittelt?
2. Warum wird einem Auszubildenden nicht das vertraglich zugesicherte Ausbildungsentgelt ausgezahlt, sondern nur ein geringerer Betrag?
3. Warum sind bei der Entgeltabrechnung für den Auszubildenden im ersten Ausbildungsjahr keine steuerlichen Abzüge zu berücksichtigen?
4. Wie werden die Prozentsätze für die einzelnen Sozialversicherungsbeiträge des Arbeitnehmers ermittelt?
5. An welche Institution werden die Abzüge gezahlt?

Arbeitsauftrag 3 (planen)
Bereiten Sie die Erstellung der Präsentation zum Thema „Meine erste Entgeltabrechnung" für die neuen Auszubildenden vor, indem Sie sich zunächst für ein Präsentationsmedium entscheiden. Legen Sie anschließend die thematische Struktur der Präsentation fest.

Arbeitsauftrag 4 (durchführen)
Erstellen Sie die Präsentationsmaterialien. Führen Sie anschließend einen Testlauf Ihrer Präsentation vor einer Gruppe von drei bis vier Mitschülern durch. Bitten Sie Ihre Mitschüler um kritische Beobachtung Ihres Präsentationsverhaltens und um kritische Bewertung Ihrer Präsentationsmaterialien und -inhalte.

Arbeitsauftrag 5 (bewerten/beurteilen)
Holen Sie sich nach dem Testlauf der Präsentation das konstruktive Feedback Ihrer Beobachtergruppe zu Ihrem Präsentationsverhalten und Ihren Präsentationsmaterialien und -inhalten ein.

Arbeitsauftrag 6 (reflektieren)
Fassen Sie die Rückmeldungen Ihrer Beobachtergruppe zusammen. Formulieren Sie Vorschläge, wie die Vermittlung der Inhalte zur Entgeltabrechnung besser gelingen kann.

Arbeitsauftrag 7 (orientieren/informieren)
Heute kommt Peter Effertz zu Frau Necke ins Personalbüro. Herr Effertz ist auszubildender Fachlagerist in der Duisdorfer BüroKonzept KG im zweiten Ausbildungsjahr. Die schriftliche Berufsabschlussprüfung vor der Industrie- und Handelskammer Bonn Rhein-Sieg hat er bereits absolviert und der Entwurf für einen befristeten Arbeitsvertrag mit der Duisdorfer BüroKonzept KG für die Dauer von zwölf Monaten im Anschluss an seine Berufsausbildung liegt ihm bereits vor.

Peter Effertz: „Guten Morgen, Frau Necke. Kann ich Sie kurz etwas zu meinem neuen Arbeitsvertrag fragen?"

Frau Necke: „Ja klar. Wo drückt denn der Schuh?"

Peter Effertz: „Ich kann ja nach der Ausbildung hier weiter arbeiten. Jetzt wüsste ich gerne, wie viel ich dann verdiene. Meine Freundin und ich möchten gemeinsam eine Wohnung mieten und da soll natürlich noch genug Geld zum Leben übrig bleiben."

Frau Necke: „Na, da wollen wir mal rechnen. Haben Sie Ihren Arbeitsvertrag dabei?"

Klären Sie zunächst, welche Unterlagen und rechtlichen Bestimmungen bei der Ermittlung des zukünftigen Bruttoentgelts von Herrn Effertz zu berücksichtigen sind.

Lernsituation 8.8

Auszug aus dem Arbeitsvertrag

Arbeitsvertrag

Zwischen der Duisdorfer BüroKonzept KG, Rochusstr. 30, 53123 Bonn
(im Folgenden „Arbeitgeber")
und Herrn Peter Effertz (im Folgenden „Arbeitnehmer")
wird folgendes vereinbart:

§ 1 Einstellungstermin und Aufgabenbereich

Der Arbeitnehmer wird mit dem Tag nach der bestandenen Berufsabschlussprüfung als vollbeschäftigter Fachlagerist für die Dauer von 12 Monaten in der Duisdorfer BüroKonzept KG in Bonn-Duisdorf im Angestelltenverhältnis beschäftigt.

...

§ 4 Vergütung

(1) Der Arbeitnehmer erhält die Vergütung der Gehaltsgruppe C.

...

Arbeitsauftrag 8 (informieren)

Informieren Sie sich in Ihrem Lehrbuch „BüroWelt 2" über den Betrag des zukünftigen Bruttoentgelts von Herrn Effertz und über die Berechnung der einzelnen sozialversicherungsrechtlichen und steuerlichen Abzüge bei der Ermittlung des Nettoentgelts. Berücksichtigen Sie dabei auch die tarifvertraglichen Grundlagen, die zum Modellunternehmen angegeben sind.

*LF 8, 5 +
Modellunternehmen*

Lernfeld 8

Arbeitsauftrag 9 (durchführen)

Erstellen Sie die Entgeltabrechnung für Herrn Effertz. Tragen Sie dazu die vorgegebenen Angaben und Werte sowie die anzuwendenden Prozentsätze in den Vordruck auf der nächsten Seite ein. Berechnen Sie die erforderlichen Beträge. Herr Effertz wird mit der Personalnummer 395 geführt. Sein Geburtsdatum ist 28.02.2000. Er ist unverheiratet, evangelisch und hat keine Kinder. Seine Sozialversicherungsnummer ist 112802xxE34y. Herr Effertz ist bei der AOK Rheinland/Hamburg krankenversichert.

Nutzen Sie für die Berechnung der steuerlichen Abzüge den abgedruckten Auszug aus der Lohnsteuertabelle. Berechnen Sie die Sozialversicherungsbeiträge auf Basis der geltenden Sozialversicherungsbeitragsbestimmungen im Jahr 2019. Beachten Sie, dass die AOK Rheinland/Hamburg im Jahr 2019 einen kassenindividuellen Zusatzbeitrag in Höhe von 1,1 % erhebt.

Abzüge an Lohnsteuer, Solidaritätszuschlag (SolZ) und Kirchensteuer (8%, 9%) in den Steuerklassen

Lohn/Gehalt bis €*	Kl.	LSt (ohne KFB)	SolZ	8%	9%	Kl.	LSt	0,5 SolZ	0,5 8%	0,5 9%	1 SolZ	1 8%	1 9%	1,5 SolZ	1,5 8%	1,5 9%	2 SolZ	2 8%	2 9%	2,5 SolZ	2,5 8%	2,5 9%	3** SolZ	3** 8%	3** 9%
2 417,99	I,IV	276,41	15,20	22,11	24,87	I	276,41	10,47	15,23	17,13	5,75	8,78	9,87	—	3,02	3,40	—	—	—	—	—	—	—	—	—
	II	232,66	12,79	18,61	20,93	II	232,66	8,21	11,95	13,44	—	5,71	6,42	—	0,80	0,90	—	—	—	—	—	—	—	—	—
	III	62,16	—	4,97	5,59	III	62,16	—	0,74	0,83	—	—	—	—	—	—	—	—	—	—	—	—	—	—	—
	V	542,—	29,81	43,36	48,78	IV	276,41	12,80	18,62	20,94	10,47	15,23	17,13	8,21	11,95	13,44	5,75	8,78	9,87	—	5,72	6,43	—	3,02	3,40
	VI	575,33	31,64	46,02	51,77																				
2 420,99	I,IV	277,08	15,23	22,16	24,93	I	277,08	10,51	15,29	17,20	5,88	8,83	9,93	—	3,06	3,44	—	—	—	—	—	—	—	—	—
	II	233,41	12,83	18,67	21,—	II	233,41	8,25	12,—	13,50	—	5,76	6,48	—	0,83	0,93	—	—	—	—	—	—	—	—	—
	III	62,66	—	5,01	5,63	III	62,66	—	0,77	0,86	—	—	—	—	—	—	—	—	—	—	—	—	—	—	—
	V	543,—	29,86	43,44	48,87	IV	277,08	12,84	18,68	21,01	10,51	15,29	17,20	8,25	12,—	13,50	5,88	8,83	9,93	—	5,76	6,48	—	3,06	3,44
	VI	576,33	31,69	46,10	51,86																				
2 423,99	I,IV	277,83	15,28	22,22	25,—	I	277,83	10,54	15,34	17,25	6,—	8,88	9,99	—	3,10	3,49	—	—	—	—	—	—	—	—	—
	II	234,08	12,87	18,72	21,06	II	234,08	8,28	12,05	13,55	—	5,80	6,53	—	0,86	0,97	—	—	—	—	—	—	—	—	—
	III	63,16	—	5,05	5,68	III	63,16	—	0,81	0,91	—	—	—	—	—	—	—	—	—	—	—	—	—	—	—
	V	544,—	29,92	43,52	48,96	IV	277,83	12,87	18,73	21,07	10,54	15,34	17,25	8,29	12,06	13,56	6,—	8,88	9,99	—	5,81	6,53	—	3,10	3,49
	VI	577,33	31,75	46,18	51,95																				

** Bei mehr als 3 Kinderfreibeträgen ist die „ Ergänzungs-Tabelle 3,5 bis 6 Kinderfreibeträge" anzuwenden.

Quelle: Stollfuß Tabellen, Gesamtabzug 2019, Monat, Allgemeine Tabelle, 107. Auflage, Stollfuß Medien, Bonn 2019, S. T 35.

Hinweise zur Nutzung der Lohnsteuertabelle

Bedeutung der Abkürzungen	
I – VI	Lohnsteuerklassen
LSt	Lohnsteuer
SolZ	Solidaritätszuschlag
8 %	Kirchensteuer 8 % (Baden-Württemberg und Bayern)
9 %	Kirchensteuer 9 % (alle anderen Bundesländer)
**	Verweis auf Ergänzungstabelle mit 3,5 bis 6 Kinderfreibeträgen
–	Es fallen keine steuerlichen Abzüge an.

Arbeitsauftrag 10 (bewerten/beurteilen)

Erklären Sie Ihre Vorgehensweise, Berechnungen und Ergebnisse einem Mitschüler. Holen Sie sich dabei Rückmeldungen Ihres Mitschülers ein. Vergleichen Sie auch Ihre Ergebnisse mit den Ergebnissen Ihres Mitschülers. Falls Sie zu unterschiedlichen Ergebnissen kommen, ermitteln Sie die Ursachen und klären Sie mögliche Fehler.

Arbeitsauftrag 11 (reflektieren)

Nehmen Sie gegenseitig die Anregungen und Verbesserungsvorschläge mit Ihrem Mitschüler auf und verbessern Sie ggf. Ihre Berechnung des Entgelts von Herrn Effertz.

Duisdorfer
BüroKonzept
KG

Entgeltabrechnung **Monat**

Name Personalnummer
Vorname SV-Nummer
Geb.-Datum Konfession
Steuerklasse Kinderfreibeträge
Anzahl Kinder Familienstand

Tarif- und Grundentgelt

Zuschläge
Sonderzahlungen
Arbeitgeberanteil zu VL

sozialversicherungspflichtigen Bruttoentgelt

Steuerfreibetrag

steuerpflichtiges Bruttoentgelt

Lohnsteuer
Kirchensteuer
Solidaritätszuschlag

steuerliche Abzüge

	%-Satz	
Krankenversicherung		
Zusatzbeitrag Krankenvers.		
Pflegeversicherung		
Zusatzbeitrag Pflegevers.		
Rentenversicherung		
Arbeitslosenversicherung		

Abzüge Sozialversicherungsbeiträge

Nettoentgelt

VL (gesamt)

Vorschüsse

Überweisungsbetrag

Arbeitgeberanteile zur Sozialversicherung		
	%-Satz	Betrag
Krankenversicherung		
Zusatzbeitrag Krankenversicherung		
Pflegeversicherung		
Rentenversicherung		
Arbeitslosenversicherung		

Lernfeld 8

Arbeitsauftrag 12 (durchführen)

Zum 01.08. des Jahres wurde die neue Mitarbeiterin Sonja Calakovic als Personalsachbearbeiterin Vergütung eingestellt. Sie haben dazu in der Lernsituation 8.6 die Personalakte für Frau Calakovic angelegt.

Erstellen Sie die Entgeltabrechnung für Frau Calakovic für den Monat August des Jahres. Die Krankenkasse von Frau Calakovic erhebt einen kassenindividuellen Zusatzbeitrag in Höhe von 1,5 %. Frau Calakovic hat einen Vertrag über vermögenswirksame Leistungen mit einem monatlichen Sparbetrag von 40,00 € abgeschlossen. Die Duisdorfer BüroKonzept KG gewährt ihr einen Arbeitgeberanteil zu den vermögenswirksamen Leistungen in Höhe von 20,00 € je Monat.

Berechnen Sie die Sozialversicherungsbeiträge auf der Basis der geltenden Sozialversicherungsbestimmungen im Jahr 2019.

Lohn/ Gehalt bis €*		Abzüge an Lohnsteuer, Solidaritätszuschlag (SolZ) und Kirchensteuer (8%, 9%) in den Steuerklassen						I, II, III, IV																
		I – VI ohne Kinderfreibeträge						mit Zahl der Kinderfreibeträge ...																
								0,5			1			1,5			2			2,5			3**		
		LSt	SolZ	8%	9%		LSt	SolZ	8%	9%	SolZ	8%	9%	SolZ	8%	9%	SolZ	8%	9%	SolZ	8%	9%	SolZ	8%	9%
3 203,99	I,IV	471,75	25,94	37,74	42,45	I	471,75	20,62	29,99	33,74	15,58	22,66	25,49	10,83	15,76	17,73	6,37	9,27	10,43	—	3,41	3,83	—	—	—
	II	422,58	23,24	33,80	38,03	II	422,58	18,06	26,27	29,55	13,17	19,16	21,55	8,56	12,46	14,01	—	6,18	6,95	—	1,12	1,26	—	—	—
	III	216,16	10,83	17,29	19,45	III	216,16	—	11,18	12,58	—	5,84	6,57	—	1,44	1,62	—	—	—	—	—	—	—	—	—
	V	811,50	44,63	64,92	73,03	IV	471,75	23,24	33,81	38,03	20,62	29,99	33,74	18,06	26,28	29,56	15,58	22,66	25,49	13,17	19,16	21,55	10,83	15,76	17,73
	VI	847,75	46,62	67,82	76,29																				
3 206,99	I,IV	472,58	25,99	37,80	42,53	I	472,58	20,66	30,05	33,80	15,62	22,72	25,56	10,87	15,81	17,78	6,40	9,32	10,48	—	3,46	3,89	—	—	—
	II	423,41	23,28	33,87	38,10	II	423,41	18,10	26,33	29,62	13,20	19,21	21,61	8,60	12,51	14,07	—	6,22	7,—	—	1,15	1,29	—	—	—
	III	216,66	10,93	17,33	19,49	III	216,66	—	11,22	12,62	—	5,88	6,61	—	1,46	1,64	—	—	—	—	—	—	—	—	—
	V	812,58	44,69	65,—	73,13	IV	472,58	23,29	33,88	38,11	20,66	30,05	33,80	18,10	26,34	29,63	15,62	22,72	25,56	13,21	19,22	21,62	10,87	15,81	17,78
	VI	848,83	46,68	67,90	76,39																				
3 224,99	I,IV	477,25	26,24	38,18	42,95	I	477,25	20,90	30,41	34,21	15,85	23,06	25,94	11,09	16,13	18,14	6,61	9,62	10,82	—	3,70	4,16	—	—	—
	II	428,—	23,54	34,24	38,52	II	428,—	18,34	26,68	30,01	13,43	19,54	21,98	8,81	12,82	14,42	0,10	6,52	7,33	—	1,35	1,52	—	—	—
	III	220,50	11,70	17,64	19,84	III	220,50	—	11,50	12,94	—	6,10	6,86	—	1,66	1,87	—	—	—	—	—	—	—	—	—
	V	818,91	45,04	65,51	73,70	IV	477,25	23,54	34,24	38,52	20,90	30,41	34,21	18,34	26,68	30,02	15,85	23,06	25,94	13,43	19,54	21,98	11,09	16,13	18,14
	VI	855,16	47,03	68,41	76,96																				
3 227,99	I,IV	478,08	26,29	38,24	43,02	I	478,08	20,95	30,47	34,28	15,89	23,12	26,01	11,12	16,18	18,20	6,65	9,67	10,88	—	3,74	4,20	—	—	—
	II	428,75	23,58	34,30	38,58	II	428,75	18,38	26,74	30,08	13,47	19,59	22,04	8,85	12,87	14,48	0,21	6,56	7,38	—	1,38	1,55	—	—	—
	III	221,16	11,83	17,69	19,90	III	221,16	—	11,56	13,—	—	6,14	6,91	—	1,69	1,90	—	—	—	—	—	—	—	—	—
	V	819,91	45,09	65,59	73,79	IV	478,08	23,58	34,30	38,59	20,95	30,47	34,28	18,38	26,74	30,08	15,89	23,12	26,01	13,47	19,60	22,05	11,12	16,18	18,20
	VI	856,16	47,08	68,49	77,05																				
3 242,99	I,IV	482,—	26,51	38,56	43,38	I	482,—	21,15	30,77	34,61	16,09	23,40	26,33	11,31	16,45	18,50	6,82	9,92	11,16	—	3,94	4,43	—	—	—
	II	432,58	23,79	34,60	38,93	II	432,58	18,58	27,03	30,41	13,66	19,87	22,35	9,02	13,13	14,77	0,81	6,80	7,65	—	1,55	1,74	—	—	—
	III	224,16	12,32	17,93	20,17	III	224,16	—	11,78	13,25	—	6,34	7,13	—	1,85	2,08	—	—	—	—	—	—	—	—	—
	V	825,25	45,38	66,02	74,27	IV	482,—	23,79	34,61	38,93	21,15	30,77	34,61	18,59	27,04	30,42	16,09	23,40	26,33	13,66	19,88	22,36	11,31	16,45	18,50
	VI	861,50	47,38	68,92	77,53																				
3 245,99	I,IV	482,83	26,55	38,62	43,45	I	482,83	21,19	30,83	34,68	16,12	23,46	26,39	11,34	16,50	18,56	6,85	9,97	11,21	—	3,99	4,49	—	—	—
	II	433,41	23,83	34,67	39,—	II	433,41	18,62	27,08	30,47	13,69	19,92	22,41	9,06	13,18	14,82	0,93	6,85	7,70	—	1,58	1,78	—	—	—
	III	224,83	12,36	17,98	20,23	III	224,83	—	11,84	13,32	—	6,38	7,18	—	1,88	2,11	—	—	—	—	—	—	—	—	—
	V	826,25	45,44	66,10	74,36	IV	482,83	23,84	34,68	39,01	21,19	30,83	34,68	18,62	27,09	30,47	16,12	23,46	26,39	13,70	19,93	22,42	11,34	16,50	18,56
	VI	862,50	47,43	69,—	77,62																				

* Bei mehr als 3 Kinderfreibeträgen ist die „Ergänzungs-Tabelle 3,5 bis 6 Kinderfreibeträge" anzuwenden.

Quelle: Stollfuß Tabellen, Gesamtabzug 2019, Monat, Allgemeine Tabelle, 107. Auflage, Stollfuß Medien, Bonn 2019, S. T 531, T 52.

Duisdorfer BüroKonzept KG

	Entgeltabrechnung		**Monat**	
Name		Personalnummer		
Vorname		SV-Nummer		
Geb.-Datum		Konfession		
Steuerklasse		Kinderfreibeträge		
Anzahl Kinder		Familienstand		

Tarif- und Grundentgelt

Zuschläge
Sonderzahlungen
Arbeitgeberanteil zu VL

sozialversicherungspflichtigen Bruttoentgelt

Steuerfreibetrag

steuerpflichtiges Bruttoentgelt

Lohnsteuer
Kirchensteuer
Solidaritätszuschlag

steuerliche Abzüge

	%-Satz	
Krankenversicherung		
Zusatzbeitrag Krankenvers.		
Pflegeversicherung		
Zusatzbeitrag Pflegevers.		
Rentenversicherung		
Arbeitslosenversicherung		

Abzüge Sozialversicherungsbeiträge

Nettoentgelt

VL (gesamt)

Vorschüsse

Überweisungsbetrag

Arbeitgeberanteile zur Sozialversicherung		
	%-Satz	Betrag
Krankenversicherung		
Zusatzbeitrag Krankenversicherung		
Pflegeversicherung		
Rentenversicherung		
Arbeitslosenversicherung		

Lernfeld 8

Arbeitsauftrag 13 (durchführen)

Herr Otto Bollenbeck arbeitet in der Produktion „Möbeltische" im Schichtbetrieb und ist der Lohngruppe V zugeordnet. Ermitteln Sie unter Verwendung eines Tabellenkalkulationsprogramms oder der auf der folgenden Seite abgedruckten Tabelle zunächst sein Bruttoentgelt für den Monat Mai 20... Nutzen Sie dazu die Informationen in den Tarifverträgen, denen die Duisdorfer BüroKonzept KG unterliegt. Herr Bollenbeck erhält zusätzlich zu seinem Bruttoentgelt aus dem laufenden Monat eine einmalige Leistungsprämie in Höhe von 410,00 €.

Sein Arbeitszeitnachweis weist die folgenden Informationen aus:

Datum	Wochentag	Art	Arbeitszeit (Stunden)
01.05.20..	Do	G	
02.05.20..	Fr	A	7
03.05.20..	Sa	F	
04.05.20..	So	F	
05.05.20..	Mo	A	7
06.05.20..	Di	A	7
07.05.20..	Mi	A	7
08.05.20..	Do	A	7
09.05.20..	Fr	A	7
10.05.20..	Sa	F	
11.05.20..	So	F	
12.05.20..	Mo	K	
13.05.20..	Di	K	
14.05.20..	Mi	A	7
15.05.20..	Do	A	7
16.05.20..	Fr	A	7
17.05.20..	Sa	F	
18.05.20..	So	F	
19.05.20..	Mo	A	7
20.05.20..	Di	A	7
21.05.20..	Mi	A	7
22.05.20..	Do	A	7
23.05.20..	Fr	A	7
24.05.20..	Sa	F	
25.05.20..	So	F	
26.05.20..	Mo	A	7
27.05.20..	Di	A	7
28.05.20..	Mi	A	7
29.05.20..	Do	G	
30.05.20..	Fr	A	7
31.05.20..	Sa	F	

Legende:

A Arbeitszeit   F arbeitsfrei   G gesetzlicher Feiertag[1]   K krank[2]

LF 8, 3.4

---

[1] Nach § 2 Entgeltfortzahlungsgesetz hat der Arbeitgeber dem Arbeitnehmer für Arbeitszeit, die infolge eines gesetzlichen Feiertages ausfällt, das Arbeitsentgelt zu zahlen, das er ohne den Arbeitsausfall erhalten hätte.

[2] Wird ein Arbeitnehmer durch Arbeitsunfähigkeit infolge Krankheit an seiner Arbeitsleistung verhindert, ohne dass ihn ein Verschulden trifft, so hat er nach § 3 Entgeltfortzahlungsgesetz Anspruch auf Entgeltfortzahlung durch den Arbeitgeber für die Zeit der Arbeitsunfähigkeit bis zur Dauer von sechs Wochen.

Lernsituation 8.8 61

Datum	Wochentag	Art	Arbeitszeit (Stunden)	für das Bruttoentgelt relevante Stunden
01.05.20..	Do	G	7	
02.05.20..	Fr	A	7	
03.05.20..	Sa	F		
04.05.20..	So	F		
05.05.20..	Mo	A	7	
06.05.20..	Di	A	7	
07.05.20..	Mi	A	7	
08.05.20..	Do	A	7	
09.05.20..	Fr	A	7	
10.05.20..	Sa	F		
11.05.20..	So	F		
12.05.20..	Mo	K		
13.05.20..	Di	K		
14.05.20..	Mi	A	7	
15.05.20..	Do	A	7	
16.05.20..	Fr	A	7	
17.05.20..	Sa	F		
18.05.20..	So	F		
19.05.20..	Mo	A	7	
20.05.20..	Di	A	7	
21.05.20..	Mi	A	7	
22.05.20..	Do	A	7	
23.05.20..	Fr	A	7	
24.05.20..	Sa	F		
25.05.20..	So	F		
26.05.20..	Mo	A	7	
27.05.20..	Di	A	7	
28.05.20..	Mi	A	7	
29.05.20..	Do	G	7	
30.05.20..	Fr	A	7	
31.05.20..	Sa	F		
			Gesamtstunden	
			Stundenlohn	
			vorläufiges Bruttoentgelt	
			Leistungsprämie	
			Bruttoentgelt	

Lernfeld 8

Arbeitsauftrag 14 (durchführen)

Herr Bollenbeck wird mit der Personalnummer 283 geführt. Er ist verheiratet und hat zwei Kinder. Als Konfession hat Herr Bollenbeck römisch-katholisch angegeben. Das Geburtsdatum von Herrn Bollenbeck ist 28.02.1977. Seine Sozialversicherungsnummer lautet 122802xx28y.

Herr Bollenbeck hat die Steuerklasse III (2 Kinderfreibeträge). Im vergangenen Monat hat er einen Vorschuss in Höhe von 240,00 € erhalten.

Berechnen Sie unter Verwendung der abgedruckten Vorlage auf der nächsten Seite das Nettoentgelt von Herr Bollenbeck für Monat Mai 20… Nutzen Sie für die Ermittlung der steuerlichen Abzüge den abgedruckten Auszug aus der Lohnsteuertabelle. Berechnen Sie die Sozialversicherungsbeiträge auf Basis der geltenden Sozialversicherungsbestimmungen im Jahr 2019. Beachten Sie, dass die AOK Rheinland/Hamburg einen kassenindividuellen Zusatzbeitrag in Höhe von 1,1 % erhebt.

Lohn/Gehalt bis €*		I–VI ohne Kinderfreibeträge				I, II, III, IV		mit Zahl der Kinderfreibeträge …																	
		LSt	SolZ	8%	9%		LSt	0,5 SolZ	0,5 8%	0,5 9%	1 SolZ	1 8%	1 9%	1,5 SolZ	1,5 8%	1,5 9%	2 SolZ	2 8%	2 9%	2,5 SolZ	2,5 8%	2,5 9%	3** SolZ	3** 8%	3** 9%
2 849,99	I,IV	381,—	20,95	30,48	34,29	I	381,—	15,89	23,12	26,01	11,13	16,19	18,21	6,65	9,67	10,88	—	3,74	4,21	—	—	—	—	—	—
	II	334,33	18,38	26,74	30,08	II	334,33	13,47	19,60	22,05	8,85	12,87	14,48	0,21	6,56	7,38	—	1,38	1,55	—	—	—	—	—	—
	III	144,50	—	11,56	13,—	III	144,50	—	6,16	6,93	—	1,69	1,90	—	—	—	—	—	—	—	—	—	—	—	—
	V	686,66	37,76	54,93	61,79	IV	381,—	18,38	26,74	30,08	15,89	23,12	26,01	13,47	19,60	22,05	11,13	16,19	18,21	8,85	12,88	14,49	6,65	9,67	10,88
	VI	722,91	39,76	57,83	65,06																				
2 852,99	I,IV	381,75	20,99	30,54	34,35	I	381,75	15,93	23,18	26,07	11,16	16,24	18,27	6,68	9,72	10,94	—	3,78	4,25	—	—	—	—	—	—
	II	335,—	18,42	26,80	30,15	II	335,—	13,51	19,65	22,10	8,88	12,92	14,54	0,33	6,61	7,43	—	1,42	1,59	—	—	—	—	—	—
	III	145,16	—	11,61	13,06	III	145,16	—	6,18	6,95	—	1,73	1,94	—	—	—	—	—	—	—	—	—	—	—	—
	V	687,66	37,82	55,01	61,88	IV	381,75	18,42	26,80	30,15	15,93	23,18	26,07	13,51	19,66	22,11	11,16	16,24	18,27	8,89	12,93	14,54	6,68	9,72	10,94
	VI	724,—	39,82	57,92	65,16																				
2 855,99	I,IV	382,50	21,03	30,60	34,42	I	382,50	15,97	23,24	26,14	11,20	16,29	18,32	6,71	9,77	10,99	—	3,82	4,30	—	—	—	—	—	—
	II	335,75	18,46	26,86	30,21	II	335,75	13,54	19,70	22,16	8,92	12,98	14,60	0,46	6,66	7,49	—	1,45	1,63	—	—	—	—	—	—
	III	145,66	—	11,65	13,10	III	145,66	—	6,22	7,—	—	1,76	1,98	—	—	—	—	—	—	—	—	—	—	—	—
	V	688,83	37,88	55,10	61,99	IV	382,50	18,47	26,86	30,22	15,97	23,24	26,14	13,55	19,71	22,17	11,20	16,29	18,32	8,92	12,98	14,60	6,71	9,77	10,99
	VI	725,—	39,87	58,—	65,16																				

Abzüge an Lohnsteuer, Solidaritätszuschlag (SolZ) und Kirchensteuer (8%, 9%) in den Steuerklassen

** Bei mehr als 3 Kinderfreibeträgen ist die „Ergänzungs-Tabelle 3,5 bis 6 Kinderfreibeträge" anzuwenden.

Quelle: Stollfuß Tabellen, Gesamtabzug 2019, Monat, Allgemeine Tabelle, 107. Auflage, Stollfuß Medien, Bonn 2019, S. T 44.

Lernsituation 8.8

Duisdorfer BüroKonzept KG

Entgeltabrechnung Monat

- Name
- Vorname
- Geb.-Datum
- Steuerklasse
- Anzahl Kinder

- Personalnummer
- SV-Nummer
- Konfession
- Kinderfreibeträge
- Familienstand

Tarif- und Grundentgelt

Zuschläge
Sonderzahlungen
Arbeitgeberanteil zu VL

sozialversicherungspflichtigen Bruttoentgelt

Steuerfreibetrag

steuerpflichtiges Bruttoentgelt

Lohnsteuer
Kirchensteuer
Solidaritätszuschlag

steuerliche Abzüge

	%-Satz	
Krankenversicherung		
Zusatzbeitrag Krankenvers.		
Pflegeversicherung		
Zusatzbeitrag Pflegevers.		
Rentenversicherung		
Arbeitslosenversicherung		

Abzüge Sozialversicherungsbeiträge

Nettoentgelt

VL (gesamt)

Vorschüsse

Überweisungsbetrag

Arbeitgeberanteile zur Sozialversicherung		
	%-Satz	Betrag
Krankenversicherung		
Zusatzbeitrag Krankenversicherung		
Pflegeversicherung		
Rentenversicherung		
Arbeitslosenversicherung		

Lernfeld 8

Vertiefende Aufgaben

Modellunternehmen

Aufgabe 1

Herr Frank Gerlach ist als Leiter der Produktion Bürotische in der Duisdorfer BüroKonzept KG tätig. Ihre Aufgabe ist es, die Entgeltabrechnung für Herrn Gerlach für den laufenden Monat zu erstellen. Nutzen Sie dazu die nachstehenden Informationen, die Informationen zum Unternehmen Duisdorfer BüroKonzept KG, die Vorlage für die Entgeltabrechnung und den abgedruckten Auszug aus der Lohnsteuertabelle. Berechnen Sie die Sozialversicherungsbeiträge auf der Basis der geltenden Sozialversicherungsbestimmungen im Jahr 2019. Berücksichtigen Sie, dass die AOK Rheinland/Hamburg einen kassenindividuellen Zusatzbeitrag in Höhe von 1,1 % erhebt.

Mitarbeiter	Frank Gerlach
Personalnummer	106
geboren	15.08.1988
Familienstand	verheiratet
Steuerklasse	III
Religionszugehörigkeit	römisch-katholisch
Kinderfreibeträge	2
monatlicher Steuerfreibetrag	220,00 €
Entgeltgruppe	Meister M3
Sozialversicherungsnummer	111508xxG34y
Krankenkasse	AOK Rheinland/Hamburg

** Bei mehr als 3 Kinderfreibeträgen ist die „Ergänzungs-Tabelle 3,5 bis 6 Kinderfreibeträge" anzuwenden.
Quelle: Stollfuß Tabellen, Gesamtabzug 2019, Monat, Allgemeine Tabelle, 107. Auflage, Stollfuß Medien, Bonn 2019, S. T 56/T 61.

Lernsituation 8.8

Duisdorfer
BüroKonzept
KG

BK

Entgeltabrechnung	**Monat**	

Name		Personalnummer	
Vorname		SV-Nummer	
Geb.-Datum		Konfession	
Steuerklasse		Kinderfreibeträge	
Anzahl Kinder		Familienstand	

Tarif- und Grundentgelt

Zuschläge

Sonderzahlungen

Arbeitgeberanteil zu VL

sozialversicherungspflichtigen Bruttoentgelt

Steuerfreibetrag

steuerpflichtiges Bruttoentgelt

Lohnsteuer

Kirchensteuer

Solidaritätszuschlag

steuerliche Abzüge

	%-Satz	
Krankenversicherung		
Zusatzbeitrag Krankenvers.		
Pflegeversicherung		
Zusatzbeitrag Pflegevers.		
Rentenversicherung		
Arbeitslosenversicherung		

Abzüge Sozialversicherungsbeiträge

Nettoentgelt

VL (gesamt)

Vorschüsse

Überweisungsbetrag

Arbeitgeberanteile zur Sozialversicherung		
	%-Satz	**Betrag**
Krankenversicherung		
Zusatzbeitrag Krankenversicherung		
Pflegeversicherung		
Rentenversicherung		
Arbeitslosenversicherung		

Lernfeld 8

Modell-
unternehmen

Aufgabe 2

Frau Mine Schorn ist kinderlos. Sie ist als Mitarbeiterin in der Produktion Bürotische in der Duisdorfer BüroKonzept KG tätig. Ihre Aufgabe ist es, die Entgeltabrechnung für Frau Schorn für den laufenden Monat zu erstellen. Nutzen Sie dazu die nachstehenden Informationen, die Informationen zum Unternehmen Duisdorfer BüroKonzept KG, die Vorlage für die Entgeltabrechnung auf der nächsten Seite und den abgedruckten Auszug aus der Lohnsteuertabelle. Berechnen Sie die Sozialversicherungsbeiträge auf Basis der geltenden Sozialversicherungsbestimmungen im Jahr 2019. Beachten Sie, dass die AOK Rheinland/Hamburg einen Zusatzbeitrag in Höhe von 1,1 % erhebt. Beachten Sie bitte, dass in der Duisdorfer BüroKonzept KG die Mehrarbeit und die Zuschläge aus dem Vormonat im laufenden Monat vergütet werden.

Mitarbeiter	Mine Schorn
Personalnummer	138
geboren	06.05.1979
Familienstand	geschieden
Steuerklasse	I
Religionszugehörigkeit	–
Kinderfreibeträge	0
monatlicher Steuerfreibetrag	150,00 €
Entgeltgruppe	II
geleistete Arbeitszeit (aktueller Monat)	147 Stunden
Mehrarbeit (Vormonat)	10 Stunden mit Zuschlagssatz 25 %
Arbeit an Samstagen (Vormonat)	13 Stunden mit Zuschlagssatz 35 %
Sozialversicherungsnummer	110605xxF63y
Krankenkasse	AOK Rheinland/Hamburg

Lohn/Gehalt bis €*		Abzüge an Lohnsteuer, Solidaritätszuschlag (SolZ) und Kirchensteuer (8%, 9%) in den Steuerklassen																		
		I – VI ohne Kinderfreibeträge				I, II, III, IV mit Zahl der Kinderfreibeträge ...															
						0,5			1			1,5			2			2,5			3**	
		LSt	SolZ 8%	9%	LSt	SolZ	8%	9%	SolZ	8%	9%	SolZ	8%	9%	SolZ	8%	9%	SolZ	8%	9%	SolZ	8%	9%
2 348,99	I,IV	260,33	14,31 20,82	23,42	I 260,33	9,64	14,02	15,77	2,91	7,64	8,60	—	2,16	2,43	—	—	—	—	—	—	—	—	—
	II	217,08	11,93 17,36	19,53	II 217,08	7,41	10,78	12,12	—	4,68	5,26	—	0,11	0,12	—	—	—	—	—	—	—	—	—
	III	50,50	— 4,04	4,54	III 50,50																		
	V	520,33	28,61 41,62	46,82	IV 260,33	11,94	17,37	19,54	9,64	14,02	15,77	7,41	10,78	12,13	2,91	7,64	8,60	—	4,68	5,26	—	2,16	2,43
	VI	552,83	30,40 44,22	49,75																			
2 351,99	I,IV	261,—	14,35 20,88	23,49	I 261,—	9,68	14,08	15,84	3,05	7,70	8,66	—	2,20	2,47	—	—	—	—	—	—	—	—	—
	II	217,83	11,98 17,42	19,60	II 217,83	7,44	10,83	12,18	—	4,72	5,31	—	0,14	0,15	—	—	—	—	—	—	—	—	—
	III	51,—	— 4,08	4,59	III 51,—	—	0,04	0,04															
	V	521,33	28,67 41,70	46,91	IV 261,—	11,98	17,42	19,60	9,68	14,08	15,84	7,45	10,84	12,19	3,05	7,70	8,66	—	4,72	5,31	—	2,20	2,47
	VI	553,83	30,46 44,30	49,84																			
2 354,99	I,IV	261,75	14,39 20,94	23,55	I 261,75	9,71	14,13	15,89	3,16	7,74	8,71	—	2,23	2,51	—	—	—	—	—	—	—	—	—
	II	218,50	12,01 17,48	19,66	II 218,50	7,48	10,88	12,24	—	4,76	5,36	—	0,16	0,18	—	—	—	—	—	—	—	—	—
	III	51,50	— 4,12	4,63	III 51,50	—	0,06	0,07															
	V	522,16	28,71 41,77	46,99	IV 261,75	12,01	17,48	19,66	9,71	14,13	15,89	7,48	10,88	12,24	3,16	7,74	8,71	—	4,76	5,36	—	2,23	2,51
	VI	554,83	30,51 44,38	49,93																			
2 498,99	I,IV	295,50	16,25 23,64	26,59	I 295,50	11,46	16,67	18,75	6,96	10,12	11,39	—	4,12	4,63	—	—	—	—	—	—	—	—	—
	II	251,25	13,81 20,10	22,61	II 251,25	9,17	13,34	15,01	1,31	7,—	7,88	—	1,69	1,90	—	—	—	—	—	—	—	—	—
	III	76,33	— 6,10	6,86	III 76,33	—	1,65	1,85															
	V	568,16	31,24 45,45	51,13	IV 295,50	13,82	20,10	22,61	11,46	16,67	18,75	9,17	13,34	15,01	6,96	10,12	11,39	1,33	7,01	7,88	—	4,12	4,63
	VI	601,83	33,10 48,14	54,16																			
2 501,99	I,IV	296,16	16,28 23,69	26,65	I 296,16	11,49	16,72	18,81	6,99	10,18	11,45	—	4,16	4,68	—	—	—	—	—	—	—	—	—
	II	251,91	13,85 20,15	22,67	II 251,91	9,20	13,39	15,06	1,43	7,05	7,93	—	1,73	1,94	—	—	—	—	—	—	—	—	—
	III	76,83	— 6,14	6,91	III 76,83	—	1,69	1,90															
	V	569,16	31,30 45,53	51,22	IV 296,16	13,86	20,16	22,68	11,49	16,72	18,81	9,21	13,40	15,07	6,99	10,18	11,45	1,45	7,06	7,94	—	4,16	4,68
	VI	602,83	33,15 48,22	54,25																			
2 504,99	I,IV	296,91	16,33 23,75	26,72	I 296,91	11,53	16,78	18,87	7,03	10,22	11,50	—	4,20	4,73	—	—	—	—	—	—	—	—	—
	II	252,58	13,89 20,20	22,73	II 252,58	9,24	13,44	15,12	1,56	7,10	7,99	—	1,76	1,98	—	—	—	—	—	—	—	—	—
	III	77,50	— 6,20	6,97	III 77,50	—	1,73	1,94															
	V	570,—	31,35 45,60	51,30	IV 296,91	13,89	20,21	22,73	11,53	16,78	18,87	9,24	13,45	15,13	7,03	10,22	11,50	1,56	7,10	7,99	—	4,20	4,73
	VI	604,—	33,22 48,32	54,36																			

** Bei mehr als 3 Kinderfreibeträgen ist die „Ergänzungs-Tabelle 3,5 bis 6 Kinderfreibeträge" anzuwenden.
Quelle: Stollfuß Tabellen, Gesamtabzug 2019, Monat, Allgemeine Tabelle, 107. Auflage, Stollfuß Medien, Bonn 2019, S. T 34/T 36/T 37.

Lernsituation 8.8

Duisdorfer BüroKonzept KG BK

Entgeltabrechnung	**Monat**

Name		Personalnummer	
Vorname		SV-Nummer	
Geb.-Datum		Konfession	
Steuerklasse		Kinderfreibeträge	
Anzahl Kinder		Familienstand	

Tarif- und Grundentgelt

Zuschläge

Sonderzahlungen

Arbeitgeberanteil zu VL

sozialversicherungspflichtigen Bruttoentgelt

Steuerfreibetrag

steuerpflichtiges Bruttoentgelt

Lohnsteuer

Kirchensteuer

Solidaritätszuschlag

steuerliche Abzüge

	%-Satz	
Krankenversicherung		
Zusatzbeitrag Krankenvers.		
Pflegeversicherung		
Zusatzbeitrag Pflegevers.		
Rentenversicherung		
Arbeitslosenversicherung		

Abzüge Sozialversicherungsbeiträge

Nettoentgelt

VL (gesamt)

Vorschüsse

Überweisungsbetrag

Arbeitgeberanteile zur Sozialversicherung		
	%-Satz	Betrag
Krankenversicherung		
Zusatzbeitrag Krankenversicherung		
Pflegeversicherung		
Rentenversicherung		
Arbeitslosenversicherung		

Lernfeld 8

Modellunternehmen

Aufgabe 3

Herr Achim Langner leitet den technischen Bereich in der Duisdorfer BüroKonzept KG. Ihre Aufgabe ist es, die Entgeltabrechnung für Herrn Langner für den laufenden Monat zu erstellen. Nutzen Sie dazu die nachstehenden Informationen, die Informationen zum Unternehmen Duisdorfer BüroKonzept KG, die Vorlage für die Entgeltabrechnung auf der nächsten Seite und den abgedruckten Auszug aus der Lohnsteuertabelle. Berechnen Sie die Sozialversicherungsbeiträge auf Basis der geltenden Sozialversicherungsbestimmungen im Jahr 2019. Beachten Sie, dass die AOK Rheinland/Hamburg einen Zusatzbeitrag in Höhe von 1,1 % erhebt. Herr Langner hat keine Kinder.

Mitarbeiter	Achim Langner
Personalnummer	117
geboren	14.06.1966
Familienstand	verheiratet
Steuerklasse	IV
Religionszugehörigkeit	evangelisch
Kinderfreibeträge	0
monatlicher Steuerfreibetrag	0,00 €
Entgeltgruppe	außertariflich, monatlich 7.200,00 € brutto
Krankenversicherung	freiwillig gesetzlich bei der AOK Rheinland/Hamburg
Sozialversicherungsnummer	651406xxL72y

Quelle: Stollfuß Tabellen, Lohnsteuer 2019, Höherer Monat, 91. Auflage, Stollfuß Medien, Bonn 2019, S. T 45.

Lernsituation 8.8

Duisdorfer BüroKonzept KG

Entgeltabrechnung		**Monat**	
Name		Personalnummer	
Vorname		SV-Nummer	
Geb.-Datum		Konfession	
Steuerklasse		Kinderfreibeträge	
Anzahl Kinder		Familienstand	

Tarif- und Grundentgelt

Zuschläge

Sonderzahlungen

Arbeitgeberanteil zu VL

sozialversicherungspflichtigen Bruttoentgelt

Steuerfreibetrag

steuerpflichtiges Bruttoentgelt

Lohnsteuer

Kirchensteuer

Solidaritätszuschlag

steuerliche Abzüge

	%-Satz	
Krankenversicherung		
Zusatzbeitrag Krankenvers.		
Pflegeversicherung		
Zusatzbeitrag Pflegevers.		
Rentenversicherung		
Arbeitslosenversicherung		

Abzüge Sozialversicherungsbeiträge

Nettoentgelt

VL (gesamt)

Vorschüsse

Überweisungsbetrag

Arbeitgeberanteile zur Sozialversicherung		
	%-Satz	Betrag
Krankenversicherung		
Zusatzbeitrag Krankenversicherung		
Pflegeversicherung		
Rentenversicherung		
Arbeitslosenversicherung		

Lernfeld 8

Aufgabe 4

Modellunternehmen

Frau Laura Fischer ist im Controlling der Duisdorfer BüroKonzept KG tätig. Ihre Aufgabe ist es, die Entgeltabrechnung für Frau Fischer für den laufenden Monat zu erstellen. Nutzen Sie dazu die nachstehenden Informationen, die Informationen zum Unternehmen Duisdorfer BüroKonzept KG, die Vorlage für die Entgeltabrechnung (auf der nächsten Seite) und den abgedruckten Auszug aus der Lohnsteuertabelle. Berechnen Sie die Sozialversicherungsbeiträge auf Basis der geltenden Sozialversicherungsbestimmungen im Jahr 2019. Beachten Sie, dass die AOK Rheinland/Hamburg einen Zusatzbeitrag in Höhe von 1,1 % erhebt. Frau Fischer hat zwei Kinder. Bei Steuerklasse V werden allerdings keine Kinderfreibeträge berücksichtigt.

Mitarbeiter	Laura Fischer
Personalnummer	197
geboren	21.09.1990
Familienstand	verheiratet
Steuerklasse	V
Religionszugehörigkeit	evangelisch
Kinderfreibeträge	0
monatlicher Steuerfreibetrag	0,00 €
Entgeltgruppe	C
Arbeitszeit	Teilzeit 50 %
Sozialversicherungsnummer	172109xxS52y
Krankenkasse	AOK Rheinland/Hamburg

Abzüge an Lohnsteuer, Solidaritätszuschlag (SolZ) und Kirchensteuer (8%, 9%) in den Steuerklassen I–VI und I, II, III, IV mit Zahl der Kinderfreibeträge (0,5; 1; 1,5; 2; 2,5; 3**)

Lohn/Gehalt bis €*	StKl	LSt	SolZ	8%	9%
1 208,99	I,IV	19,83	—	1,58	1,78
	II	—	—	—	—
	III	—	—	—	—
	V	126,33	6,94	10,10	11,36
	VI	162,66	8,94	13,01	14,63
1 211,99	I,IV	20,25	—	1,62	1,82
	II	—	—	—	—
	III	—	—	—	—
	V	127,41	7,—	10,19	11,46
	VI	163,66	9,—	13,09	14,72
1 214,99	I,IV	20,66	—	1,65	1,85
	II	—	—	—	—
	III	—	—	—	—
	V	128,41	7,06	10,27	11,55
	VI	164,66	9,05	13,17	14,81

(Spalten StKl I: LSt 19,83 / 20,25 / 20,66; StKl IV: LSt 19,83 / 20,25 / 20,66)

Quelle: Stollfuß Tabellen, Gesamtabzug 2019, Monat, Allgemeine Tabelle, 107. Auflage, Stollfuß Medien, Bonn 2019, S. T 11.

Lernsituation 8.8

Duisdorfer
BüroKonzept
KG

BK

Entgeltabrechnung		Monat	
Name		Personalnummer	
Vorname		SV-Nummer	
Geb.-Datum		Konfession	
Steuerklasse		Kinderfreibeträge	
Anzahl Kinder		Familienstand	

Tarif- und Grundentgelt

Zuschläge

Sonderzahlungen

Arbeitgeberanteil zu VL

sozialversicherungspflichtigen Bruttoentgelt

Steuerfreibetrag

steuerpflichtiges Bruttoentgelt

Lohnsteuer

Kirchensteuer

Solidaritätszuschlag

steuerliche Abzüge

	%-Satz	
Krankenversicherung		
Zusatzbeitrag Krankenvers.		
Pflegeversicherung		
Zusatzbeitrag Pflegevers.		
Rentenversicherung		
Arbeitslosenversicherung		

Abzüge Sozialversicherungsbeiträge

Nettoentgelt

VL (gesamt)

Vorschüsse

Überweisungsbetrag

Arbeitgeberanteile zur Sozialversicherung		
	%-Satz	Betrag
Krankenversicherung		
Zusatzbeitrag Krankenversicherung		
Pflegeversicherung		
Rentenversicherung		
Arbeitslosenversicherung		

Lernfeld 8

Aufgabe 5

Die Lohnliste der Duisdorfer BüroKonzept KG weist für den Monat April folgende Summen auf:

Positionen	Summen in €
sozialversicherungspflichtige Bruttoentgelte	196.248,96
Lohnsteuer	34.274,68
Kirchensteuer	2.004,79
Solidaritätszuschlag	1.885,11
Krankenversicherungsbeiträge Arbeitnehmer	14.908,16
Krankenversicherungsbeiträge Arbeitgeber	13.096,20
Pflegeversicherungsbeiträge Arbeitnehmer	2.528,41
Pflegeversicherungsbeiträge Arbeitgeber	2.305,93
Rentenversicherungsbeiträge Arbeitnehmer	17.526,81
Rentenversicherungsbeiträge Arbeitgeber	17.526,81
Beiträge zur Arbeitslosenversicherung Arbeitnehmer	2.811,79
Beiträge zur Arbeitslosenversicherung Arbeitgeber	2.811,79
Nettoentgelte	120.309,21

a) Ermitteln Sie die gesamten Personalaufwendungen/Personalkosten.

b) Welchen Betrag muss die BüroKonzept KG für den Monat April an das Finanzamt überweisen?

c) Welchen Betrag muss die BüroKonzept KG für den Monat April für Sozialversicherungsbeiträge überweisen?

Lernsituation 8.9
Personal einführen und einarbeiten

Der rote Faden

Mitarbeiter einführen

Mitarbeiter einarbeiten und qualifizieren

Wichtigkeit von Mitarbeitereinführung und -einarbeitung erkennen und begründen

Lernsituation 8.9

Ausgangssituation
Die Duisdorfer BüroKonzept KG hat für das neue Ausbildungsjahr insgesamt sieben neue Auszubildende in drei Ausbildungsberufen eingestellt. Es nicht mehr lange hin, bis deren erster Arbeitstag ansteht. Frau Winter, die für die Aus- und Weiterbildung im Unternehmen zuständig ist, möchte die erste Zeit für die Auszubildenden zukünftig systematischer gestalten und dabei von Ihren Erfahrungen als Auszubildende bei der Einstellung in der Duisdorfer BüroKonzept KG profitieren.

Arbeitsauftrag 1 (orientieren und informieren)
Informieren Sie sich in Ihrem Lehrbuch „BüroWelt 2" darüber, wie Mitarbeiter eingeführt und eingearbeitet werden.

LF 8, 6.1

Arbeitsauftrag 2 (planen)
Welche grundsätzlichen Fragen müssen Sie sich vor der Erstellung eines Konzepts für eine Einführungsveranstaltung[1] stellen?

Arbeitsauftrag 3 (durchführen)
a) Erstellen Sie für die **Einführungs**veranstaltung der neuen Auszubildenden der Duisdorfer BüroKonzept KG ein konkretes Konzept.

b) Wie verläuft nach Ihrer persönlichen Erfahrung die erste **Einarbeitung** als Auszubildender? Notieren Sie Ihre Erfahrungen.

Arbeitsauftrag 4 (bewerten)
a) Vergleichen Sie Ihr Konzept für die Einführungsveranstaltung der neuen Auszubildenden mit dem Ihres Sitznachbarn. Sprechen Sie über die Unterschiede und ergänzen Sie Ihr Ergebnis bei Bedarf.

b) Diskutieren Sie mit Ihrem Sitznachbarn die Vor- und Nachteile der von Ihnen erlebten Einarbeitung und leiten Sie daraus fünf bis zehn Tipps für Frau Winter für eine gelungene Einarbeitung der neuen Auszubildenden ab.

Arbeitsauftrag 5 (reflektieren)
a) Welche Kosten entstehen bei der Anwerbung von Auszubildenden?

b) Erläutern Sie aus Sicht der Duisdorfer BüroKonzept KG, warum eine sorgfältige Einführung und Einarbeitung von neuen Auszubildenden und neuen Mitarbeitern aus betriebswirtschaftlicher Sicht sinnvoll ist.

Vertiefende Aufgaben

Aufgabe 1
Die Einarbeitung dauert in den meisten Fällen länger als ein paar Tage, je nach Anspruch des Arbeitsplatzes auch länger als 6 Monate. In welchen Zeitabständen halten Sie Feedback-Gespräche mit einem neuen Mitarbeiter während der Einarbeitungszeit für sinnvoll? Begründen Sie!

Aufgabe 2
Viele Betriebe arbeiten mit einem Mentoren- oder Patenprogramm, um neue Mitarbeiter gut in das Unternehmen zu integrieren. Beschreiben Sie, welche Aufgaben Ihrer Meinung nach ein Mentor hat.

---
[1] Synonyme: Onboarding, Kick-off, Einweisungsseminar, Orientierungstage, Einstiegsveranstaltung

Lernfeld 8

Lernsituation 8.10
Personal entwickeln

Der rote Faden
- Formen der Personalbildung unterscheiden
- Vor- und Nachteile der inner- und außerbetrieblichen Fortbildung kennen
- Maßnahmen der Arbeitsstrukturierung unterscheiden
- Fördermaßnahmen adäquat auswählen

Ausgangssituation
Die Duisdorfer BüroKonzept KG legt viel Wert darauf, ihre Mitarbeiter regelmäßig fortzubilden und in ihrem beruflichen Alltag zu unterstützen. Damit Sie sich als Auszubildender ebenfalls gut in der Materie auskennen, gibt Ihnen Frau Sommer verschiedene Arbeitsaufträge für die Zeit, die Sie im Bereich der Personalentwicklung verbringen.

LF 8, 6

Arbeitsauftrag 1 (orientieren und informieren)
Informieren Sie sich in Ihrem Lehrbuch „BüroWelt 2" über das Thema Personalentwicklung.

Arbeitsauftrag 2 (planen)
Bereiten Sie sich auf eine Diskussion zum Pro und Kontra der inner- und außerbetrieblichen Fortbildung mit Frau Sommer vor, indem Sie sich einen Überblick über die Vor- und Nachteile der inner- und außerbetrieblichen Fortbildung verschaffen. Nutzen Sie dazu auch das Internet.

Arbeitsauftrag 3 (durchführen)
a) Erstellen Sie ein Schaubild zu den Formen der Personalbildung.

b) Erstellen Sie mithilfe der Formularfunktion Ihres Textverarbeitungsprogramms ein Formular, mit dem zukünftig die Entscheidung für eine inner- oder außerbetriebliche Fortbildung für jeden einzelnen Mitarbeiter zügig getroffen werden kann.

c) Entwickeln Sie für die Maßnahmen der Arbeitsstrukturierung konkrete Vorschläge für Ihren betrieblichen Alltag und stellen Sie diese Ihren Mitschülern vor.

Arbeitsauftrag 4 (bewerten)
a) Überprüfen Sie, ob die genannten Vorschläge Ihrer Mitschüler zur Arbeitsstrukturierung jeweils passend sind.

b) Ist für Sie persönlich die Personalentwicklung wichtig? Begründen Sie Ihre Meinung schriftlich!

Arbeitsauftrag 5 (reflektieren)
Die Kommunikationstechnologien entwickeln sich immer weiter und haben Einfluss auf den Berufsalltag. Erstellen Sie eine Liste, welche Fortbildungen Ihnen zum Erhalt und zur Erweiterung Ihrer in der Ausbildung zur/zum Kauffrau/Kaufmann für Büromanagement erlangten Qualifikationen sinnvoll erscheinen.

Lernsituation 8.10 75

Vertiefende Aufgaben

Aufgabe 1
Welche Form der Personalbildung ist in den folgenden Fällen sinnvoll? Bitte kreuzen Sie an.

Fall	Ausbildung	Fortbildung				Umschulung
		Erweiterung	Erhaltung	Anpassung	Aufstieg	
a) Herr Christiansen ist gelernter Malermeister. Aufgrund eines Bandscheibenvorfalls kann er nun nicht mehr in seinem erlernten Beruf arbeiten.						
b) Herr Osten steht kurz vor seiner Prüfung zum Industriemeister.						
c) Frau Kerstin ist gerade mit der Realschule fertig und möchte zukünftig in einem Büro arbeiten.						
d) Herr Ballmann ist in einem Aufbaukurs für das Computerprogramm „Photoshop", obwohl er dieses Programm momentan für seine Arbeit nicht nutzt.						
e) Da Herr Kast sein Englisch im Betrieb nur sehr selten nutzen kann, besucht er einen Auffrischungskurs „Business English".						
f) Frau Münter hat die meiste Zeit ihres Berufslebens als Setzerin bei der Zeitungsredaktion der Bonner Rundschau gearbeitet. Dort wurde die Produktion auf digitalen Druck umgestellt.						
g) Frau Önder arbeitet in einem Produktionsbetrieb. Dort wurde nun eine neue Maschine für ihren Arbeitsplatz angeschafft.						

Aufgabe 2
Überlegen Sie sich begründet für nachfolgende Fälle, welche Fördermaßnahme Sie für angemessen erachten.

a) Frau Münch ist schon lange im Betrieb beschäftigt. In letzter Zeit merkt sie häufiger an, dass sie ihre Arbeit nicht in der vorgegebenen Zeit schafft.

b) Im Team von Herrn Monster läuft momentan irgendetwas schief; Reibereien zwischen den Teammitgliedern sind an der Tagesordnung.

c) Frau Krug hat gerade ihren Master in Betriebswirtschaftslehre geschafft. Nun soll sie auf ihre zukünftige Arbeit als Führungskraft vorbereitet werden.

d) Herr Monreal kommt neu in die Abteilung Controlling und soll für den Einstieg Unterstützung erhalten.

Lernfeld 8

Aufgabe 3

Handlungskompetenz setzt sich aus den drei Bestandteilen Fach-, Sozial- und Methodenkompetenz zusammen. Entscheiden Sie sich jeweils, zu welcher Kompetenz die nachfolgenden Beispiele gehören und kreuzen Sie an.

Beispiel	Fachkompetenz	Sozialkompetenz	Methoden-kompetenz
a) Problemlösendes Denken			
b) Englischkenntnisse			
c) Kooperationsbereitschaft			
d) Teamfähigkeit			
e) Abstraktes und vernetztes Denken			
f) Kenntnisse in MS Office			
g) Analysefähigkeit			
h) Kommunikationsfähigkeit			
i) Entscheidungsfähigkeit			
j) Rhetorik			
k) Verantwortung für sich und andere übernehmen			
l) Kenntnisse in Buchführung			

Lernsituation 8.11
Personal beurteilen

Der rote Faden
- Aufgaben und Ziele der Personalbeurteilung kennen
- Einen Beurteilungsbogen entwickeln
- Ein Feedbackgespräch führen
- Beurteilungsfehler erkennen

Ausgangssituation

Die Auszubildenden der Duisdorfer BüroKonzept KG werden nach jedem Abteilungseinsatz beurteilt. Bisher hat jede Abteilung die Beurteilung nach ihren eigenen Vorstellungen vorgenommen. Frau Sommer möchte dies nun vereinheitlichen, um zu einer gerechteren Gesamtbeurteilung zu kommen. Sie bittet Sie deshalb, einen digitalen Beurteilungsbogen für die Auszubildenden im Beruf Kaufmann für Büromanagement zu entwickeln und einen Leitfaden mit wichtigen Hinweisen zur Beurteilung für die zukünftigen Nutzer zu erstellen. Zur Hälfte der Ausbildungszeit soll außerdem ein Feedbackgespräch mit den Auszubildenden geführt werden.

Lernsituation 8.11

LF 8, 6

Arbeitsauftrag 1 (orientieren und informieren)
Informieren Sie sich in Ihrem Lehrbuch „BüroWelt 2" über das Thema Personalbeurteilung.

Arbeitsauftrag 2 (planen)
a) Überlegen Sie sich Beurteilungskriterien, die der Beurteilungsbogen für die Auszubildenden „Kaufmann für Büromanagement" enthalten soll.

b) Formulieren Sie Hinweise in einem Leitfaden zum Beurteilungsbogen für zukünftige Nutzer.

c) Was sollte Inhalt eines Feedbackgesprächs zur Hälfte der Ausbildung sein? Bereiten Sie ein Rollenspiel vor.

Arbeitsauftrag 3 (durchführen)
a) Erstellen Sie den geforderten Beurteilungsbogen und den Leitfaden für zukünftige Nutzer.

b) Stellen Sie sich Ihren Beurteilungsbogen und Ihren Leitfaden in einer Vierer-Gruppe gegenseitig vor.

c) Verteilen Sie die Rollen von Feedbackgeber, Feedbacknehmer und Beobachter und führen Sie das Rollenspiel zum Feedbackgespräch durch. Die Beobachter sollen dabei auch beobachten, ob die Feedbackregeln eingehalten werden.

Arbeitsauftrag 4 (bewerten)
a) Die Beobachter sollen ihre Wahrnehmungen zum geführten Feedbackgespräch mitteilen und bewerten, ob die Feedbackregeln eingehalten wurden.

b) Enthalten die vorgestellten Beurteilungsbögen und Leitfäden alle wesentlichen Punkte? Bei Bedarf nehmen Sie Änderungen/Ergänzungen an Ihren Ergebnissen vor.

Arbeitsauftrag 5 (reflektieren)
a) Überlegen Sie sich schriftlich, warum eine möglichst objektive Beurteilung von so großer Bedeutung ist.

b) Was könnte in zukünftigen Feedbackgesprächen verbessert werden?

Vertiefende Aufgaben

Aufgabe 1
Um welchen Beurteilungsfehler handelt es sich jeweils? Bitte kreuzen Sie an.

Fall	Übernahme-fehler	Halo-Effekt	Nikolaus-Effekt	Hierarchie-Effekt	Egozentrie-fehler	Ideologie-fehler
a) Herr Müller hat in den letzten zwei Wochen überdurchschnittlich gut gearbeitet. Die Leistungen davor waren eher unterdurchschnittlich. Trotzdem erhält er eine gute Beurteilung.						
b) Frau Kleinschmidt, eine relativ neue Mitarbeiterin, erhält trotz guter Einarbeitungsleistung von ihrem Vorgesetzten in der Beurteilung nur ein „ausreichend".						
c) In Diskussionen stimmt Herr Criedlig seinem Chef fast immer zu. Er bekommt deshalb eine bessere Bewertung als sein Kollege, der immer anderer Meinung ist, obwohl die Arbeitsleistung des Kollegen besser ist als die von Herrn Criedlig.						
d) Frau Schnippering ist in ihrer letzten Beurteilung mit „gut" bewertet worden. Obwohl ihre Leistung deutlich nachgelassen hat, erhält sie in der nachfolgenden Beurteilung wieder ein „gut".						

Lernfeld 8

Fall	Übernahmefehler	Halo-Effekt	Nikolaus-Effekt	Hierarchie-Effekt	Egozentriefehler	Ideologiefehler
e) Herr Dück muss seine ihm unterstellten Mitarbeiter beurteilen. Obwohl Frau Münster und Frau Wehr die gleiche Arbeitsleistung abliefern, wird Frau Wehr aufgrund ihrer höheren Position besser bewertet.						
f) Frau Schmidt kann sehr gut organisieren, ihre Fähigkeiten Kunden anzuwerben sind hingegen noch ausbaufähig. Trotzdem erhält sie die Beurteilung „sehr gut".						

Aufgabe 2

Beantworten Sie die nachfolgenden Fragen schriftlich.

a) Welche Gründe für eine Beurteilung gibt es?
b) Warum verwendet man in manchen Beurteilungsbögen Gewichtungsfaktoren?
c) Warum ist es wichtig, sich als Beurteilender bewusst zu sein, dass es Beurteilungsfehler gibt?

Lernsituation 8.12
Abmahnungen formulieren

Der rote Faden
- Grundlagen einer Abmahnung kennen
- Abmahnungen rechtssicher formulieren

Ausgangssituation

Am Mittwoch, den 03.03.20.. erhält Frau Hanna Engler, Leiterin der kaufmännischen Verwaltung der Duisdorfer BüroKonzept KG, von Herrn Kevin Kaufmann persönlich eine Arbeitsunfähigkeitsbescheinigung. Herr Kaufmann wurde am 01.08.2010 als Bürokaufmann eingestellt und leistet seitdem sehr gute Arbeit in der Abteilung Rechnungswesen.

Nachdem Herr Kaufmann, der über starke Rückenschmerzen klagte, das Büro verlassen hat, greift Frau Engler zum Telefon und ruft den Gruppenleiter der Abteilung Rechnungswesen, Herrn Victor Fernandez an. Sie teilt ihm mit, dass Herr Kaufmann, der bereits seit dem 24.02.20.. krankgeschrieben ist, ihr vor wenigen Minuten eine zweite Krankmeldung (Folgebescheinigung) vom 03.03.20.. bis 05.03.20.. gebracht hat.

Danach beginnt sie mit ihrer Mittagspause und schlägt die Zeitung auf, in der sie auf folgenden Artikel stößt:

Bonner FC gewinnt in Koblenz

Bonn, Dienstag, 02.03.20..

Der Bonner FC gewinnt im Rahmen eines Nachholspiels gegen den Landesligisten Koblenz ebenso knapp wie glücklich. Sechs Minuten vor Schluss fällt das Siegtor durch Kevin Kaufmann.

Der Bonner FC kann sich dank eines Traumtores von Kevin Kaufmann wieder berechtigte Hoffnung auf den ersten Platz in der Landesliga machen. Die Mannschaft von Steve Klose schlug seinen Gegner zum Auftakt des 30. Spieltags mit 2:1.
…

Arbeitsauftrag 1 (orientieren und informieren)
Informieren Sie sich in Ihrem Lehrbuch „BüroWelt 2" über die Grundlagen einer Abmahnung.

LF 8, 7.1

Arbeitsauftrag 2 (planen)
Überlegen Sie sich, wie Sie auf das Fehlverhalten von Herrn Kevin Kaufmann reagieren wollen. Halten Sie Ihr Ergebnis in Stichpunkten fest.

Arbeitsauftrag 3 (durchführen)
Verfassen Sie mithilfe eines Textverarbeitungsprogramms eine aussagekräftige Abmahnung an Herrn Kevin Kaufmann, Steinstraße 23, 53123 Bonn. Beachten Sie dabei auch die DIN 5008. Speichern Sie die erstellte Abmahnung unter dem Dateinamen Abmahnung_Kaufmann_01.

Arbeitsauftrag 4 (bewerten)
Tauschen Sie Ihre Abmahnung mit der Ihres Sitznachbarn aus und überprüfen Sie, ob dieser die Abmahnung rechtssicher formuliert hat. Nehmen Sie gegebenenfalls Verbesserungen vor.

Arbeitsauftrag 5 (reflektieren)
a) Was spricht gegen bzw. für eine sofortige Abmahnung an Herrn Kaufmann? Erstellen Sie die folgende SmartArt-Grafik, in der Sie die Gründe (pro und contra) eintragen. Informieren Sie sich ggf. im Lehrbuch „BüroTechnik" wie SmartArt-Grafiken erstellt werden.

Kap. 5

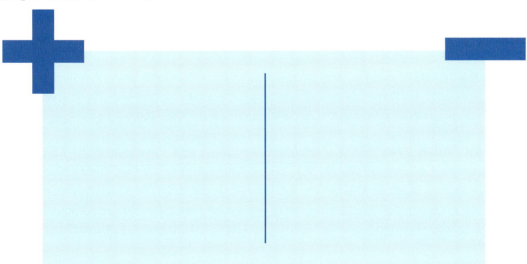

b) Unter welchen Rahmenbedingungen lassen Sie die Abmahnung Herrn Kaufmann zukommen und wie verhalten Sie sich ihm gegenüber?

Lernfeld 8

Vertiefende Aufgaben

Aufgabe 1

Eine Abmahnung sollte rechtssicher formuliert sein. Das bedeutet, dass das Fehlverhalten konkret beschrieben und sorgfältig formuliert werden muss. Überarbeiten Sie die in der Tabelle aufgeführten Formulierungen.

falsch	richtig
Wegen Beleidigung eines Kollegen müssen wir Sie rügen.	
„Sie waren in letzter Zeit immer häufiger unpünktlich."	
„In letzter Zeit waren Sie bei der Arbeit öfters angetrunken."	

Aufgabe 2

Ausgangssituation
Frau Vivien Necke ist am Freitag, den 11.11.20.. nicht zur Arbeit im Personalbüro der Duisdorfer BüroKonzept KG erschienen. Leider hat sie sich nicht im Personalbüro abgemeldet bzw. den Grund ihres Fernbleibens mitgeteilt.

Verfassen Sie eine Abmahnung an Frau Necke, Zülpicher Straße 56, 50667 Köln. Machen Sie deutlich, dass ein derartiges Verhalten nicht geduldet wird, und stellen Sie die Konsequenzen bei einem erneuten unentschuldigten Fehlen dar. Bitten Sie Frau Necke die Abmahnung, die Sie in der Personalakte abheften werden, zu bestätigen.

Aufgabe 3

Ausgangssituation
Frau Hanna Engler ist genervt. Schon wieder hat ihre Mitarbeiterin Frau Janina Dehnert ihr einen Brief vorgelegt, der mehrere Verstöße gegen die DIN 5008 sowie 11 Rechtschreibfehler enthält, obwohl ein Duden in jedem Büro steht und der PC über ein Rechtschreibprogramm verfügt. Außerdem kam es bereits mehrfach zu Beschwerden durch die Arbeitskollegen Kevin Kaufmann und Sonja Lose, die immer wieder Aufgaben von Frau Dehnert mit übernehmen mussten, da diese eine zu langsame Schreibgeschwindigkeit aufweist und das Arbeitspensum, das ihr übertragen wurde, nicht schafft. Im Vergleich zu ihren Kollegen, die eine durchschnittliche Korrespondenz von 300 Seiten in der Woche bearbeiten, schafft sie nur rund 120 Seiten.

1. Verfassen Sie mithilfe eines Textverarbeitungsprogramms eine aussagekräftige Abmahnung an Frau Janina Dehnert, Münsterstraße 26, 53123 Bonn. Verdeutlichen Sie Frau Dehnert, welche Anforderungen Sie an eine Bürokauffrau haben. Weisen Sie sie auf mögliche Konsequenzen hin, die Sie in Betracht ziehen, wenn sich ihre Leistung nicht verbessert. Beachten Sie dabei auch die DIN 5008.
2. Welche Maßnahmen können Sie unternehmen, um Ihrer Mitarbeiterin zu helfen, ihre Defizite zu beseitigen?

Aufgabe 4
a) Erläutern Sie drei Funktionen einer Abmahnung.
b) Nennen Sie vier Beispiele, die einen Arbeitgeber dazu berechtigen, eine Abmahnung zu verfassen.
c) Nehmen Sie Stellung zu der Aussage: „Eine Abmahnung muss schriftlich erfolgen".
d) Welche Inhalte sollten in einem Abmahnungsschreiben nicht fehlen?

Hinweis: Zu der Lernsituation 8.11 finden Sie eine zusätzliche vertiefende Aufgabe unter BuchPlusWeb.

Lernsituation 8.13
Grundlagen der Kündigung erarbeiten

Der rote Faden

Grundlagen zum Thema Kündigungen kennenlernen

Kündigungsarten unterscheiden

- **ordentliche Kündigung (personenbedingte Kündigung, verhaltensbedingte Kündigung, betriebsbedingte Kündigung)**
- **außerordentliche Kündigung**

Allgemeinen und besonderen Kündigungsschutz unterscheiden

Ausgangssituation
Heute ist der 14.07.20..

Frau Engler, Leiterin der kaufmännischen Verwaltung der Duisdorfer BüroKonzept KG legt den Telefonhörer auf. Herr Victor Fernandez, Leiter der Abteilung Rechnungswesen der Duisdorfer BüroKonzept KG hat gerade ziemlich aufgebracht angerufen und sich informiert, ob sie etwas von seinem Mitarbeiter Herrn Kevin Kaufmann gehört habe, der heute Morgen nicht zur Arbeit erschienen ist.

Frau Sonja Lose und Herr Fernandez schaffen die anfallenden Arbeiten kaum noch, zumal schon Janina Dehnert im Urlaub ist und es die interne Regelung gibt, dass immer nur ein Mitarbeiter fehlen darf. Als Frau Engler von dem Fehlen hört, ist sie empört. Vor zwei Tagen, am 12.07.20.. hatte sie mit dem jungen Familienvater eines sechs Monate alten Jungen ein Gespräch geführt.

Da ein Urlaub direkt in den Sommerferien mit enorm ansteigenden Reisekosten verbunden ist, wollte Herr Kaufmann schon drei Tage vor dem offiziellen Ferienbeginn am 17.07.20.. günstiger in den „Süden" fliegen. Ein Reisebüro hatte ihm kurzfristig ein Angebot unterbreitet. 300,00 € würde die Familie sparen, wenn sie bereits am 14.07.20.. fliegen würde. Leider musste Frau Engler ihm den Urlaub aufgrund der zu dieser Zeit unterbesetzten Abteilung verwehren.

Herr Kaufmann verließ wütend das Büro und sagte beim Herausgehen: „Wenn Sie mir keinen früheren Urlaub geben, werde ich krank, darauf können Sie sich verlassen!"

Frau Engler hielt das für einen Scherz und ignorierte diese Aussage.

Kurze Zeit nach dem oben genannten Telefonat findet Frau Engler in der Eingangspost folgende Arbeitsunfähigkeitsbescheinigung von Herrn Kaufmann.

Lernfeld 8

[Arbeitsunfähigkeitsbescheinigung für Kevin Kaufmann, Steinstraße 23, 53123 Bonn; Erstbescheinigung; arbeitsunfähig seit 14.07.20..; voraussichtlich arbeitsunfähig bis einschließlich 17.07.20..; festgestellt am 14.07.20..; Dr. Poppert, Facharzt für Allgemeinmedizin, Sonnenstraße 67a, 53123 Bonn]

Arbeitsauftrag 1 (analysieren und orientieren)
Analysieren Sie die Ausgangssituation. Notieren Sie hierfür die beteiligten Personen und die wesentlichen Rahmenbedingungen.

Arbeitsauftrag 2 (informieren)
Informieren Sie sich in Ihrem Lehrbuch „BüroWelt 2" und ggf. im Internet über die Themen Arbeitsverhältnisse beenden und Kündigung.

LF 8, 7.2

Arbeitsauftrag 3 (planen)
Welche Überlegungen müssen Sie bezüglich Herrn Kaufmann anstellen, bevor Sie eine Entscheidung treffen?

Arbeitsauftrag 4 (durchführen)
a) Erstellen Sie eine **kurze** Checkliste zum Thema Kündigung, in der Sie auflisten, was die Duisdorfer BüroKonzept KG im Fall einer Kündigung grundlegend beachten muss (z. B. bezüglich des Zugangs einer Kündigungserklärung oder bezüglich der Formalitäten).

b) Um eine „richtige" Entscheidung treffen zu können, ist es notwendig, dass Sie:
– die unterschiedlichen Kündigungsarten kennen und
– den allgemeinen und den speziellen Kündigungsschutz verstehen.

Erstellen Sie mithilfe eines Textverarbeitungsprogramms eine Tabelle nach folgendem Muster und ergänzen Sie diese. Informieren Sie sich ggf. noch einmal im Lehrbuch BüroTechnik über die Grundlagen der Tabellengestaltung. Speichern Sie die Datei unter Kündigungsarten_02.

Kündigungsarten	
Ordentliche Kündigung	**Außerordentliche Kündigung**
Begriff:	**Begriff:**
(...)	(...)
	Voraussetzungen:
	• ...
	• ...
Kündigungsschutz:	

Allgemeiner Kündigungs-schutz	Spezieller Kündigungs-schutz

Beispiele:	**Beispiele:**
• ... • ... • ...	• ... • ...

c) Nachdem Sie sich fachlich mit den Kündigungsarten und dem Kündigungsschutz beschäftigt haben, können Sie handeln. Stellen Sie mithilfe der oben erarbeiteten Tabelle dar, wie Frau Engler in der konkreten Situation reagieren kann. Bereiten Sie sich darauf vor, Ihre Ergebnisse Frau Engler zu präsentieren. Beachten Sie bei Ihrer Entscheidung ggf. noch einmal die Rahmenbedingungen der Ausgangssituation.

Arbeitsauftrag 5 (bewerten und reflektieren)

a) Stellen Sie Ihre Arbeitsergebnisse der Klasse vor, z.B. mithilfe eines Overheadprojektors oder Beamers. Nehmen Sie notwendige Korrekturen vor bzw. ergänzen Sie Ihre Aufzeichnungen.

b) Beurteilen Sie Ihre Entscheidung,
  – aus der Sicht der Duisdorfer BüroKonzept KG.
  – aus der Sicht von Herrn Kaufmann. Welche sozialen Folgen hat Ihre Entscheidung für Herrn Kaufmann?

c) Überdenken Sie Ihre Entscheidung ggf. noch einmal.

Lernfeld 8

Vertiefende Aufgaben

Aufgabe 1
Beschreiben Sie kurz, was unter dem Satz „Die Kündigung ist eine einseitige, empfangsbedürftige Willenserklärung" zu verstehen ist.

Aufgabe 2
Stellen Sie dar, wie der Zugang eines Kündigungsschreibens erfolgen muss und wo ggf. Risiken bestehen.

Aufgabe 3
Erläutern Sie drei Fälle, in denen das Arbeitsverhältnis nicht durch eine Kündigung, sondern durch andere Faktoren beendet wird.

Aufgabe 4
Beurteilen Sie die Rechtslage:
a) Der Arbeitnehmer Achim Schneider erklärt seinem Chef Herrn Klein in einem Gespräch, dass er das Arbeitsverhältnis nicht fortsetzen möchte. Daraufhin bestätigt Herr Klein einen Tag später die „Kündigung" von Herrn Schneider schriftlich.

b) Frau Ali erhält am 18.11.20.. kurz vor Ablauf ihrer Probezeit ein Kündigungsschreiben per Brief. Wegen einer Hochzeit in der Türkei ist sie allerdings im Urlaub und kann das Schreiben nicht in Empfang nehmen. Wann ist das Kündigungsschreiben rechtswirksam zugegangen?

c) Frau Möller soll gekündigt werden. Da die Duisdorfer BüroKonzept KG sicherstellen will, dass die Kündigung zugeht, verschickt sie diese per Übergabe-Einschreiben. Der Zusteller des Einschreibens versucht vergebens, Frau Möller zu erreichen. Daher hinterlässt er einen Benachrichtigungsschein im Briefkasten und bittet um Abholung des Kündigungsschreibens bei der zuständigen Postfiliale.

Aufgabe 5
Im Rahmen einer Kündigung unterscheidet man die personenbedingte, die verhaltensbedingte und die betriebsbedingte Kündigung. Ergänzen Sie die unten abgebildete Tabelle, indem Sie ...
1. ... festhalten, in welchen Fällen die jeweilige Kündigungsart sozial gerechtfertigt ist.
2. ... Beispiele nennen.
3. ... die Voraussetzungen für die Anwendbarkeit festhalten.

Lernsituation 8.13

	Verhaltensbedingte Kündigung	Betriebsbedingte Kündigung	Personenbedingte Kündigung
Wann ist eine Kündigung sozial gerechtfertigt?			Eine Kündigung ist sozial gerechtfertigt, wenn Gründe vorliegen, die in der Person des Arbeitnehmers liegen.
	Besonderheit:		
Beispiele	Beleidigung		
Voraussetzungen			Kündigungsgrund

Aufgabe 6
Recherchieren Sie zu zweit im Internet nach aktuellen Urteilen des Bundesarbeitsgerichts (BAG) zum Thema verhaltensbedingte Kündigung. Wählen Sie ein Urteil aus. Erstellen Sie anschließend ein Plakat, auf dem Sie den Fall sowie die dazugehörige Entscheidung des BAG darstellen. Bereiten Sie sich darauf vor, Ihr Ergebnis Ihren Mitschülern zu präsentieren.

Aufgabe 7
Nennen Sie
a) fünf verhaltensbedingte Kündigungsgründe, die keiner vorherigen Abmahnung bedürfen.
b) fünf verhaltensbedingte Kündigungsgründe, die mindestens einmal abgemahnt werden müssen.

Aufgabe 8
Die Auftragslage der Klein Büromöbel GmbH ist seit längerem rückläufig. Neben betriebsbedingten Kündigungen versucht das Unternehmen durch anderweitige Maßnahmen die Personalkosten zu senken. Beschreiben Sie vier Sachverhalte/Fragen, die von der Personalabteilung zunächst zu prüfen sind, bevor betriebsbedingte Kündigungen ausgesprochen werden.

Lernsituation 8.14
Kündigungen durchführen

Der rote Faden
- **Kündigungsfristen beachten**
- **Rechte des Betriebsrats bei Kündigungen beachten**
- **Kündigungsschreiben formulieren**

Ausgangssituation
Es ist der 16.07.20..
Mittlerweile sind Sie schon einige Wochen in der Personalabteilung beschäftigt. Die Erarbeitung des Handouts mit den Themen Kündigung, Kündigungsschutzgesetz und Kündigungsarten fanden Sie sehr interessant und Sie sind ein richtiger Experte geworden. Die Tatsache, dass Sie Ihre Aufgaben so sorgfältig erledigt haben, fand bei Ihren Vorgesetzten großen Anklang. Dies bestätigt auch die folgende E-Mail, die Sie gerade in Ihrem Postfach finden.

Auszubildende/r

Von:	h.engler@duisdorfer-bueko.de
Gesendet:	16.07.20.. 09:30 Uhr
An:	Auszubildende/r
Betreff:	Kündigung Herr Kevin Kaufmann

Liebe Auszubildende ..., lieber Auszubildender ...,

vielen Dank für Ihr umfassendes und sorgfältig ausgearbeitetes Handout zum Thema Kündigungen und die Auflistung der Möglichkeiten im Umgang mit einem derartigen Fehlverhalten.

Nach Absprache mit der Geschäftsführung haben wir uns entschieden, Herrn Kaufmann außerordentlich zum nächst möglichen Termin zu kündigen. Ein derartiges Fehlverhalten können wir nicht akzeptieren. Vor dem Hintergrund, dass Herr Kaufmann nicht das erste Mal negativ aufgefallen ist, sehen wir uns gezwungen, das Arbeitsverhältnis mit ihm aufzulösen. (Hinweis: Am 12.07.20.. drohte Herr Kaufmann seine Krankheit an und am 14.07.20.. reichte er eine Krankmeldung ein.)

Prüfen Sie bitte, welche Kündigungsfrist wir beachten müssen, und informieren Sie anschließend den Betriebsrat.

Mit freundlichen Grüßen

H. Engler

P.S. Als Anlage übersende ich Ihnen einen Auszug aus dem gültigen Tarifvertrag, der sich mit dem Arbeitsvertrag deckt.

Anlage

Auszug aus dem Manteltarifvertrag für die Holz- und Kunststoffverarbeitende Industrie in Westfalen-Lippe

§ 13 Kündigung

Soweit in diesem Tarifvertrag nichts Abweichendes bestimmt ist, können alle Arbeitsverhältnisse nur mit einer Mindestkündigungsfrist von einem Monat zum 15. des Monats oder zum Monatsende gekündigt werden.

Für den Arbeitnehmer günstigere gesetzliche oder vertragliche Regelungen werden hiervon nicht berührt.

Die gesetzlichen Vorschriften über die fristlose Auflösung des Arbeitsverhältnisses bleiben unberührt.

Lernfeld 8

LF 8, 7

Arbeitsauftrag 1 (orientieren und informieren)
Informieren Sie sich in Ihrem Lehrbuch „BüroWelt 2" über gesetzliche, tarifvertragliche und arbeitsvertragliche Kündigungsfristen und die Rolle des Betriebsrates bei Kündigungen. Beachten Sie dabei auch die unterschiedlichen Regelungen im Fall einer ordentlichen bzw. außerordentlichen Kündigung.

Arbeitsauftrag 2 (planen)
Die Entscheidung für eine Kündigung ist getroffen. Planen Sie Ihre Arbeitsschritte und halten Sie diese in Stichpunkten fest.

Arbeitsauftrag 3 (durchführen)
a) Erstellen Sie eine Übersicht, aus der die wichtigsten Fakten zum Thema gesetzliche, vertragliche und tarifvertragliche Kündigungsfristen deutlich werden.

b) Ermitteln Sie, innerhalb welcher Frist Herrn Kaufmann gekündigt werden muss und geben Sie den Kündigungstermin an.

c) Füllen Sie die unten abgebildete Tabelle zu den Beteiligungsrechten des Betriebsrates aus. Prüfen Sie anschließend welche Möglichkeiten der Betriebsrat in der vorliegenden Situation hat.

Beteiligungsrechte des Betriebsrates bei einer Kündigung

	Ordentliche Kündigung	Außerordentliche Kündigung
Anhörung: § 102 (1) BetrVG		
Folgen einer fehlenden oder fehlerhaften Anhörung (§ 102 (1) BetrVG)		
Bedenken: § 102 (2) BetrVG	Frist: Folgen, wenn er die Frist nicht einhält:	Frist:
Widerspruch: § 102 (3) (4) (5) BetrVG	Frist: Folge:	Folge:

Lernfeld 8

LF 8, 7.3

d) Erstellen Sie mithilfe eines Textverarbeitungsprogramms eine unterschriftsreife interne Mitteilung an den Betriebsrat mit der Bitte um Stellungnahme gemäß § 102 BetrVG. Informieren Sie sich in Ihrem Lehrbuch „BüroWelt 2" über den Aufbau der Mitteilung an den Betriebsrat. Verwenden Sie die Vorlage für eine Interne Mitteilung aus dem Bereich BuchPlusWeb. (Hinweis: Herr Kaufmann ist seit dem 01.08.2010 bei der Duisdorfer BüroKonzept KG beschäftigt.)

Duisdorfer BüroKonzept KG

Interne Mitteilung

Von	Name:	Abteilung:
An	Name:	Abteilung:
Betrifft:		Datum:

Mit der Bitte um _____

- [ ] Kenntnisnahme
- [ ] Bearbeitung
- [ ] Weiterleitung
- [ ] Rücksprache
- [ ] Stellungnahme
- [ ] Ablage

Nachricht:

Erweiterte Ausgangssituation

Der Betriebsrat wurde ordnungsgemäß vor Ausspruch der außerordentlichen Kündigung informiert und hat gegenüber der geplanten Kündigung keine Bedenken geäußert. Frau Engler bittet Sie nun, alles Weitere zu veranlassen und das Kündigungsschreiben soweit vorzubereiten, dass sie es nur noch unterzeichnen muss.

Das Kündigungsschreiben soll Herrn Kaufmann persönlich übergeben werden. Den Empfang soll er auf dem Original und der Kopie quittieren. Das Arbeitszeugnis wird ihm in den nächsten Tagen mit gesonderter Post zugeschickt.

Lernsituation 8.14

Arbeitsauftrag 4 (informieren und planen)
Kündigungen bedürfen zu ihrer Gültigkeit der Schriftform und einer inhaltlich eindeutigen Formulierung. Informieren Sie sich in Ihrem Lehrbuch „BüroWelt 2" über die Anforderungen an Kündigungsschreiben.

LF 8, 7

Arbeitsauftrag 5 (durchführen)
Verfassen Sie mithilfe eines Textverarbeitungsprogramms ein situationsgerechtes Kündigungsschreiben an Herrn Kevin Kaufmann, Steinstraße 23, 53123 Bonn. Verwenden Sie die Briefvorlage aus BuchPlusWeb.

Arbeitsauftrag 6 (bewerten und reflektieren)
a) Tauschen Sie sich mit Ihrem Sitznachbarn über Ihre Kündigungsschreiben aus.

b) Nehmen Sie notwendige Korrekturen vor, und einigen Sie sich auf ein Kündigungsschreiben.

Vertiefende Aufgaben

Aufgabe 1

> **Ausgangssituation**
> Am 14.01.20.. ist es bei der Duisdorfer BüroKonzept KG erneut zu Beschwerden über Frau Janina Dehnert durch Herrn Victor Fernandez und Frau Sonja Lose gekommen. Trotz Abmahnung und mehrfachen Personalgesprächen mit Frau Hanna Engler, der Leiterin der Abteilung Personal, ist es Frau Janina Dehnert nicht gelungen, ihre Schreibgeschwindigkeit zu verbessern. Auch an die Vereinbarung hinsichtlich des Besuchs eines Volkshochschulkurses hat sie sich nicht gehalten.
>
> Ihre Briefe müssen nach wie vor auf Rechtschreibfehler kontrolliert werden, bevor sie an Kunden verschickt werden können. Dies führt zu einer erheblichen Mehrarbeit bei ihren Kollegen und zu einem schlechten Klima im Büro.
>
> In einem Gespräch teilte Frau Janina Dehnert am 12.01.20.. ihren Kollegen mit, dass sie „Besseres zu tun hätte, als sich auch noch in ihrer Freizeit mit der Arbeit zu befassen, und nicht einsehen würde, Geld für einen Volkshochschulkurs auszugeben, um an ihren Defiziten etwas zu ändern".
>
> Frau Hanna Engler findet, dass ein derartiges Verhalten nicht tragbar ist. Daher entscheidet sie sich, Frau Janina Dehnert, die seit 14 Monaten in dem Unternehmen beschäftigt ist, ordentlich zum 15.02.20.. zu kündigen.

a) Ermitteln Sie, wann das Kündigungsschreiben unter Beachtung der gesetzlichen Kündigungsfrist spätestens bei Frau Janina Dehnert eingehen muss, wenn dieser zum 15.02.20.. ordentlich gekündigt werden soll.

b) Verfassen Sie mithilfe eines Textverarbeitungsprogramms eine rechtssichere ordentliche Kündigung an Frau Janina Dehnert, Münsterstraße 26, 53123 Bonn. Informieren Sie sie über:
- die Gründe Ihrer Entscheidung,
- ihren verbleibenden Resturlaub, den sie innerhalb der Kündigungsfrist nehmen muss,
- die Ausgabe ihrer Arbeitspapiere sowie des Arbeitszeugnisses am letzten Arbeitstag in der Personalabteilung,
- die Möglichkeit der Ausstellung eines Zwischenzeugnisses, falls sie sich zwischenzeitlich bei anderen Unternehmen bewerben möchte,
- ihre Meldepflicht bei der Agentur für Arbeit nach § 37 b SGB III.

Lernfeld 8

Aufgabe 2
Ermitteln Sie, wann das Kündigungsschreiben unter Beachtung der gesetzlichen Kündigungsfrist beim Arbeitnehmer spätestens eingehen muss, wenn diesem
a) am 15.01.20..
b) am 31.01.20..
c) am 31.05.20..
d) am 15.09.20..
e) am 31.12.20..
gekündigt werden soll. (Annahme: Beschäftigungsdauer < 2 Jahre.)
(Hinweis: Zur Berechnung nehmen Sie bitte das Kalenderblatt auf der folgenden Seite)

Aufgabe 3

> **Ausgangssituation**
> Herr Thomas Wimmer ist in den letzten zwei Monaten dreimal ohne triftigen Grund zu spät zur Arbeit erschienen (genaue Daten und Zeiten nach eigener Wahl). Herr Maus hat Herrn Wimmer bereits zweimal schriftlich abgemahnt und ihm im Wiederholungsfall die Kündigung angedroht.
>
> Nun ist Herr Wimmer am Freitag, dem ... erneut unpünktlich zur Arbeit erschienen (48 Minuten). Herr Maus entschließt sich, Herrn Wimmer zu kündigen, da ein derartiges Verhalten nicht weiter akzeptiert werden kann. Herr Wimmer hat noch einen bestehenden Urlaubsanspruch von 8 Tagen.

Verfassen Sie eine verhaltensbedingte Kündigung an Herrn Thomas Wimmer, Waldstraße 57 a, 53123 Bonn. Legen Sie ihm die Gründe Ihrer Entscheidung dar und informieren Sie ihn darüber, dass er an seinem letzten Arbeitstag sein Arbeitszeugnis sowie alle weiteren Arbeitspapiere ausgehändigt bekommt und setzen Sie ihn über seine Meldepflicht bei der Agentur für Arbeit nach § 37 SGB III in Kenntnis.

Aufgabe 4
Welche gesetzliche Kündigungsfrist ist in § 622 Abs. 1 BGB geregelt?

Aufgabe 5
Worauf ist bei der Vereinbarung einer vertraglichen Kündigungsfrist zu achten?

Aufgabe 6
Erläutern Sie, was bei den Kündigungsfristen zu beachten ist, wenn ein Tarifvertrag existiert und die Arbeitnehmer und Arbeitgeber tarifgebunden sind.

Aufgabe 7
Welche gesetzlichen Kündigungsfristen gelten in den folgenden Fällen, wenn der Arbeitgeber kündigt?

	Betriebszugehörigkeit seit	Kündigungsfrist
a)	1 Jahr	
b)	5 Jahren	
c)	20 Jahren	
d)	23 Jahren	
e)	2 Monaten (Probezeit)	

Aufgabe 8
Nennen Sie fünf Bestandteile einer internen Mitteilung an den Betriebsrat über eine geplante Kündigung.

Aufgabe 9

Die Holz & Klein GmbH in Köln beabsichtigt, ihren Mitarbeiter Herrn Wiesel zum 15.03.20.. betriebsbedingt zu kündigen.

a) Prüfen Sie, inwiefern der Betriebsrat bei der geplanten Kündigung eingebunden werden muss.
b) Welche Folgen hat es, wenn der Betriebsrat nicht über die geplante Kündigung informiert wird?

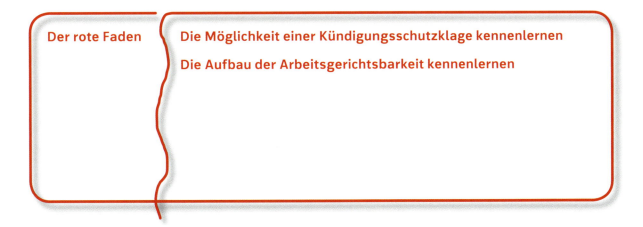

Lernsituation 8.15
Die Möglichkeit der Kündigungsschutzklage und den Aufbau der Arbeitsgerichtsbarkeit kennenlernen

Der rote Faden

Die Möglichkeit einer Kündigungsschutzklage kennenlernen

Die Aufbau der Arbeitsgerichtsbarkeit kennenlernen

Lernfeld 8

Ausgangssituation

Völlig verzweifelt sitzt Herr Kaufmann am Frühstückstisch. Erst gestern ist er mit seiner Familie aus der Türkei nach Hause geflogen und wollte heute eigentlich wie gewohnt zur Arbeit gehen.

Wie soll er seiner Familie die Kündigung erklären?

Dass er zu weit gegangen ist mit seinem eigenmächtigen Urlaubsantritt, sieht er ein, aber dass er fristlos gekündigt werden soll, ist seiner Meinung nach eine zu harte Entscheidung, die er so nicht hinnehmen kann und will.

Doch was nun? Kann er die Kündigung noch abwenden?

LF 8, 7.4

Arbeitsauftrag 1 (orientieren und informieren)

Informieren Sie sich in Ihrem Lehrbuch „BüroWelt 2" über das Thema Kündigungsschutzklage und Aufbau der Arbeitsgerichtsbarkeit. Informieren Sie sich zusätzlich im Internet, z.B. unter www.arbg-koeln.nrw.de.

Arbeitsauftrag 2 (planen und durchführen)

a) Erläutern Sie, welche Möglichkeiten Arbeitnehmer haben, gegen eine erhaltene Kündigung vorzugehen.

b) Stellen Sie den Aufbau der Arbeitsgerichtsbarkeit dar, indem Sie die einzelnen Instanzen mit deren Aufgaben und deren Zusammensetzung beschreiben.

c) Skizzieren Sie mit einem Textverarbeitungsprogramm eine E-Mail an Kevin Kaufmann, in der Sie ihn über seine Möglichkeiten informieren. Geben Sie ihm eine Empfehlung, wie er vorgehen sollte.

Arbeitsauftrag 3 (bewerten und reflektieren)

Stellen Sie Ihr Arbeitsergebnis Ihren Mitschülern per Beamer oder Overheadprojektor vor. Vergleichen Sie anschließend Ihre Arbeitsergebnisse und diskutieren Sie, welches Vorgehen für Kevin Kaufmann sinnvoll ist.

Vertiefende Aufgaben

Aufgabe 1

Ein Arbeitskollege fragt Sie, für welche der folgenden Angelegenheiten das Arbeitsgericht zuständig ist. Kreuzen Sie an.

1.	Ein Arbeitnehmer empfindet seine betriebsbedingte Kündigung als sozial ungerechtfertigt.	
2.	Die zuständige Behörde hat die Genehmigung zum Bau von Kindergärten verweigert.	
3.	Es gibt im Unternehmen Streit mit dem Arbeitgeber bezüglich der Anzahl der Betriebsratsmitglieder.	
4.	Ein Arbeitsloser ist mit seinem Arbeitslosengeld nicht einverstanden.	
5.	Eine Mitarbeiterin ist mit der festgesetzten Höhe des Elterngeldes nicht einverstanden.	
6.	Ein Abteilungsleiter will gegen seinen Einkommensteuerbescheid Widerspruch einlegen.	

Lernsituation 8.16 95

Aufgabe 2

Prüfen Sie, ob die folgenden Aussagen zur Kündigungsschutzklage richtig oder falsch sind. Kreuzen Sie an.

		richtig	falsch
1.	Arbeitnehmer, die eine außerordentliche Kündigung erhalten haben, können keine Kündigungsschutzklage erheben.		
2.	Arbeitnehmer haben nach Zugang einer Kündigung 14 Tage Zeit, Kündigungsschutzklage zu erheben.		
3.	Für die Dauer einer Kündigungsschutzklage muss ein Arbeitnehmer in der Regel weiterbeschäftigt werden.		
4.	Versäumt der Arbeitnehmer die Frist zur Erhebung einer Klage, so gilt die Kündigung von Anfang an als rechtswirksam.		

Aufgabe 3

Prüfen Sie, ob folgende Aussagen über das Arbeitsgericht richtig oder falsch sind. Kreuzen Sie an.

		richtig	falsch
1.	In der ersten und zweiten Instanz besteht kein Anwaltszwang.		
2.	In sämtlichen Instanzen sind neben Berufsrichtern ehrenamtliche Richter vertreten.		
3.	Der Berufsrichter kann in den ersten beiden Instanzen von den ehrenamtlichen Richtern überstimmt werden.		
4.	Die Güteverhandlung hat eine gütliche Einigung der Parteien zum Ziel.		
5.	In der zweiten Instanz findet das Berufungsverfahren vor dem Bundesarbeitsgericht statt.		
6.	Landesarbeitsgerichte bestehen aus einem Berufsrichter und zwei Beisitzern.		

Lernsituation 8.16
Den Personalaustritt organisieren

Der rote Faden

Zeugnisarten unterscheiden

Arbeitszeugnisse erstellen und beurteilen

Arbeitspapiere beim Personalaustritt zusammenstellen

Lernfeld 8

Ausgangssituation

Als Sie heute in der Personalabteilung eintreffen, liegt folgende interne Mitteilung von Frau Engler auf Ihrem Schreibtisch mit der Bitte um Bearbeitung.

Duisdorfer BüroKonzept KG

Interne Mitteilung

Von	Name: Frau Engler	Abteilung: Kfm. Verwaltung
An	Name: Auszubildende/r	Abteilung: Personal
Betrifft: Arbeitszeugnis und Arbeitspapiere Herr Kaufmann		**Datum:** heute

Mit der Bitte um

- ☐ Kenntnisnahme
- ☒ Bearbeitung
- ☐ Weiterleitung
- ☐ Rücksprache
- ☐ Stellungnahme
- ☐ Ablage

Nachricht:

Sehr geehrte/-r Auszubildende/r,

ich bin in den nächsten zwei Tagen auf Geschäftsreise und bitte Sie, das Arbeitszeugnis für Herrn Kaufmann, der am 26.07.20.. seinen letzten Arbeitstag in unserem Hause hat, vorzubereiten. Persönliche Daten entnehmen Sie bitte dem Personalstammblatt. Als Orientierungshilfe für die Beurteilung habe ich Ihnen den letzten Mitarbeiterbeurteilungsbogen als Kopie beigelegt.

Weiterhin bitte ich Sie, die für den Personalaustritt notwendigen Unterlagen zusammenzustellen und ggf. notwendige Abmeldungen vorzunehmen. Im Anhang finden Sie einige Dokumente, die Sie bitte, soweit möglich, ausfüllen. (Hinweis: Herr Kaufmann hat im laufenden Kalenderjahr bereits 16 Urlaubstage in Anspruch genommen. Zusatzurlaub wurde nicht gewährt. Der bis zum Austritt gezahlte Bruttolohn beläuft sich auf insgesamt 19.653,75 €).

Mit freundlichen Grüßen

Engler

Anlagen

LF 8, 6.3

Mitarbeiterbeurteilungsbogen — Duisdorfer BüroKonzept KG

Name: Kevin Kaufmann Abteilung: Rechnungswesen

Grund der Beurteilung: Mitarbeiterbeurteilung Datum: 01.06.20..

Beurteilungskriterium	Einstufung					Gewichtungsfaktor	Ergebnis
	5	4	3	2	1		
▪ Fachliches Wissen			x			1	3
▪ Leistungsbereitschaft/Eigeninitiative			x			3	9
▪ Selbstständigkeit		x				1	4
▪ Arbeitsqualität		x				3	12
▪ Arbeitsergebnisse		x				3	12
▪ Verhalten gegenüber Vorgesetzten			x			2	6
▪ Hilfsbereitschaft				x		2	4
▪ Zuverlässigkeit					x	3	3
Summe							**53**

Hinweis: Bei der Einstufung handelt es sich nicht um Schulnoten. Hier gilt: Je höher die Einstufung, desto besser wurde das Kriterium erfüllt.

Lernfeld 8

Personalstammblatt	
Personalnummer	319
Nachname	Kaufmann
Vorname	Kevin
geb. am / geb. in	15.02.1986 in Bonn
Straße	Steinstraße 23
Postleitzahl, Wohnort	53123 Bonn
Bank	Volksbank Köln Bonn eG
IBAN	DE85 3356 0086 2999 2345 55
BIC	9994541233
eingestellt am	01.08.2010
bis	unbefristet
regelmäßige wöchentliche Arbeitszeit	35 Stunden
Arbeitstage pro Woche	5
Urlaubsanspruch	30 Tage
Tarif-/Grundvergütung (monatlich)	2.843,00 € (Gehaltsgruppe D)
übertarifliche Zulagen	200,00 €
VWL	60,00 €
AG-Zuschuss zur VWL	30,00 €
Steuerklasse/Kinderfreibeträge	III/1
Kinder	1
Familienstand	verheiratet
Konfession	–
Steuerfreibetrag jährlich	–
Sozialversicherungsnummer	12330690F125
Krankenkasse, Betriebsnummer der Krankenkasse	Barmer Ersatzkasse Schlossstraße 23 53123 Bonn Betriebsnummer: 4293866
Grad der Behinderung	0

Lernsituation 8.16

Stellenbeschreibung Kaufmann/Kauffrau für Büromanagement (Auszug)

Stellenbezeichnung Kaufmann/Kauffrau für Büromanagement (Abteilung Rechnungswesen)
Kostenstelle 326 123
Stellennummer 981

Beschäftigungsumfang
☒ Vollzeit
☐ Teilzeit _____ %

Arbeitszeit
☐ Schicht
☒ Gleitzeit
☐ Nacht
☐ freie Einteilung _____
☐ andere _____

Aufgaben der Stelle:
Buchhaltung
- Eingangs- und Ausgangsrechnung buchen, Ablage der Belege
- Mitwirkung bei der Erstellung des Jahresabschlusses
- Regelmäßiges Erstellen einer Liquiditätsübersicht
- Personalbuchführung und Verwaltung des Zahlungsverkehrs (Kontoführung)

Sonstiges
- Projekte

Der Stelleninhaber ist unterstellt   (...)

Stellenbezeichnung des direkten Vorgesetzten   (...)

Arbeitsauftrag 1 (informieren)
Informieren Sie sich in Ihrem Lehrbuch „BüroWelt 2" über die Themen Arbeitszeugnisse erstellen und Beschäftigungsverhältnisse beenden.

LF 8, 7.6 + 7.7

Arbeitsauftrag 2 (planen)
Welche grundlegenden Arbeitsschritte kommen auf Sie zu?

Arbeitsauftrag 3 (durchführen)
a) Verfassen Sie ein qualifiziertes Zeugnis, das Sie Ihrer Vorgesetzten Frau Engler als Entwurf vorlegen können.

b) Füllen Sie die Urlaubsbescheinigung und die Ausgleichsquittung aus (siehe Anlagen I, II).

c) Füllen Sie die Arbeitsbescheinigung nach § 312 SGB III soweit wie möglich aus. Die erforderliche Vorlage erhalten Sie von Ihrem Lehrer/Ihrer Lehrerin.

Lernfeld 8

Arbeitsauftrag 4 (bewerten und reflektieren)

a) Tauschen Sie Ihr Arbeitszeugnis mit dem Ihres Sitznachbarn aus.

b) Kontrollieren Sie das Arbeitszeugnis Ihres Sitznachbarn auf Vollständigkeit und auf Einhaltung der erforderlichen Gliederung.

c) Nehmen Sie ggf. Korrekturen vor und teilen Sie diese Ihrem Sitznachbarn mit.

d) Vergleichen Sie die ausgefüllten Formulare miteinander. Nehmen Sie ggf. Ergänzungen bzw. Änderungen vor.

Anlage I

Urlaubsbescheinigung

Herr/Frau: _____ geboren am: _____

Adresse: _____

war in der Duisdorfer BüroKonzept KG vom _____ bis _____ beschäftigt.

Der volle Jahresurlaub gemäß dem Manteltarifvertrag beträgt _____ Urlaubstage.

Im laufendem Kalenderjahr wurden Herrn/Frau _____ bereits _____ Urlaubstage gewährt. Darüber hinaus wurden _____ Tage Zusatzurlaub gewährt.

_____
(Ort, Datum)

_____
(Unterschrift und Stempel des Arbeitgebers)

Anlage II

Ausgleichsquittung

Das Arbeitsverhältnis zwischen der Duisdorfer BüroKonzept KG, Rochusstraße 30, 53123 Bonn und Herrn/Frau _____ ist am _____ beendet worden.

Empfangsbestätigung:
Anlässlich der Beendigung sind mir folgende Arbeitsunterlagen ausgehändigt worden:

-
-
-
-
-
- Entgeltbescheinigung für die Rentenversicherung
- Lohn- bzw. Gehaltsabrechnung

Das mir zur Verfügung gestellte Firmeneigentum habe ich vollständig zurückgegeben.

_____   _____
(Ort)   (Datum)

_____   _____
(Arbeitgeber)   (Arbeitnehmer)

Ausgleichsklausel
Ich bestätige, dass mir aus dem Arbeitsverhältnis und seiner Beendigung keine finanziellen Ansprüche mehr zustehen.

Bonn, _____   _____
      (Datum)   (Unterschrift Arbeitnehmer)

Lernfeld 8

Vertiefende Aufgaben

Aufgabe 1
Beantworten Sie folgende Fragen:
a) Erläutern Sie den Unterschied zwischen einem Endzeugnis und einem Zwischenzeugnis.
b) Welche Unterschiede bestehen zwischen einem einfachen und einem qualifizierten Zeugnis?
c) Welche formalen Ansprüche muss ein Zeugnis erfüllen?
d) Welche Rechte haben Arbeitnehmer/innen bezüglich des Arbeitszeugnisses?
e) Nennen Sie fünf Angaben, die das qualifizierte Zeugnis enthalten muss.

Aufgabe 2
Verfassen Sie ein sehr gutes (sehr schlechtes) Berufsausbildungszeugnis für sich selbst.

Aufgabe 3
Beurteilen Sie das folgende Zeugnis einer Bürokauffrau sowohl bezogen auf den Aufbau als auch auf den Inhalt.

Bonn, 01.08.20..

Arbeitszeugnis

Frau Stefanie Schneider, geboren am 08.03.19.. in Köln, hat vom ... bis zum ... in unserem Unternehmen als Bürokauffrau gearbeitet. Frau Schneider war in dieser Funktion verantwortlich für:

- Überwachung von Zahlungs- und Lieferterminen
- Entgegennehmen und Bearbeiten von Aufträgen
- Angebote erstellen und einholen
- Zahlungen veranlassen
- Führung und Verwaltung von Personalakten
- Erfassung von Arbeits- und Fehlzeiten
- Erledigung von verwaltungstechnischem Schriftverkehr

Frau Schneider überzeugte uns stets durch ihr vielseitiges Fachwissen, das sie zudem sehr sicher und gekonnt in der Praxis einsetzte. Hervorheben möchten wir, dass sie ihr Fachwissen mit Erfolg durch den regelmäßigen Besuch von Weiterbildungsseminaren erweiterte.

Frau Schneider überzeugte jederzeit mit überdurchschnittlicher Einsatzfreude und bewies stets große Eigeninitiative. Auch unter starker Belastung behielt sie die Übersicht, handelte überlegt und bewältigte alle Aufgaben in guter Weise. Frau Schneider arbeitete stets sehr umsichtig, gewissenhaft und genau, zudem zeichnete ihre Zuverlässigkeit ihren Arbeitsstil aus. Ihre Leistungen haben immer unsere volle Anerkennung gefunden.

Ihr Verhalten gegenüber allen Ansprechpartnern war stets freundlich, offen und zuvorkommend. Ihr Verhalten gegenüber Vorgesetzten, Kollegen und Kunden war stets einwandfrei.

Frau Schneider verlässt leider unser Unternehmen mit dem heutigen Tage auf eigenen Wunsch, um eine neue Herausforderung anzunehmen. Wir bedauern ihr Ausscheiden sehr, da wir mit ihr eine gute Fachkraft verlieren. Wir bedanken uns für die stets guten Leistungen und wünschen ihr für die Zukunft beruflich und privat weiterhin viel Erfolg und alles Gute.

Bonn, (Ausstellungsdatum)

H. Engler

(Personalchef)

Duisdorfer BüroKonzept KG
Rochusstraße 30
53123 Bonn
USt-IdNr.: DE 244 111 855

Geschäftsführer:
Sebastian Falo
Katharina Niester
Amtsgericht Bonn
HRA 1221

Telefon: 0228 98765-0
Fax: 0228 98765-80
Internet: www.duisdorfer-bueko.de
E-Mail: info@duisdorfer-bueko.de

Bankverbindungen:
Volksbank Köln Bonn eG
IBAN DE85 3806 0186 2401 2345 67
BIC GENODED1BRS

Postbank Köln
IBAN DE23 3701 0050 8884 4412 34
BIC PBNKDEFF370

Aufgabe 4

Beurteilen Sie folgendes Zeugnis einer Schreibkraft der Duisdorfer BüroKonzept KG sowohl bezogen auf den Aufbau als auch auf den Inhalt.

Bonn, 15.01.20..

Arbeitszeugnis

Frau Yasemin Ali, geboren am 19.07.19.., trat am 31.08.20.. in unserem Unternehmen in Bonn ein.

Zu ihren Aufgaben zählten:

- das Schreiben von Briefen, Rechnungen und Angeboten
- die Versendung der Post
- die Bedienung des Faxgerätes

Frau Ali bemühte sich, ihre Fachkenntnisse auf zufriedenstellende Weise in der Praxis umzusetzen und alle Schreibprozesse sorgfältig zu planen. Dabei entsprachen ihre Arbeitsergebnisse im Allgemeinen den Anforderungen. Frau Ali hat die ~~Ihr~~ ihr übertragenen Aufgaben größtenteils zu unserer Erwartung erfüllt.

Ihr persönliches Verhalten gegenüber ihren Kollegen und Kunden war stets einwandfrei.

Das Arbeitsverhältnis mit Frau Ali endet zum 28.02.20.. betriebsbedingt. Unsere besten Wünsche begleiten sie.

Bonn, (Ausstellungsdatum)

H. Engler
(Personalchef)

Duisdorfer BüroKonzept KG
Rochusstraße 30
53123 Bonn
USt-IdNr.: DE 244 111 855

Geschäftsführer:
Sebastian Falo
Katharina Niester
Amtsgericht Bonn
HRA 1221

Telefon: 0228 98765-0
Fax: 0228 98765-80
Internet: www.duisdorfer-bueko.de
E-Mail: info@duisdorfer-bueko.de

Bankverbindungen:
Volksbank Köln Bonn eG
IBAN DE85 3806 0186 2401 2345 67
BIC GENODED1BRS

Postbank Köln
IBAN DE23 3701 0050 8884 4412 34
BIC PBNKDEFF370

Aufgabe 5

Ordnen Sie die folgenden Zeugnisformulierungen in eine sinnvolle Reihenfolge.

Bonn, den 31.12.20..	
Herr K. zeigte ein besonders hohes Maß an Einsatzbereitschaft. Zu erwähnen ist seine außerordentliche Eigeninitiative. Er hatte oft gute neue Ideen und arbeitete zielstrebig, sorgfältig und außerordentlich erfolgreich. Den übertragenen Aufgabenreich hat er stets zu unserer vollsten Zufriedenheit bewältigt.	
Sein persönliches Verhalten war stets einwandfrei.	
Herr K. ist bei Vorgesetzten, Geschäftspartnern und Kollegen sehr geschätzt. Er unterstützt die Zusammenarbeit, ist stets hilfsbereit und in der Lage, sachliche Kritik zu üben und zu akzeptieren.	
Herr K. hatte die Aufgabe, die Entwicklung und die Umsetzung von Marketingkonzepten einschließlich des gesamten Bereichs der Verkaufsverhandlungen mit Interessenten im Betrieb unseres Vertriebsgebietes Nord durchzuführen. Hierzu gehörten das Herstellen erster Kontakte, die Angebotserstellung und das Führen von Verkaufsgesprächen bis zum Vertragsabschluss.	
Herr K. verlässt unser Unternehmen mit dem heutigen Tag auf eigenen Wunsch. Wir bedauern diese Entscheidung, danken ihm für seine Mitarbeit und wünschen ihm weiterhin Erfolg und persönlich alles Gute.	
Herr Dieter K.. geboren am ... in Kiel, war vom ... bis zum ... als ... in unserem Betrieb tätig.	

Aufgabe 6

Im Folgenden sind einige Standardformulierungen dargestellt, die Sie mit Schulnoten (beginnend mit der Note 1) beurteilen sollen.

Leistungskriterium: Einsatzbereitschaft

Zeugnisformulierung	Note
1. Er zeigte Initiative, Fleiß und Eifer.	
2. Er zeigte stets außerordentliche Initiative, großen Fleiß und Eifer.	
3. Er zeigte stets Initiative, Fleiß und Eifer.	
4. Er zeigte Initiative, Fleiß und Eifer in ausreichendem Maße.	
5. Er erfüllte seine Aufgaben im Allgemeinen den Erwartungen entsprechend.	

Leistungskriterium: Fachwissen

Zeugnisformulierung	Note
1. Er passte sich neuen Arbeitssituationen meist ohne größere Schwierigkeiten an.	
2. Er bewältigte neue Arbeitssituationen stets sehr gut und sicher.	
3. Er passte sich neuen Arbeitssituationen an.	
4. Er bewältigte neue Arbeitssituationen stets gut und sicher.	
5. Er bewältigte neue Arbeitssituationen erfolgreich.	

Lernfeld 8

Leistungskriterium: Arbeitsweise

Zeugnisformulierung	Note
1. Er erledigte seine Aufgaben stets selbstständig mit äußerster Sorgfalt und Genauigkeit.	
2. Er erledigte seine Aufgaben stets selbstständig mit großer Sorgfalt und Genauigkeit.	
3. Er erledigte seine Arbeiten mit Sorgfalt und Genauigkeit.	
4. Er erledigte seine Aufgaben stets sorgfältig und genau.	
5. Er erledigte die ihm übertragenen Aufgaben im Allgemeinen sorgfältig und genau.	

Leistungskriterium: Arbeitsergebnisse

Zeugnisformulierung	Note
1. Seine Arbeitsergebnisse entsprachen im Allgemeinen den Anforderungen.	
2. Seine Arbeitsergebnisse entsprachen den Anforderungen.	
3. Er hat sowohl in qualitativer als auch in quantitativer Hinsicht gute Arbeitsergebnisse erzielt.	
4. Er hat sowohl in quantitativer als auch in qualitativer Hinsicht stets gute Arbeitsergebnisse erzielt.	
5. Er hat sowohl in qualitativer als auch in quantitativer Hinsicht stets sehr gute Arbeitsergebnisse erzielt.	

Leistungskriterium: Mitarbeiter-Führungskompetenz

Zeugnisformulierung	Note
1. Durch seine fach- und personenbezogene Führung motivierte er die ihm unterstellten Mitarbeiter stets zu guten Leistungen.	
2. Durch seine fach- und personenbezogene Führung motivierte er die ihm unterstellten Mitarbeiter stets zu sehr guten Leistungen.	
3. Durch seine fach- und personenbezogene Führung motivierte er die ihm unterstellten Mitarbeiter zu guten Leistungen.	
4. Er bemühte sich, durch eine fach- und personenbezogene Führung die ihm unterstellten Mitarbeiter zu motivieren.	
5. Durch seine fach- und personenbezogene Führung motivierte er die ihm unterstellten Mitarbeiter zu zufriedenstellenden Leistungen.	

Lernsituation 8.16

Leistungskriterium: Führungsbeurteilung

Zeugnisformulierung	Note
1. Sein Verhalten gegenüber Vorgesetzten, Mitarbeitern und Kunden war vorbildlich (einwandfrei).	
2. Sein Verhalten gegenüber Mitarbeitern, Vorgesetzten und Kunden war vorbildlich (einwandfrei).	
3. Sein Verhalten gegenüber Vorgesetzten, Mitarbeitern und Kunden war stets vorbildlich (einwandfrei).	
4. Sein Verhalten gegenüber Vorgesetzten, Mitarbeitern und Kunden gab zu Klagen meist keinen Anlass.	
5. Er galt insgesamt als kollegialer und freundlicher Mitarbeiter. **ODER**: Sein persönliches Verhalten war meist einwandfrei.	
6. Er galt als kollegialer und freundlicher Mitarbeiter. **ODER**: Sein persönliches Verhalten war insgesamt einwandfrei.	

Leistungskriterium: Abschließende Zufriedenheitsformel

Zeugnisformulierung	Note
1. Er hat die ihm übertragenen Aufgaben stets zu unserer vollsten Zufriedenheit erledigt.	
2. Er hat die ihm übertragenen Aufgaben zu unserer vollen Zufriedenheit erledigt.	
3. Er hat die ihm übertragenen Aufgaben stets zu unserer vollen Zufriedenheit erledigt.	
4. Er hat die ihm übertragenen Aufgaben zu unserer Zufriedenheit erledigt.	
5. Er bemühte sich, die ihm übertragenen Aufgaben zu unserer Zufriedenheit zu erledigen.	
6. Er hat die ihm übertragenen Aufgaben im Großen und Ganzen zu unserer Zufriedenheit erledigt.	

Leistungskriterium: Schlussformel

Zeugnisformulierung	Note
1. Wir bedauern, auf die weitere Zusammenarbeit verzichten zu müssen. Unsere besten Wünsche begleiten ihn.	
2. Wir bedanken uns für die gute Zusammenarbeit und wünschen ihm alles Gute.	
3. Wir bedanken uns für die sehr gute Zusammenarbeit und bedauern sein Ausscheiden sehr. Wir wünschen diesem vorbildlichen Mitarbeiter beruflich und persönlich alles Gute, viel Glück und Erfolg.	
4. Wir bedanken uns für die stets gute Zusammenarbeit und bedauern, eine gute Fachkraft zu verlieren. Wir wünschen ihm beruflich und persönlich alles Gute.	
5. Wir bedanken uns für die gute Zusammenarbeit und bedauern, Herrn ... zu verlieren. Wir wünschen ihm für seine weitere Tätigkeit alles Gute.	

In Anlehnung an: Praxishandbuch Neues Arbeitsrecht für Vorgesetzte, BWRmedia, Januar 2009

Lernfeld 8

Aufgabe 7

Welche Aussage verbirgt sich hinter den unten aufgeführten „Zeugnis-Codes"?

Folgende Bedeutungen können Sie zuordnen:

Arroganter Mitarbeiter, Erfolglosigkeit, hohe Meinung von sich (verträgt keine Kritik), Aufhebungsvertrag, Drückeberger, Vorgesetzter ohne Durchsetzungsvermögen, Ja-Sager, Schwätzer, fehlende Tüchtigkeit, Probleme mit Vorgesetzen, absolut unbeliebt, mangelnde fachliche Qualifikation, Dieb, miserable Arbeitsleistung, Betriebsratsmitglied, sexuelle Belästigung, Alkoholiker, Kündigung durch AG, fristlose Kündigung, langsam und ohne Eigeninitiative

---

Nr.	Zeugnisformulierung	Wahre Bedeutung
1	Er stand voll hinter uns.	
2	Mit seinen Vorgesetzten ist er gut zurechtgekommen.	
3	Er war aufgrund seiner kommunikativen Fähigkeiten ein gesuchter Gesprächspartner.	
4	Seine Standpunkte stellte er in selbstbewusster Art vor.	
5	Für die Belange der Belegschaft bewies er immer Einfühlungsvermögen.	
6	Er hat alle Aufgaben in seinem und im Firmeninteresse gelöst.	
7	Er zeichnet sich insbesondere dadurch aus, dass er viele Verbesserungsvorschläge zur Arbeitserleichterung machte.	
8	Wir bestätigen gerne, dass sie mit Fleiß, Ehrlichkeit und Pünktlichkeit an ihre Aufgaben herangegangen ist.	
9	Bei Vorgesetzten und Mitarbeitern war er durch seine aufrichtige und anständige Gesinnung ein anerkannter Mitarbeiter.	
10	Er hat alle ihm übertragenen Arbeiten äußerst gewissenhaft und sorgfältig bearbeitet.	
11	Sie war tüchtig und in der Lage, ihre Meinung zu vertreten.	
12	Sein Verhalten gegenüber Kollegen und Kunden war stets einwandfrei.	
13	Das Arbeitsverhältnis endet am ...	
14	Das Arbeitsverhältnis endet am ... (krummes Datum).	
15	Wir haben uns einvernehmlich getrennt.	
16	Für die geleistete Arbeit sagen wir: Danke!	
17	Er wurde als umgänglicher Kollege geschätzt.	
18	Er verstand es, alle Aufgaben mit Erfolg zu delegieren.	
19	Er trat engagiert für die Interessen seiner Kollegen ein.	
20	Er praktizierte einen kooperativen Führungsstil und war deshalb bei seinen Mitarbeitern sehr beliebt.	

Lernsituation 8.16

Aufgabe 8

Bei der Duisdorfer BüroKonzept KG ist es Ihre Aufgabe, für einen der Auszubildenden ein qualifiziertes Ausbildungszeugnis auszustellen. Hierzu liegen die zusammengefassten Daten aus den Beurteilungsbögen der einzelnen Abteilungen vor.

Bei dem Auszubildenden handelt es sich um Jens Krumm, geboren am 03. Februar 19.. in Paderborn. Der Ausbildungszeitraum beläuft sich vom 01.08.20.. bis 31.01.20... Jens Krumm absolvierte eine Ausbildung als Fachkraft für Lagerlogistik. Er verlässt das Unternehmen, um ein Studium aufzunehmen.

(Hinweis: Beurteilung nach eigenem Ermessen.)

Aufgabe 9

Durch Zufall fällt Ihnen auf, dass auf einem Arbeitszeugnis eines Bewerbers am Ende eines Satzes zwei Punkte zu finden sind. Wie fällt Ihre Beurteilung diesbezüglich aus?

Aufgabe 10

Herr Thomas Maurer, der am 01.08.20.. eine neue Tätigkeit antreten will, erhält bei seinem Austritt ein Arbeitszeugnis und die Arbeitspapiere, die ihm neben dem Zeugnis ausgehändigt werden müssen.

a) Unter welchen Voraussetzungen erhält er ein qualifiziertes Zeugnis?

b) Beschreiben Sie zwei Inhalte, die im qualifizierten Zeugnis zusätzlich zum einfachen Zeugnis vorhanden sein müssen.

c) Beschreiben Sie zwei Grundsätze, an die sich die Duisdorfer BüroKonzept KG bei der Formulierung des qualifizierten Arbeitszeugnisses halten muss.

d) Nennen Sie vier Arbeitspapiere, die neben dem Arbeitszeugnis nach der Beendigung des Arbeitsverhältnisses ausgehändigt werden müssen.

LernFeld 9

Liquidität sichern und
Finanzierung vorbereiten

Lernsituationen

Lernfeld 9

Lernsituation 9.1
Entscheidung für die Beschaffung einer neuen Produktionsanlage vorbereiten[1]

Der rote Faden
- Anschaffungskosten ermitten
- Eine Kostenvergleichsrechnung je Periode und Leistungseinheit für alternative Investitionsobjekte durchführen
- Eine Entscheidungsvorlage für alternative Investitionsobjekte erstellen
- Eine begründete Entscheidung für ein Investitionsobjekt treffen

Ausgangssituation

Bei der Qualitätssicherung ist Herrn Lerch aufgefallen, dass die Lackierung an den Tischbeinen nicht mehr den Ansprüchen genügt. Wiederholt sind Farbläufer und Unregelmäßigkeiten aufgetreten. Achim Langer, der technische Leiter, sieht die Ursache in der veralteten Lackieranlage, bei der die Tischbeine manuell mit Lackierpistolen lackiert werden. Die gute Auftragslage führte zudem zu Zeitdruck und Überstunden, wodurch vermutlich die Fehlerquote erhöht wurde. Herr Langer schlägt vor, die alte Anlage durch eine moderne Pulverbeschichtungsanlage zu ersetzen. In einer Fachzeitschrift hat er dazu einen interessanten Artikel gefunden, den er Herrn Lerch zukommen lässt.

Pulverbeschichten oder Nasslackieren?

Die Pulverbeschichtung ist ein qualitativ hochwertiges Beschichtungsverfahren, bei dem das Farbpulver beim Aufbringen elektrostatisch aufgeladen und von Metallteilen angezogen wird. Danach wird das Pulver in einem Ofen bei ca. 180–200 °C eingebrannt.
Im Gegensatz zu herkömmlichen Lackierungen gelangen beim Pulverbeschichten keine Lösemittel in die Atmosphäre.

Das Farbpulver wird im Kreislauf gefahren, d.h. der Overspray wird wiederverwendet. Die Spritzkabinenabluft wird über Filter gereinigt und wieder in den Halleninnenraum zurückgeführt. Beim Pulverbeschichten erreicht man mit bereits einer Beschichtung die notwendige Schichtdicke. Es entstehen keine Nasen oder Läufer wie beim Nasslackieren. Die Oberfläche ist kratz- und stoßfest.

Gemeinsam mit der Geschäftsführung wird beschlossen, zwei Angebote für Pulverbeschichtungsanlagen einzuholen. Nach Eingang der Angebote fasst die Geschäftsführung die wesentlichen Inhalte in einer internen Mitteilung für Herrn Langer zusammen.

---

[1] Die Kompetenzen, die mit dieser Lernsituation angestrebt werden, sind im Rahmenlehrplan für den Ausbildungsberuf Kaufmann/Kauffrau für Büromanagement nicht explizit genannt. Die Lernsituation kann aber für leistungsstarke Schüler zur Differenzierung genutzt werden.

Lernsituation 9.1

	Duisdorfer BüroKonzept KG	**BK**

Interne Mitteilung

Von	**Name:** Sebastian Falo	**Abteilung:** Geschäftsführung
An	**Name:** Achim Langer	**Abteilung:** Technischer Bereich
Betrifft: Angebote Pulverbeschichtungsanlagen		**Datum:** 07.05.20..

Mit der Bitte um

☐ Kenntnisnahme	☐ Rücksprache
☒ Bearbeitung	☐ Stellungnahme
☐ Weiterleitung	☐ Ablage

Nachricht:

Sehr geehrter Herr Langer,

die beiden Angebote für die Pulverbeschichtungsanlagen sind eingegangen. Im Folgenden fasse ich die Inhalte zusammen:

Anbieter:	Weber GmbH	ARO Maschinenbau AG
Produktbezeichnung:	PBA 1820	ARO 12/2A
Listenpreis:	180.000,00 €	210.000,00 €
Rabatt:	0 %	5 %
Skonto vom Listenpreis:	2 %	0 %
Transportkosten:	1.200,00 €	– €
Montagekosten:	7.500,00 €	11.000,00 €
Kapazität pro Jahr:	70000 Stück	70000 Stück
Energiekosten pro Jahr:	8.500,00 €	8.000,00 €
jährliche Materialkosten bei Vollauslastung:	30.000,00 €	28.000,00 €

Bitte erstellen Sie, zusammen mit Frau Engler, bis zum 21.05.20.. eine begründete schriftliche Entscheidungsvorlage. Legen Sie einen kalkulatorischen Zinssatz von 6 % zugrunde. Prüfen Sie dabei, ob es sinnvoll ist, die vorhandene Lackieranlage zu behalten und ggf. zu erweitern.

Mit freundlichen Grüßen

Sebastian Falo

Lernfeld 9

Die Nutzungsdauer für Pulverbeschichtungsanlagen beträgt laut Abschreibungstabelle fünf Jahre. Herr Langer vermutet, dass eine solche Anlage acht Jahre genutzt werden kann. In der Fachpresse ermitteln Frau Engler und Herr Langer die Preise für vergleichbare gebrauchte Anlagen. Ausgehend davon schließen sie, dass die PBA 1820 einen Restwert von 25.000,00 € hat und die ARO 12/2A von 30.000,00 €. Die ARO 12/2A ist aufwendiger in der Bedienung, darum sind die mit 35.000,00 € veranschlagten Löhne um 5.000,00 € höher als bei der PBA 1820. Für Gehälter werden bei beiden Anlagen 1.200,00 € angesetzt. Die Instandhaltungskosten werden jährlich mit 2,5 % vom Listenpreis einkalkuliert. Werkzeugkosten fallen nicht an.

Da Frau Engler und Herr Langer momentan beide stark belastet sind, bitten sie Frau Winter um Unterstützung durch eine/n bereits erfahrene/n Auszubildende/n.

Arbeitsauftrag 1 (orientieren)
Lesen Sie die Situationsbeschreibung aufmerksam durch. Aus welchen Anlässen werden Angebote für Pulverbeschichtungsanlagen eingeholt? Nennen Sie Gründe, die für die Einführung einer Pulverbeschichtungsanlage im Vergleich zum manuellen Nasslackieren mit Lackierpistolen sprechen.

Arbeitsauftrag 2 (informieren)
Informieren Sie sich in Ihrem Lehrbuch „BüroWelt 2", über die Berechnung der Anschaffungskosten und die Durchführung einer Kostenvergleichsrechnung je Periode.

LF 9, 4.1 und 4.2

Arbeitsauftrag 3 (planen)
Ermitteln Sie aus der Ausgangssituation alle Werte, die zur Berechnung der Anschaffungskosten und zur Durchführung der Kostenvergleichsrechnung je Periode nötig sind. Legen Sie eine Tabelle an, mit der Sie die Berechnungen durchführen wollen.

Arbeitsauftrag 4 (durchführen)
Ermitteln Sie die jährlichen Gesamtkosten für die beiden unterschiedlichen Pulverbeschichtungsanlagen.

Arbeitsauftrag 5 (bewerten und reflektieren)
Für welche der Anlagen würden Sie sich entscheiden?

Fortsetzung der Ausgangssituation

Der Auftrag von Herrn Falo beinhaltet, ausdrücklich zu prüfen, ob es sinnvoll ist die alte Anlage zu behalten.

Die bisherige Lackieranlage besteht aus einer Lackierkabine mit einer Lackierpistole, die Modernisierung der Anlage und Erweiterung um einen Arbeitsplatz würde 35.000,00 € kosten. Die Kapazität würde damit auf 60000 Tischbeine pro Jahr verdoppelt. Die jährlichen Kosten beliefen sich bei Kapazitätsauslastung auf 10.000,00 € Fixkosten und auf 85.000,00 € variable Gesamtkosten. Für die weiteren Berechnungen legen Frau Engler und Herr Langer Anschaffungskosten von 55.000,00 € zugrunde. Sie kalkulieren mit einer tatsächlichen Auslastung von 35000 Tischbeinen pro Jahr.

Arbeitsauftrag 6 (durchführen und bewerten)
Ermitteln Sie die jährlichen Gesamtkosten für die alte Lackieranlage. Legen Sie dar, ob sich Ihre Entscheidung verändern würde.

Arbeitsauftrag 7 (informieren)
Informieren Sie sich in Ihrem Lehrbuch „BüroWelt 2" über die Durchführung einer Kostenvergleichsrechnung je Leistungseinheit.

LF 9, 4.2

Lernsituation 9.1

Arbeitsauftrag 8 (durchführen und bewerten)
Führen Sie für die drei Investitionsalternativen eine Kostenvergleichsrechnung je Leistungseinheit durch. Entscheiden Sie sich begründet für eine der Alternativen.

Arbeitsauftrag 9 (planen und durchführen)
In seiner innerbetrieblichen Mitteilung hat Herr Falo eine begründete schriftliche Entscheidungsvorlage eingefordert. Entwickeln Sie für diese Vorlage eine Struktur. Erstellen Sie die Entscheidungsvorlage.

Arbeitsauftrag 10 (bewerten und reflektieren)
Bilden Sie Dreiergruppen. Vergleichen Sie Ihre Ergebnisse. Klären Sie mögliche Abweichungen in den Berechnungen. Diskutieren Sie Ihre Entscheidungsvorschläge und einigen Sie sich auf einen Vorschlag, den Sie Herrn Falo unterbreiten möchten.

Vertiefende Aufgaben

Aufgabe 1
Ordnen Sie folgenden Vorhaben zu, welche objektbezogene Investition vorliegt, und beschreiben Sie deren Ziele.
a) Die Mitarbeiter der Duisdorfer BüroKonzept KG können ein Seminar zu dem Thema Work-Life-Balance besuchen.

b) In der Vergangenheit kam es wiederholt zu Abstürzen in der EDV-Anlage. Dadurch verzögerten sich Arbeiten oder manche Daten mussten erneut eingegeben werden. Die Geschäftsführung beschließt darum, ein neues und technisch aktuelles EDV-System anzuschaffen.

c) Einem Unternehmen wird vorgeworfen, Zwischenprodukte aus Ländern mit menschenunwürdigen Produktionsbedingungen zu beziehen. Daraufhin werden die Zwischenprodukte aus Ländern mit humaneren Arbeitsbedingungen bezogen. In einer Werbekampagne wird der Lieferantenwechsel publik gemacht.

d) Die Duisdorfer BüroKonzept KG kauft von überschüssigen liquiden Mitteln festverzinsliche Wertpapiere.

Aufgabe 2
Beschreiben Sie den Zusammenhang zwischen Netto-, Brutto- und Ersatzinvestitionen. Lassen sich Investitionen immer in Ersatz- bzw. Nettoinvestitionen unterscheiden? Begründen Sie Ihre Ansicht.

Aufgabe 3
Ein Unternehmen plant die Anschaffung eines neuen Schweißautomaten. Aktuell liegt folgendes Angebot vor.

Listenpreis:	270.000,00 €
Fracht:	3.500,00 €
Montage:	12.000,00 €
Skonto auf den LP:	2,00 %
Kalkulatorischer Zinssatz:	5,90 %
Geschätzte Nutzungsdauer:	10 Jahre
Restwert:	36.000,00 €

Ermitteln Sie die Anschaffungskosten, die kalkulatorischen Zinsen und die kalkulatorische Abschreibung.

Aufgabe 4
Finden Sie anhand eines selbstgewählten Produkts Beispiele für Roh-, Hilfs- und Betriebsstoffe, die in dieses Produkt eingehen bzw. für dessen Erstellung benötigt werden.

Lernfeld 9

Aufgabe 5

Die Küchenprofi Klein AG steht kurz davor, sich zwischen zwei Produktionsanlagen zur Herstellung von Ceran-Kochfeldern zu entscheiden. Im Detail sind die Anlagen durch folgende Werte gekennzeichnet:

	Anlage 1	Anlage 2
Anschaffungskosten	1.600.000,00 €	1.950.000,00 €
Nutzungsdauer	8 Jahre	8 Jahre
Kalkulatorischer Zinssatz	9,00 %	9,00 %
Sonstige jährliche Fixkosten	42.000,00 €	37.000,00 €
Variable Stückkosten	70,00 €	68,00 €
Restwert	130.000,00 €	150.000,00 €
Jährliche Produktionsmenge	20000 Stück	20000 Stück
Stückerlös	100,00 €	103,00 €

a) Ermitteln Sie die jährlichen Kosten und den Gewinn der beiden Anlagen. Erörtern Sie die Ergebnisse.

b) Führen Sie eine Rentabilitätsvergleichsrechnung durch und interpretieren Sie das Ergebnis.

Aufgabe 6

Bei der Duisdorfer BüroKonzept KG stehen zwei alternative Investitionsobjekte zur Auswahl. Die Auslastung beträgt bei beiden Objekten 200000 Stück pro Jahr.

	Alternative 1	Alternative 2
Anschaffungskosten	850.000,00 €	980.000,00 €
Restwert	60.000,00 €	83.000,00 €
Fixkosten pro Jahr	40.000,00 €	68.000,00 €
Variable Stückkosten	3,30 €	3,00 €
Stückerlös	5,10 €	5,30 €

a) Ermitteln Sie die Gesamtkosten der Alternativen bei unterschiedlichen Ausbringungsmengen. Berechnen Sie die Ausbringungsmenge, bei der die Kosten identisch sind. Stellen Sie die Gesamtkostenverläufe in einem Diagramm dar. Erläutern Sie dessen Aussagegehalt.

b) Berechnen Sie die Stückkosten der Alternativen bei unterschiedlichen Ausbringungsmengen. Stellen Sie die Kostenverläufe in einem Diagramm dar. Begründen Sie die Kurvenverläufe.

c) Ermitteln Sie für jede der beiden Alternativen den Gewinn bei einer jährlichen Auslastung von 200000 Stück.

d) Bei welcher Menge ist der Gewinn der Alternativen identisch?

Aufgabe 7

Stellen Sie die Vor- und Nachteile unterschiedlicher Methoden der Investitionsrechnung gegenüber. Geben Sie dabei an, unter welchen Voraussetzungen Sie eine Methode einsetzen würden.

Lernsituation 9.2
Situationsgerechte Maßnahmen zur Liquiditätssicherung einleiten

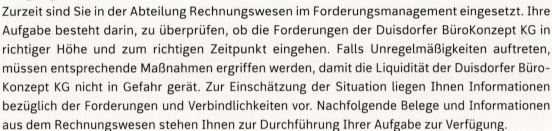

Der rote Faden
- Einen Zahlungsverzug feststellen
- Mahnungen schreiben
- Verzugszinsen ermitteln[1]
- Die Liquidität 2. Grades prüfen
- Eine Entscheidung treffen, wann offene Verbindlichkeiten zu zahlen sind

Ausgangssituation
Zurzeit sind Sie in der Abteilung Rechnungswesen im Forderungsmanagement eingesetzt. Ihre Aufgabe besteht darin, zu überprüfen, ob die Forderungen der Duisdorfer BüroKonzept KG in richtiger Höhe und zum richtigen Zeitpunkt eingehen. Falls Unregelmäßigkeiten auftreten, müssen entsprechende Maßnahmen ergriffen werden, damit die Liquidität der Duisdorfer BüroKonzept KG nicht in Gefahr gerät. Zur Einschätzung der Situation liegen Ihnen Informationen bezüglich der Forderungen und Verbindlichkeiten vor. Nachfolgende Belege und Informationen aus dem Rechnungswesen stehen Ihnen zur Durchführung Ihrer Aufgabe zur Verfügung.

Arbeitsauftrag 1 (orientieren)
Sichten Sie sorgfältig die vorliegenden Belege und verschaffen Sie sich einen Überblick über die vorhandenen Daten, Zahlungsvereinbarungen und Zusatzinformationen.

Arbeitsauftrag 2 (informieren)
Informieren Sie sich in Ihrem Lehrbuch „BüroWelt 2" über das Thema Zahlungsverzug.

LF 9, 11

Arbeitsauftrag 3 (planen)
Erstellen Sie einen Arbeitsplan, der die notwendigen Planungsschritte in einer sinnvollen Reihenfolge auflistet. Wichtig sind beispielsweise die Prüfung des Kontoauszuges und die Fälligkeit der offenen Posten.

Arbeitsauftrag 4 (durchführen)
a) Bearbeiten Sie die jeweiligen Arbeitsaufträge von Herrn Fernandez entweder einzeln, mit Partner oder in Kleingruppen. Falls es möglich ist, können Sie arbeitsteilig vorgehen.

b) Formulieren Sie die notwendigen Geschäftsbriefe gemäß der DIN 5008. Speichern Sie die Datei unter BM_LS9.2_Kunde.

c) Tauschen Sie Ihre Arbeitsergebnisse aus bzw. fügen Sie diese zusammen.

d) Erstellen Sie eine Lösung, die Sie Herrn Fernandez präsentieren können.

Arbeitsauftrag 5 (bewerten und reflektieren)
a) Vergleichen Sie in Partner- oder Gruppenarbeit die verschiedenen Lösungsansätze und diskutieren Sie die Vor- und Nachteile.

b) Optimieren Sie Ihr Ergebnis für die Präsentation.

Lernfeld 9

Duisdorfer BüroKonzept KG

Interne Mitteilung

Von	**Name:** Victor Fernandez	**Abteilung:** Rechnungswesen
An	**Name:** Auszubildende/-r	**Abteilung:** Rechnungswesen
Betrifft: Überprüfung der Forderungen		**Datum:** 15.07.20..

Mit der Bitte um

- ☐ Kenntnisnahme
- ☒ Bearbeitung
- ☐ Weiterleitung
- ☐ Rücksprache
- ☐ Stellungnahme
- ☐ Ablage

Nachricht:

Sehr geehrte/-r Frau / Herr …,

wie in unserem Gespräch gestern erwähnt, bin ich heute nicht im Hause. Deshalb fasse ich Ihnen die Informationen zur Prüfung der Forderungen und der Liquidität noch einmal zusammen.

Für Beleg-Nr. 12454 wurde die Kontrolle durchgeführt und das Ergebnis in die Offene-Posten-Liste eingetragen. Daran können Sie sich orientieren.

1. Kontrollieren Sie die Zahlungseingänge auf dem Kontoauszug und
2. überprüfen Sie die rechnerische Richtigkeit der Überweisungen.
3. Kontrollieren Sie auf der Offenen-Posten-Liste die Fälligkeit der Forderungen.
4. Entscheiden Sie die weitere Vorgehensweise und führen Sie die notwendigen Maßnahmen, wie z. B. Zahlungserinnerungen formulieren, durch.
5. Denken Sie bitte unbedingt an eine angemessene Vorgehensweise. Je nachdem, welcher Kunde betroffen ist, gehen Sie entweder sensibel oder bestimmt vor. Vergessen Sie u. U. auch die Berechnung der Verzugszinsen nicht. Den anzusetzenden Verzugszinssatz kennen Sie sicherlich. Ansonsten vergewissern Sie sich mithilfe des § 288 BGB.
6. Falls notwendig, habe ich Ihnen schon einmal einen Antrag auf Erlass eines Mahnbescheides herausgelegt. Eventuell können Sie auch einen Online-Antrag ausfüllen. Prüfen Sie die Möglichkeit.
7. Überprüfen Sie, bis wann die vorliegenden Ausgangsrechnungen zu zahlen sind.
8. Zum guten Schluss: Mich ärgern die ungenauen Zahlungsbedingungen in den vorliegenden Ausgangsrechnungen. Dies führt immer wieder zu Problemen. Überlegen Sie bitte einige präzise Formulierungen, die klarstellen, ob und wie lange Skontoabzug möglich ist.

Übermorgen bin ich wieder im Büro und freue mich auf Ihre Ergebnisse.

Vielen Dank und viele Grüße

Victor Fernandez

Victor Fernandez

Anlagen

LF 9, 11.2

Offene-Posten-Liste (Debitoren)   zum 15.07.20..   AR: Ausgangsrechnung   ARK: Rechnungskorrektur

Kunden-Nr.	Firma (Kunde seit)	Be-leg-Nr.	Beleg-art	Rechnungs-datum	Waren-zugangs-datum	Rechnungs-betrag/ Korrektur-betrag	Skonto-satz	Skonto-betrag	Offener-Posten-Betrag ohne Skontoabzug	Offener-Posten-Betrag mit Skontoabzug	Zahlungsvereinbarung	Fälligkeit	Bemerkung/ weitere Vorgehensweise
2401	Neuhoff KG (2005)						1 %						
		12454	AR	05.05.20..	05.05.20..	1.500,00		15,00 €	1.500,00 €	1.485,00 €	Zahlbar innerhalb von 8 Tagen 1 % Skonto, sonst 14 Tage nach Rechnungsdatum	**13.05.20.. (mit Skontoabzug) sonst 19.05.20..**	**Überweisung kontrolliert → korrekt**
		12461	AR	03.07.20..	01.07.20..	5.119,38					Zahlbar innerhalb von 8 Tagen 1 % Skonto, sonst 14 Tage nach Rechnungsdatum		
		12462	ARK	04.07.20..		–853,23							
		12466	AR	11.07.20..	09.07.20..	7.903,86					Zahlbar innerhalb von 8 Tagen 1 % Skonto, sonst 14 Tage nach Rechnungsdatum		
2402	Intermöbel GmbH (2006)						3 %						
		12460	AR	02.07.20..	30.06.20..	4.476,78					Zahlbar innerhalb von 8 Tagen 3 % Skonto, innerhalb von 14 Tagen ohne Abzug.		
...							2 %						
2404	Frohn KG (2007)												
		12458	AR	28.06.20..	28.06.20..	4.533,90					Zahlbar innerhalb von 8 Tagen ab Rechnungs-datum mit 2 % Skonto, nach spätestens 14 Tagen ohne Abzug		nach Telefonat wurde Rechnungskorrektur sofort erstellt und verschickt, bisher kein Zahlungseingang
		12459	ARK	29.06.20..		–10 %							
		12467	AR	12.07.20..	11.07.20..	1.780,24					Zahlbar innerhalb von 8 Tagen ab Rechnungs-datum mit 2 % Skonto, nach spätestens 14 Tagen ohne Abzug		
...													

Kunden-Nr.	Firma (Kunde seit)	Beleg-Nr.	Beleg-art	Rechnungs-datum	Waren-zugangs-datum	Rechnungs-betrag/Korrektur-betrag	Skonto-satz	Skonto-betrag	Offener-Posten-Betrag mit / ohne Skontoabzug		Zahlungsvereinbarung	Fälligkeit	Bemerkung/weitere Vorgehensweise
2406	Gilles & Partner (2008)												
		12463	AR	07.07.20..	05.07.20..	2.544,22					Zahlbar sofort.		
		12465	AR	11.07.20..	09.07.20..	2.606,10					Zahlbar innerhalb von 30 Tagen ab Rechnungsdatum netto Kasse.		
2407	Stammhaus KG (2008)						2 %						
		12464	AR	08.07.20..	07.07.20.	3.465,02					Zahlbar innerhalb von 10 Tagen ab Rechnungsdatum mit 2 % Skonto, ab 10 Tagen ohne Abzug		
2408	Rhenag GmbH (2009)						2 %						
		12457	AR	05.06.20.	04.06.20..	4.165,00					Zahlbar innerhalb von 8 Tagen ab Rechnungsdatum mit 2 % Skonto, nach 8 Tagen ohne Abzug		die beiden letzten Rechnungen wurden mit erheblicher Verspätung gezahlt; Zahlungserinnerung am 06.07.20..
...													
2411	Peter Wagner e. K. (2011)	12456	AR	08.05.20..	20.04.20..	2.459,73					Zahlbar innerhalb von 30 Tagen nach Rechnungszugang.		siehe E-Mail: angeblich Rechnung nicht erhalten
...													
2499	Sonstige Kunden												
	Hensgens GmbH (Neukunde)	12455	AR	05.05.20..	05.05.20..	8.532,30					Zahlbar innerhalb von 14 Tagen ab Rechnungsdatum netto Kasse.		eine Zahlungserinnerung und 2 weitere Mahnungen sind erfolgt, bisher kein Zahlungseingang

	BIC	IBAN	erstellt am	Auszug	Blatt
Volksbank Köln Bonn eG	GENODED1BRS	DE85 3860 0186 2401 2345 67	15.07.20.. 14:14	75	1

BU-TAG	VORGANG	SALDO ALT	EUR	2.760,95 +
12.07.20..	Neuhoff KG			4.223,49 +
	Rechnung Nr. 12461 vom 03.07.20.. für Handelswaren			
	Rechnungskorrektur Nr. 12462 vom 04.07.20.. / Skonto 1 %			
12.07.20..	Intermöbel GmbH			4.342,48 +
	Rechnungsnr.: 12460 vom 02.07.20..			
	abzüglich 3 % Skonto			
15.07.20..	Saam KG			9.280,57 −
	Rechnung Nr. 348 vom 01.07.20.. für Rohstoffe			
	abzüglich 3 % Skonto			
		SALDO NEU	EUR	2.046,35 +
	Soll-Zinssatz: 11 %	Kreditlimit	EUR	100.000,00

Bitte Rückseite beachten.

Kundenliste (Auszug)

Kunden-Nr.	Firma	Firmenzusatz	Straße Nummer	PLZ	Ort
2401	Neuhoff KG	RaumDesign	Brunnenstraße 3	38700	Hannover
2402	Intermöbel GmbH	Großhandel für Büromöbel	Kaiserstraße 10	57074	Siegen
2403	Stadt Bonn	Gebäude-management	Berliner Platz 2	53103	Bonn
2404	Frohn KG	Büroausstat-tung	Lerchenweg 44	69117	Heidelberg
2405	Brinkmann OHG	Alles fürs Büro	Im Ruhrfeld 35 a	22866	Norderstedt
2406	Gilles & Partner	Möbelgroß-handlung	Königstraße 28	06618	Naumburg
2407	Stammhaus KG	Bürokonzepte	Berliner Damm 9	56077	Koblenz
2408	Rhenag GmbH	Bürogroßhandel	Annostraße 56	68239	Mannheim
2409	Blattschneider & Partner	Rechtsanwalts-kanzlei	Mozartplatz 89a	60322	Frankfurt M.
2410	Ärztezentrum Bonn	Ganzheitliche Medizin	Hohenzollernplatz 83	53188	Bonn
2411	Peter Wagner e. K.	Gartenbau-betrieb	Große Straße 12	53332	Bornheim
2412	Schulzentrum Nord		Effertzgasse 13	53721	Siegburg
2413	Hensgens GmbH[1]		Arnold-Sommerfeld Str. 32	81739	München
2499	Sonstige Kunden				

Victor Fernandez

Von:	p.wagner@wagner-ek.de
Gesendet:	3. Juli 20.. 09:15
An:	v.fernandez@duisdorfer-bueko.de
Betreff:	AW: Zahlungserinnerung; R.-Nr. 12456

Sehr geehrter Herr Fernandez,

leider ist in unseren Unterlagen die angemahnte Rechnung nicht abgelegt; auch unser Posteingangsbuch weist leider keinen Eintrag Ihrer Rechnung auf. Bitte senden Sie uns ein Rechnungsduplikat. Dann werden wir selbstverständlich ab Rechnungszugang die Überweisung innerhalb der vereinbarten Frist veranlassen.

Mit freundlichen Grüßen

P. Wagner

Von:	v.fernandez@duisdorfer-bueko.de
Gesendet:	2. Juli 20.. 08:45
An:	p.wagner@wagner-ek.de
Betreff:	Zahlungserinnerung; R.-Nr. 12456

Sehr geehrter Herr Wagner,

auf unsere Rechnung, Rechnungsnummer 12456 vom 08.05.20.. haben wir noch keinen Zahlungseingang feststellen können. Die Zahlung war innerhalb von 30 Tagen ab Rechnungszugang vereinbart. Sicherlich haben Sie sie übersehen.

Wir bitten Sie, die Regulierung nachzuholen. Sollten Sie zwischenzeitlich bereits die Zahlung geleistet haben, betrachten Sie diese E-Mail bitte als gegenstandslos.

Mit freundlichen Grüßen

V. Fernandez

Lernfeld 9

Lernsituation 9.2

Erweiterte Ausgangssituation

Einige Zeit später hat Herr Fernandez Ihnen die nachfolgende E-Mail und weitere Informationen auf Ihren Schreibtisch gelegt, mit der Bitte um Vorbereitung. Im nächsten Jour fixe mit der Vorgesetzten soll Herr Fernandez eine praktikable Lösung vorstellen. Sie haben schon mehrfach für diese Termine Vorarbeit geleistet und wissen, dass Sie Ihre Idee Herrn Fernandez vorstellen sollen.

E-Mail von Frau Engler an Herrn Fernandez:

Victor Fernandez

Von:	h.engler@duisdorfer-bueko.de
Gesendet:	5. August 20.. 10:05
An:	v.fernandez@duisdorfer-bueko.de
Betreff:	Liquiditätsplanung

Mit der Bitte um Vorbereitung mfg V. Fernandez

Sehr geehrter Herr Fernandez,

in unseren regelmäßigen Jours fixes haben Sie mehrfach darauf hingewiesen, dass die Liquidität unseres Unternehmens in letzter Zeit nicht zufriedenstellend war. Besonders die regelmäßige Inanspruchnahme des Kontokorrentkredites, die Ihrer Meinung nach auf die schleppenden Zahlungseingänge zurückzuführen ist, macht mich nachdenklich.

Ich bitte Sie deshalb, ...

1. mir das Kassenbuch für den laufenden Monat vorzulegen.

2. mir den kurzfristigen Finanzplan für die kommende Woche, also die 2. Woche im August, zu präsentieren und zu erläutern. Welche Einnahmen und Ausgaben sind zu erwarten? Ich möchte erkennen können, ob wiederum ein Kontokorrentkredit oder andere Maßnahmen notwendig werden.

3. Berechnen Sie beispielhaft für die Rechnung der Opitz AG den Finanzierungsvorteil, wenn zurzeit der Bankzinssatz für den Kontokorrentkredit bei 11 % p. a. liegt.

4. Im Juli hatten wir einige Zahlungsausfälle zu verkraften. Bieten Sie mir bitte eine konkrete Lösung dafür an, dass diese für uns reduziert werden. Vielleicht können wir Forderungen gegenüber Neukunden verkaufen, bis die Kunden sich als zuverlässig erweisen. Eine andere Lösung wäre vielleicht, dass wir die Forderung erst nach erfolgloser Zahlungserinnerung veräußern. Soweit ich mich erinnern kann, gibt es seriöse Unternehmen, die sich darauf spezialisiert haben, Forderungen abzukaufen. Präsentieren Sie mir Ihr Ergebnis mit Vor- und Nachteilen.

Viele Grüße

H. Engler

Lernfeld 9

Aus den Kassenbelegen, die Sie sich besorgt haben, ergibt sich folgendes Bild, das Sie ins Kassenbuch übertragen müssen.

01.08.	Herr Falo entnimmt der Kasse 50,00 €
02.08.	Barentnahme für ein Mitarbeitergeschenk 50,00 € (inkl. 19 % USt)
03.08.	Bargeld aus dem Getränkeautomat 123,00 € (inkl. 19 % USt)
04.08.	Spende an die Freiwillige Feuerwehr 250,00 €
05.08.	Barkauf von Briefmarken 65,00 €
05.08.	Barabhebung bei der Bank 250,00 €

Mit dem Saldo des Vormonats in Höhe von 325,00 € kann daraus der aktuelle Kassenbestand bestimmt werden. Außerdem haben Sie die Guthaben bei den Kreditinstituten geprüft. Dort ergibt sich ein Bestand von 4.300,00 €.

Formular: Kassenbuch für August

Kassenbuch

August

Duisdorfer BüroKonzept KG
Rochusstraße 30
53123 Bonn
USt-IdNr.: DE 244 111 855

Telefon: 0228 98765-0
Fax: 0228 98765-80
Internet: www.duisdorfer-bueko.de
E-Mail: info@duisdorfer-bueko.de

aktueller Kassenbestand	€

Beleg-Nr.	Datum	Bezeichnung	Einnahme	Ausgabe	Umsatz-steuersatz	Umsatz-steuer	Kassen-bestand
1	01.08.	Saldo Vormonat					325,00 €

Lernsituation 9.2

Finanzplan für August 20..

	2. Woche		
	Soll	Ist	Abweichung
Zahlungsmittelbestand (Guthaben bei Kreditinstituten und Kasse)			
Einzahlungen aus ...			
Verkauf von Waren			
Verkauf von Sachanlagen			
Verkauf von Finanzanlagen			
Aufnahme von Eigenkapital			
Aufnahme von Fremdkapital			
Zinsen			
Sonstiges			
Summe Einzahlungen			
Auszahlungen für ...			
Personal			
Material			
Handelsware			
Steuern			
Anlageinvestitionen			
Wartung/Reparaturen			
Zinsen			
Tilgung von Fremdkapital			
Sonstiges			
Summe Auszahlungen			
Über-/Unterdeckung			
Anpassungsmaßnahmen			
Endbestand an Zahlungsmitteln			

Für die kurzfristige Finanzplanung sind folgende Sachverhalte als Soll-Werte zu berücksichtigen:

1. Für bestehende Forderungen werden in der zu planenden Woche 190.000,00 € erwartet. Außerdem wurde eine gebrauchte Maschine veräußert, die zu 500,00 € Einzahlungen führt.
2. Erwartete Zinserträge belaufen sich auf 500,00 € und Mieteinnahmen betragen 3.500,00 €.
3. Die Ausgaben für Roh-, Hilfs- und Betriebsstoffe betragen voraussichtlich 75.000,00 €; dazu zählt u. a. die abgebildete Rechnung der Opitz AG.
4. Bei den Handelswaren werden Ausgaben in Höhe von insgesamt 67.000,00 € erwartet.
5. Für die Umsatzsteuer-Zahllast werden 38.200,00 € veranschlagt.
6. Aufgrund eines erheblichen Dachschadens ist eine Reparatur zu berücksichtigen. Der Kostenvoranschlag beläuft sich auf 20.000,00 €
7. Aus einem Wartungsvertrag für die Heizanlage des Unternehmens sind 3.000,00 € einzuplanen.
8. Regelmäßige Zinsaufwendungen betragen 1.200,00 €. Die Rückzahlung eines Darlehns wird mit 3.600,00 zu Buche schlagen.
9. In der zweiten Augustwoche werden die Gebäude und die Haftpflichtversicherung Kosten in Höhe von 2.450,00 € verursachen.

Opitz AG

Holz- und Spanplatten

Opitz AG, Scheerengasse 177, 53721 Siegburg

Duisdorfer BüroKonzept KG
Rochusstraße 30
53123 Bonn

Ihr Zeichen:
Ihre Bestellung vom:
Unser Zeichen: bg
Unsere Nachricht vom:

Name: Bettina Gause
Telefon: 02241 6955-954
Telefax: 02241 6955-555
E-Mail: b.gause@holz-opitz.de

Datum: 02.08.20..

Rechnung

Lieferanten-Nummer: 4403

Kunden-Nr.: 38715/5
Rechnungs-Nr.: 222
Lieferschein-Nr.: 222/1
Versanddatum: 02.08.20..

Artikel-Nr.	Artikel-Bezeichnung	Menge	Einzelpreis €	Gesamtpreis €
40113	Spanplatte Dekor weiß 100 x 200 cm	50	49,00	2.450,00
40209	Ahorn Multiplex, 12 mm, 200 x 200 cm	150	9,00	1.350,00
40301	Echtholzplatte Wildkirsche 100 x 180 cm	10	578,00	5.780,00
			Nettobetrag	9.580,00
			Umsatzsteuer 19,0 %	1.820,20
			Rechnungsbetrag	**11.400,20**

Der Rechnungsbetrag ist zahlbar innerhalb von 8 Tagen ab Rechnungsdatum abzüglich 2% Skonto, ansonsten nach spätestens 30 Tagen.

Arbeitsauftrag 1 (orientieren und informieren)
Verschaffen Sie sich einen Überblick über die Fortentwicklung der Situation und informieren sich in Ihrem Lehrbuch „BüroWelt 2" über Liquiditätsplanung und über Kontokorrentkredite. Außerdem sind die Informationen über das Factoring des genannten Lehrbuchs wichtig.

Arbeitsauftrag 2 (planen)
Bereiten Sie eine Zusammenfassung vor, die geeignet ist, die Fragen von Frau Engler bezüglich der Liquidität, der Liquiditäts- bzw. kurzfristigen Finanzplanung und der Kontokorrentkredite zu beantworten. Auch sind Überlegungen zum Forderungsverkauf (Factoring) anzustellen, die darzustellen sind.

Arbeitsauftrag 3 (durchführen)

a) Bearbeiten Sie die jeweiligen Arbeitsschritte entweder einzeln, mit Partner oder in Kleingruppen. Falls es möglich ist, können Sie unter Umständen arbeitsteilig vorgehen.
   - Vervollständigen Sie das Kassenbuch für die erste Augustwoche und ermitteln Sie den aktuellen Kassenbestand. Gehen Sie davon aus, dass die erste Augustwoche vom 01.08. bis zum 07.08.20.. zählt.
   - Erstellen Sie einen kurzfristigen Finanzplan für die 2. Augustwoche vom 08.08. – 14.08.20.. Unterbreiten Sie einen Vorschlag, wie mit der Über- bzw. Unterdeckung verfahren werden soll. Als Vorlage können Sie die Dateien „LS 9.2_Kassenbuch.xlsx" und „LS 9.2_Finanzplan.xlsx" aus der Online-Ergänzung „BuchPlusWeb" nutzen.
   - Ermitteln Sie die günstigere Kreditart aus Lieferanten- und Kontokorrentkredit anhand der Rechnung der Opitz AG.
   - Überlegen Sie unterschiedliche Möglichkeiten des Factoring
     - einerseits bezogen auf angebotene Forderungen
     - andererseits bezogen auf den gewünschten Leistungsumfang des Factors.

b) Tauschen Sie Ihre Arbeitsergebnisse aus bzw. fügen Sie diese zusammen.

c) Bereiten Sie eine Lösung vor, die Herr Fernandez Frau Engler präsentieren kann.

Arbeitsauftrag 4 (bewerten und reflektieren)

a) Vergleichen Sie Ihre Ergebnisse besonders im Hinblick auf die unterschiedlichen getroffenen Entscheidungen. Führen Sie Argumente für Ihre Entscheidung an und erläutern Sie Ihr Ergebnis.

b) Optimieren Sie Ihr Ergebnis für die Präsentation.

Vertiefende Aufgaben

Aufgabe 1

Wie in der Überprüfung der Zahlungseingänge ersichtlich wurde, weist die Hensgens GmbH eine schlechte Zahlungsmoral auf. Außerdem verbreiten sich Gerüchte, dass das Unternehmen in größeren finanziellen Schwierigkeiten steckt. Daher erwägt Herr Fernandez einzugreifen. Da die Zahlung auch mithilfe eines Mahnbescheides nicht zu erwarten ist, sucht er Alternativen.

Folgender Rechnungsbeleg ist der Ausgangspunkt der Überlegung:

Kunden-Nr.: 2413
Rechnungs-Nr.: 12455
Lieferschein-Nr.:
Versanddatum:

Pos.	Artikel-Nr.	Artikel-Bezeichnung	Menge	Einzelpreis €	Rabatt in %	Rabattbetrag €	Gesamtpreis €
1	101111	Schreibtisch Ökostar	10	489,00		0,00	4.890,00
2	202111	Bürostuhl Comfort	10	228,00		0,00	2.280,00
					Nettobetrag		7.170,00
					Umsatzsteuer 19,0 %		1.362,30
					Rechnungsbetrag		**8.532,30**

Zahlbar 14 Tage ab Rechnungsdatum netto Kasse

Die Ware bleibt bis zur vollständigen Zahlung unser Eigentum.

Amtsgericht Bonn HRA 1221
USt-IdNr.: DE 244 111 855

Geschäftsführung:
Sebastian Falo
Katharina Niester

Ausschnitt: Ausgangsrechnung an die Hensgens GmbH

Lernfeld 9

a) Erläutern Sie den rot umrandeten Vertragsinhalt und bieten Sie Herrn Fernandez eine konkrete Lösung, da eine Zahlung durch Herrn Hensgens unwahrscheinlich ist.

b) Stellen Sie die Vor- und Nachteile dieses Eigentumsvorbehaltes dar.

c) Schlagen Sie Verbesserungsmöglichkeiten bezüglich des Eigentumsvorbehaltes vor, die in die Allgemeinen Geschäftsbedingungen aufgenommen werden können.

Aufgabe 2

Sie sind nun einige Zeit im Forderungsmanagement eingesetzt. Es werden regelmäßig die offenen Posten überprüft, damit verspätete Zahlungen rechtzeitig erkannt und Verjährungsfristen nicht übersehen werden. Am 5. Dezember des laufenden Geschäftsjahres (z. B. 5. Dezember 2016) entdecken Sie nachfolgende Ausgangsrechnung, die noch nicht in die Offene-Posten-Liste eingetragen und bisher übersehen wurde. Mit dem dazugehörigen Brief können Sie die Situation nachvollziehen.

Duisdorfer
BüroKonzept
KG

Ausstattung und Beratung
für das Büro

Duisdorfer BüroKonzept KG ◆ Rochusstraße 30 ◆ 53123 Bonn

Frohn KG
Büroausstattung
Lerchenweg 44
69117 Heidelberg

Ihr Zeichen:
Ihre Nachricht vom:
Unser Zeichen: VK Cm
Unsere Nachricht vom:

Name: Caroline Meister
Telefon: 0228 98765-15
Telefax: 0228 98765-80
E-mail: c.meister@duisdorfer.bueko.de

24.05.20 (minus 3)
(z. B. 24.05.2015)

Rechnung

Kunden-Nr.:   2404
Rechnungs-Nr.:   11455
Lieferschein-Nr.:   11455/1
Versanddatum: 24.05.20..

Pos.	Artikel-Nr.	Artikel-Bezeichnung	Menge	Einzelpreis €	Rabatt in %	Rabattbetrag €	Gesamtpreis €
1	101114	Konferenztischelement lichtgrau	12	98,00		0,00	1.176,00
2	202111	Bürostuhl Comfort	24	228,00		0,00	5.472,00
					Nettobetrag		6.648,00
					Umsatzsteuer 19,0 %		1.263,12
					Rechnungsbetrag		7.911,12

Zahlbar innerhalb von 10 Tagen nach Rechnungsdatum mit 2 % Skonto
oder nach spätestens 30 Tagen ohne Abzug

Frohn KG

Büroausstattungen

Frohn KG, Lerchenweg 44, 69117 Heidelberg

Duisdorfer BüroKonzept KG
Rochusstr. 30
52123 Bonn

Ihr Zeichen: VFe
Ihre Nachricht vom: 15.02.20..
Unser Zeichen: FFl
Unsere Nachricht vom:

Name: Franz Flohr
Telefon: 06221 474456-21
Telefax: 06221 474456-10
E-Mail: fflohr@frohnkg.de

Datum: 23.02.20..
(z. B. 23.02.2018)

Ihre Zahlungserinnerung vom 15.02.20..
(z. B. 15.02.2018)

Sehr geehrter Herr Fernandez,

bitte entschuldigen Sie, dass wir die Rechnung vom 24.05.20..(-3) (z. B. 24.05.2015) bislang noch nicht gezahlt haben. In dem betreffenden Jahr sind aufgrund eines Brandes in unserem Verwaltungsgebäude unsere Daten und Belege in einem erheblichen Maß beschädigt worden. Obwohl wir einen Großteil wiederherstellen konnten, ist es uns offensichtlich nicht gelungen, alle Verbindlichkeiten zu rekonstruieren. Nach nochmaliger Prüfung der verbliebenen Unterlagen bestätigen wir Ihre Forderung.

Selbstverständlich werden wir die noch offenen Verbindlichkeiten in Höhe von 7.911,12 € unverzüglich begleichen.

Mit freundlichen Grüßen

Frohn KG

i. A. *F. Flohr*

Franz Flohr

Prüfen Sie die Verjährung der Forderung gegenüber der Frohn KG.

Aufgabe 3

Die Duisdorfer BüroKonzept KG liefert zehn Chefsessel *Bonn Maxx* an den Kunden Gilles & Partner. Als Wareneingang wurde lt. Lieferschein der 10. März 20.. festgehalten. Der Kunde erhält die Rechnung mit dem Rechnungsdatum vom 11. März 20... Prüfen Sie in den nachfolgenden Varianten, wann Gilles & Partner in Zahlungsverzug gerät.

Variante 1:
Das vereinbarte Zahlungsziel lautet:
Der Rechnungsbetrag ist zahlbar innerhalb von 10 Tagen ab Rechnungsdatum abzüglich 2 % Skonto, ansonsten nach spätestens 30 Tagen.

Variante 2:
Das vereinbarte Zahlungsziel lautet:
Die Zahlung erfolgt spätestens am 25. März 20.. netto Kasse.

Variante 3:
Es wurde kein Zahlungsziel vereinbart. Wie lautet somit die gesetzliche Regelung?

Lernfeld 9

Variante 4:

Das vereinbarte Zahlungsziel lautet:

Zahlbar bis spätestens am 15. April 20.. ohne Abzüge.

Allerdings behauptet Gilles & Partner, die Rechnung wäre nicht eingegangen.

Aufgabe 4

Im Falle eines Zahlungsverzugs hat der Gläubiger u. a. die Möglichkeit, Schadenersatz in Form von Verzugszinsen zu verlangen. Ermitteln Sie die Verzugszinsen auf der Grundlage der gesetzlichen Regelungen. Recherchieren und verwenden Sie den aktuellen Basiszinssatz. (Alternativ verwenden Sie den fiktiven Basiszinssatz von 2 %.)

a) Herr Falo hat sich für den Urlaub mit der Familie eine neue Kamera über einen Online-Shop im Internet gekauft. Der Warenwert der Kamera inkl. Zubehör beläuft sich auf 849,00 € abzüglich 12 % Rabatt. Hinzu kommen 15,00 € Versandkosten. Der Abzug von Skonto ist nicht möglich. Die Rechnung ist am Tag der Lieferung zu überweisen. Herr Falo nimmt das Paket am 07.07.20.. entgegen. Er vergisst die Überweisung und fährt drei Wochen in Urlaub. Als er am 15.08.20.. die 2. Mahnung des Online-Shops sieht, fällt ihm sein Versäumnis ein. Ermitteln Sie die Verzugszinsen, die bis zum 15.08.20.. angefallen sind und den Überweisungsbetrag.

b) Die Rhenag GmbH hat mehrere Rechnungen zu begleichen.

	Rechnungsdatum	Rechnungs-betrag	Zahlungsbedingung
Rechnung 1	13. Juli 20..	19.450,00 €	spätestens 14 Tage nach Rechnungsdatum netto Kasse
Rechnung 2	22. August 20..	7.090,00 €	bei Zahlung innerhalb von 8 Tagen 3 % Skonto, sonst 30 Tage netto Kasse
Rechnung 3	19. September 20..	2.340,00 €	bei Zahlung innerhalb von 10 Tagen 2 % Skonto, sonst 30 Tage netto Kasse

Aufgrund eines aktuellen Liquiditätsengpasses werden diese Rechnungen zum 29. September 20.. beglichen, weil zu diesem Zeitpunkt ein hoher Forderungsbetrag eingeht.

Ermitteln Sie jeweils die zu zahlenden Verzugszinsen und den zu überweisenden Geldbetrag.

Aufgabe 5

	a)	b)	c)
13. Januar – Ende Februar			
27. Februar – 29. August			
3. Juni – 19. September			
9. August – 12. Oktober			
12. September – 7. November			
17. Oktober – Ende des Jahres			

Ermitteln Sie die Zinstage:

a) nach der deutschen Methode (30/360),

b) nach der französischen (Euro-Zins-)Methode (taggenau/360),

c) nach der englischen Methode (taggenau/365).

Berechnen Sie die nachfolgenden Aufgaben mithilfe der deutschen Methode (30/360) zur Ermittlung der Zinstage.

Aufgabe 6

Die Duisdorfer BüroKonzept KG hat für den Kontokorrentkredit einen Zinssatz von 10,7 % vereinbart. Für einen Zeitraum vom 17. Januar bis zum 31. März wurden Zinsen in Höhe von 427,93 € berechnet. Ermitteln Sie die Höhe des in Anspruch genommenen Kredites.

Aufgabe 7

Zur Alterssicherung möchte Herr Falo privat vorsorgen und sucht eine Immobilie, die ihm monatliche Mieteinnahmen in Höhe von 4.200 € einbringt. Die geplante Rendite soll bei 7 % p. a. liegen. Berechnen Sie das für die Immobilie notwendige Kapital.

Aufgabe 8

Die Saam KG berechnet der Duisdorfer BüroKonzept KG für die verspätete Zahlung einer Rechnung Verzugszinsen in Höhe von 123,75 €. Die Rechnung in Höhe von 15.000,00 € wurde mit 27 Tagen Verspätung gezahlt. Welchen Verzugszinssatz verlangt der Lieferant?

Aufgabe 9

Für die Aufnahme eines Kredites in Höhe von 12.500,00 € bezahlt Frau Engler bei ihrer Bank Zinsen in Höhe von 175,00 €. Diesen Kredit hat sie vom 18. April bis Ende Juni in Anspruch genommen. Errechnen Sie den Zinssatz, zu dem Frau Engler den Kredit aufgenommen hat.

Aufgabe 10

Eine Kapitalanlage von 57.000,00 € wächst innerhalb eines Quartals auf insgesamt 58.282,50 €. Nun soll der gesamte Geldbetrag wieder zum gleichen Zinssatz angelegt werden. Innerhalb welcher Zeit wird derselbe Zinsbetrag erzielt wie in der ersten Geldanlage? (auf volle Zinstage runden)

Aufgabe 11

Die Duisdorfer BüroKonzept KG nimmt am 3. Juni einen Kredit über 32.000,00 € auf. Der vereinbarte Zinssatz beträgt 8 % p. a. Am Ende der Kreditlaufzeit zahlt das Unternehmen insgesamt 32.960,00 € zurück. Berechnen Sie die Laufzeit des Kredites.

Aufgabe 12

Die Rhenag GmbH zahlt am 15. September 20.. ein Darlehen zurück, das sie am 15. Januar desselben Jahres aufgenommen hat. Die Bank hat das Darlehen zu einem Zinssatz von 6 % gewährt. Der Rückzahlungsbetrag beläuft sich auf einen Gesamtbetrag einschließlich Zinsen von 33.280,00 €. Ermitteln Sie den Kreditbetrag und die Höhe der Zinsen.

Aufgabe 13

Auf einem Festgeldkonto wuchs das Guthaben des Herrn Fernandez innerhalb eines Quartals auf 102.007,50 €. Für diese Anlage gewährte das Kreditinstitut einen Zinssatz von 6 %. Errechnen Sie den ursprünglichen Betrag, den Herr Fernandez angelegt hat und die erzielten Zinserträge.

Aufgabe 14

Die Saam KG nimmt für die Zeit vom 15. Juni bis zum 31. Oktober einen Kredit zu 8 % auf. Ausgezahlt wird am 15. Juni der um die Zinsen reduzierte Betrag von 53.350,00 €. Berechnen Sie die Kreditsumme und die aufgewendeten Zinsen der Saam KG.

Lernfeld 9

Aufgabe 15

Die Hausbank der Duisdorfer BüroKonzept KG zieht von einem am 7. Juli 20.. gewährten Darlehen 5 % im Voraus ab.

a) Welchen Darlehensbetrag muss das Unternehmen nach 1 ½ Jahren zurückzahlen, wenn 22.662,50 € am 7. Juli 20.. ausbezahlt wurde.

b) Wie viele Zinsen wurden bezahlt?

Aufgabe 16

Die Rhenag GmbH versäumte die Begleichung der Rechnung Nr. 12469 in Höhe von 1.624,00 €. Diese war fällig am 04.08.20... Nachdem die Duisdorfer BüroKonzept KG eine Mahnung verschickt hat, erfolgt die Überweisung von 1.633,02 €. Darin sind die vereinbarten Verzugszinsen mit einem Zinssatz von 10 % enthalten. Ermitteln Sie, für wie viele Tage Verzugszinsen berechnet wurden.

Aufgabe 17

Die Duisdorfer BüroKonzept KG hat für den Bau einer neuen Lagerhalle zwei Darlehen aufgenommen. Das Darlehen bei der Volksbank Köln Bonn beläuft sich auf 36.000,00 € (zu 8 ½ %), die ANG Immobilienbank gewährt das zweite Darlehen in Höhe von 45.600,00 € (zu 7 ⅝ %).

Wie viel EUR beträgt die jährliche Zinsbelastung?

Lernsituation 9.3
Finanzierungsalternativen zur Beschaffung einer neuen EDV-Anlage prüfen

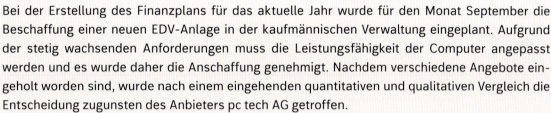

Der rote Faden
- Kosten des Kontokorrentkredites ermitteln
- Kosten des Lieferantenkredites gegenüberstellen
- Einen Kredit aufnehmen
- Geeignete Kreditsicherheiten anbieten
- Eine Beteiligungsfinanzierung prüfen

Ausgangssituation
Bei der Erstellung des Finanzplans für das aktuelle Jahr wurde für den Monat September die Beschaffung einer neuen EDV-Anlage in der kaufmännischen Verwaltung eingeplant. Aufgrund der stetig wachsenden Anforderungen muss die Leistungsfähigkeit der Computer angepasst werden und es wurde daher die Anschaffung genehmigt. Nachdem verschiedene Angebote eingeholt worden sind, wurde nach einem eingehenden quantitativen und qualitativen Vergleich die Entscheidung zugunsten des Anbieters pc tech AG getroffen.

Da die Liquiditätslage des Unternehmens zurzeit etwas angespannt ist, müssen Möglichkeiten gefunden werden, das Projekt mithilfe der Fremdfinanzierung umzusetzen. Dazu stehen Ihnen nachfolgende Informationen zur Entscheidung zur Verfügung.

Arbeitsauftrag 1 (orientieren)
Sichten Sie sorgfältig die vorliegenden Belege bezüglich der Inhalte und Bedingungen.

Arbeitsauftrag 2 (informieren)
Informieren Sie sich in Ihrem Lehrbuch „BüroWelt 2" über das Thema Kontokorrent- und Lieferantenkredit.

LF 9, 7.2

Arbeitsauftrag 3 (planen und durchführen)
a) Planen Sie die Vorgehensweise und ermitteln Sie, ob sich die Inanspruchnahme des Kontokorrentkredites zum Ausgleich der Rechnung lohnt. Vergleichen Sie die Kosten mit denen des möglichen Lieferantenkredites. Für die Berechnungen legt die Duisdorfer BüroKonzept KG den Brutto-Rechnungsbetrag zugrunde.

b) Ermitteln Sie für die vorliegende Rechnung den Zinssatz des Lieferantenkredites mithilfe der kaufmännischen Überschlagsmethode und mit der mathematisch genauen Methode zur Ermittlung des effektiven Zinssatzes.

c) Erstellen Sie eine Lösung, die Sie Frau Engler präsentieren könnten.

Arbeitsauftrag 4 (bewerten und reflektieren)
a) Entwickeln Sie mithilfe des vorliegenden Ergebnisses einen grundsätzlichen Entscheidungsansatz für die Inanspruchnahme eines Bank- oder Lieferantenkredites.

b) Diskutieren Sie die Wirkung der regelmäßigen Inanspruchnahme eines Kontokorrentkredites bei der Geschäftsbank und die daraus resultierende Vorgehensweise der Duisdorfer BüroKonzept KG.

pc tech AG

Fachhandel für Elektronik

pc tech AG, Hamburger Str. 111, 45317 Essen

Duisdorfter BüroKonzept KG
Rochusstraße 30
53123 Bonn

Ihr Zeichen:
Ihre Bestellung vom:
Unser Zeichen: OZ
Unsere Nachricht vom:

Name: Othmar Zirse
Telefon: 0201 487665-83
Telefax: 0201 487665-12
E-Mail: o.zirse@pctechag.de

Datum: 22.09.20..

Rechnung

Lieferanten-Nummer:
4408

Kunden-Nr.:	38742
Rechnungs-Nr.:	52113
Lieferschein-Nr.:	52113/11
Versanddatum:	22.09.20..

Artikel-Nr.	Artikel-Bezeichnung	Menge	Einzelpreis €	Gesamtpreis €
101331	Luna PC Business Silent 8000 Komplettlösung inkl. Software ./. Rabatt 10 %	12	889,20	10.670,40 1.067,04
				9.603,36
502360	Notwendiges Systemzubehör Pauschalpreis	1	340,00	340,00
601111	Anlieferung und Installation	1	275,00	275,00

Nettobetrag	10.218,36
Umsatzsteuer 19,0 %	1.941,49
Rechnungsbetrag	12.159,85

zahlbar spätestens nach 30 Tagen ab Rechnungsdatum ohne Abzug
3 % Skonto bei Zahlung innerhalb von 8 Tagen ab Rechnungsdatum

Volksbank Köln Bonn eG

Volksbank Köln Bonn eG • Postfach 14 02 63 • 53057 Bonn

Ihr Gesprächspartner:Tina Flock
Unser Zeichen: TF/FF6111564
Unsere Nachricht vom:

Duisdorfer BüroKonzept KG
Frau Hanna Engler
Rochusstraße 30
53123 Bonn

Ihr Zeichen:

Telefon: 0228 53044-815
Telefax: 0228 53044-808
E-Mail: tina.flock@vb-koeln-bonn.de

Datum: 30. September 20..

Ihr Kontokorrentkredit Nr. 6111564763
Saldo des Bankkontos zum 30.09.20.. 1.013,50 Soll

Sehrgeehrte Frau Engler,

für Ihren Kontokorrentkredit ändern sich aufgrund des Referenzzinssatzes die Zinskonditionen. Da der ermittelte Durchschnittsatz des EURIBOR-Dreimonatsgeldes um 0,25% im Vergleich zur letzten Sollzinsanpassung gesunken ist, werden wir Ihre vereinbarten Konditionen vertragsgemäß anpassen:

> **Sollzinssatz: 10,5 % p. a.**
> **Kreditlinie 100.000,00 €**

Sofern Sie noch Fragen haben oder andere Finanzierungsvarianten wünschen, rufen Sie uns an. Falls wir keine Rückmeldung von Ihnen erhalten, wird das Konto zu den geänderten Konditionen weitergeführt.

Mit freundlichen Grüßen

Volksbank Köln Bonn eG

i. A. *Tina Flock*

Tina Flock

Lernfeld 9

Erweiterte Situation

Frau Engler ist mit den Alternativen Lieferanten- und Kontokorrentkredit nicht zufrieden. Bei einem Gespräch mit Frau Flock, Beraterin bei der Hausbank der Duisdorfer BüroKonzept KG, schlägt diese einen kurzfristigen Kredit über zwei Jahre vor. Da zurzeit die Zinskonditionen für derartige Kredite günstig sind, ist Frau Engler nicht abgeneigt. Plötzlich nimmt das Gespräch eine unerwartete Wendung. Trotz der langjährigen Geschäftsbeziehung erwartet die Hausbank eine Absicherung des Kredites, falls die Rückzahlung des Kreditbetrages nicht oder nicht rechtzeitig erfolgt. Frau Flock argumentiert mit den schleppenden Zahlungseingängen und dem immer häufiger in Anspruch genommenen Kontokorrentkredit. Die Hausbank will durch das Fordern von Kreditsicherheiten eigenem Schaden vorbeugen. Aus dem gleichen Grund schlägt Frau Flock vor, dass die Duisdorfer BüroKonzept KG eine Eigenkapitalerhöhung in Erwägung ziehen soll, zumal der momentane Anlagendeckungsgrad I und die Eigenkapitalquote dadurch verbessert werden können.

Im Unternehmen ruft Frau Engler Herrn Fernandez und Sie zu einer Besprechung, um zusammenzutragen, welche Sicherheiten zur Absicherung des Kredites infrage kommen könnten. Außerdem werden Möglichkeiten erwogen, das Eigenkapital zu erhöhen.

Nach der Besprechung sind am Flip-Chart folgende Übersichten entstanden:

Möglichkeiten zur Kreditsicherung

Personalsicherheit
o Herr Suttner (Kommanditist) steht zur Verfügung   prüfen

Anlagevermögen   aktueller Wert

o Unbebaute Grundstücke   600.000 €
o ~~Grundstück mit Bürogebäude~~   (mit Grundschuld belastet)
o Lagerhalle ? prüfen

o Kombi-Hobelmaschine (2 Jahre alt)   11.000 €
o Formatkreissäge (1/2 Jahr alt)   9.000 €
o Fuhrpark
   • Firmenfahrzeuge Geschäftsleitung   89.000 €
   • Kleinlaster   55.000 €
o neue PC-Anlage   10.000 €

Umlaufvermögen

o Roh-, Hilfs-, Betriebsstoffe   Problem: Verarbeitung
o ~~Unfertige Erzeugnisse~~
o Fertige Erzeugnisse   ca. 130.000 €
o ~~Handelswaren~~   Problem: Eigentumsvorbehalt
o Wertpapiere im Bankdepot   9.500 €

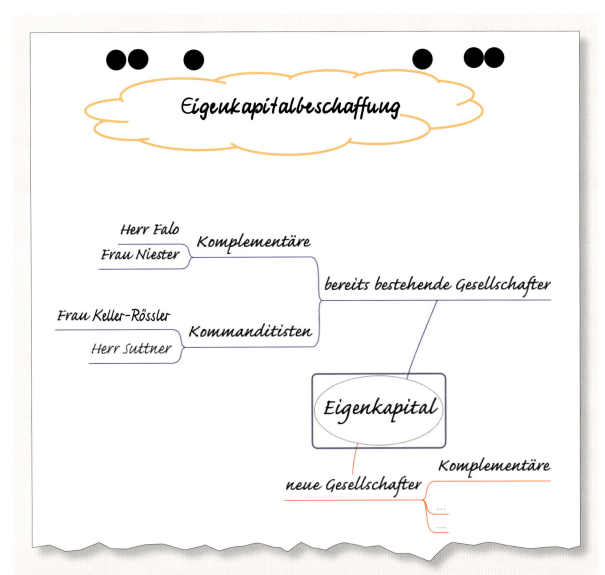

Im abschließenden Gespräch macht Frau Engler folgende Anmerkungen:

„Werten Sie bitte diese Informationen aus. Grundsätzlich gilt für mich: Wir wollen nicht mit Kanonen auf Spatzen schießen. Bei all diesen Möglichkeiten erarbeiten Sie mir bitte drei angemessene Alternativen zur Absicherung des Kredites, die ich Frau Flock anbieten kann. Bezüglich der Eigenkapitalaufstockung habe ich Anweisung der Komplementäre, dass die Geschäftsführung und die Leitung des Unternehmens dadurch in keiner Weise beeinflusst werden darf. Insgesamt begrüßt die Geschäftsführung die Idee der Eigenkapitalerhöhung als Außenfinanzierung. Angestrebt wird ein Betrag zwischen 50.000,00 € und 100.000,00 €."

Arbeitsauftrag 1 (orientieren)
Sichten Sie sorgfältig die vorliegenden Belege hinsichtlich der unterschiedlichen Bestandteile
- Kreditsicherung und
- Beteiligungsfinanzierung.

Arbeitsauftrag 2 (informieren)
Informieren Sie sich in Ihrem Lehrbuch „BüroWelt 2" über die Außenfinanzierung und über die Kreditsicherung.

LF 9, 7 + 10

Arbeitsauftrag 3 (planen und durchführen)

a) Entwickeln Sie eine Lösung bezüglich der Kreditsicherheiten:
   – Überlegen Sie, welche Kreditsicherheiten aufgrund des vorliegenden Flip-Charts in der Duisdorfer BüroKonzept KG denkbar sind. Eventuell entwickeln Sie weitere Ideen, die einfließen können.
   – Stellen Sie die möglichen Kreditsicherheiten dar und treffen Sie eine begründete Entscheidung für oder gegen die jeweils vorgestellte Kreditsicherheit.
   – Wählen Sie drei Kreditsicherungen aus, die für den kurzfristigen Kredit eine praktikable und sinnvolle Lösung darstellen.

b) Entwickeln Sie eine Lösung bezüglich der Eigenkapitalerhöhung:
   – Prüfen Sie Vor- und Nachteile der Erhöhung der Eigenkapitalanteile der bisherigen Gesellschafter.
   – Entwickeln Sie Ideen zur Erhöhung des Eigenkapitals durch Außenfinanzierung. Überlegen Sie Vor- und Nachteile Ihrer Alternativen.
   – Entscheiden Sie sich für eine Möglichkeit unter Berücksichtigung der Bedingungen der Geschäftsführung.

c) Erstellen Sie eine Lösung, die Sie Frau Engler präsentieren könnten.

Arbeitsauftrag 4 (bewerten und reflektieren)

Bewerten Sie die verschiedenen Außenfinanzierungsmöglichkeiten je nach Situation und Zielsetzung im Unternehmen.

Vertiefende Aufgaben

Aufgabe 1

Die Abteilung Rechnungswesen der Duisdorfer BüroKonzept KG erhält die Aufgabe für die nachfolgenden Rechnungen die Vorteilhaftigkeit der Skontogewährung zu überprüfen.

Die Lieferanten haben folgende Zahlungsbedingungen:

1.	„Zahlung innerhalb 10 Tagen nach Rechnungsdatum 2 % Skonto, sonst 30 Tage netto Kasse". (Kontokorrentkredit: 10 %)	6.200,00 €
2.	„Zahlbar innerhalb von 14 Tagen nach Rechnungsdatum mit 2,5 % Skonto oder nach spätestens 40 Tagen ohne Abzug." (Kontokorrentkredit: 8 %)	14.500,00 €
3.	„Zahlungsziel 50 Tage ab Rechnungsdatum, bei Zahlung innerhalb von 10 Tagen nach Rechnungsdatum 1 % Skonto." (Kontokorrentkredit: 11 %)	9.600,00 €

Ermitteln Sie

a) den Zinssatz nach der kaufmännischen Überschlagsmethode,
b) den effektiven Zinssatz mathematisch genau und
c) den Finanzierungserfolg für den jeweils günstigeren Kredit.

Aufgabe 2

Die Neuhoff KG hat aufgrund einer Warenlieferung bei der Duisdorfer BüroKonzept KG Verbindlichkeiten in nachfolgender Höhe, die unter den gegebenen Zahlungsfristen zu begleichen sind.

Rechnung

Kunden-Nr.: 2405
Rechnungs-Nr.: 12550
Lieferschein-Nr.:
Versanddatum:

Pos.	Artikel-Nr.	Artikel-Bezeichnung	Menge	Einzelpreis €	Rabatt in %	Rabattbetrag €	Gesamtpreis €
1	101112	Schreibtisch Ahorn	20	519,00		0,00	10.380,00
2	202111	Bürostuhl Comfort	20	228,00		0,00	4.560,00

Nettobetrag €	14.940,00
Umsatzsteuer 19 %	2.838,60
Rechnungsbetrag €	**17.778,60**

Der Rechnungsbetrag ist innerhalb von 20 Tagen mit 1,25% Skonto oder nach spätestens 60 Tagen ohne Abzug zu begleichen.

Amtsgericht Bonn HRA 1221
USt-IdNr.: DE 244 111 855

Geschäftsführung:
Sebastian Falo
Katharina Niester

Die Neuhoff KG befindet sich in einem Liquiditätsengpass. Errechnen Sie, ob es bei den folgenden Überziehungszinssätzen der verschiedenen Kreditinstitute vorteilhaft ist Skonto auszunutzen.

a) 6 %
b) 11,5 %
c) 8 ¾ %
d) 13 ⅓ %

Aufgabe 3

Der Sohn des geschäftsführenden Gesellschafters, Marco Falo, hat sich nach dem Studium mit einem eigenen Unternehmen selbstständig gemacht. Er bietet Unternehmen individuelle IT-Lösungen an. Die Geschäftsbank des Jungunternehmers gewährt ihm einen Kontokorrentkredit in Höhe von 30.000,00 €. Allerdings haben die Bank und Marco eine stille Zession als Kreditsicherheit vereinbart. Zusätzlich bürgt Herr Falo, Geschäftsführer der Duisdorfer BüroKonzept KG, für die Verbindlichkeiten seines Sohnes gegenüber der Bank.

a) Beschreiben Sie die Zession als Kreditsicherungsmöglichkeit.

b) Erläutern Sie, warum es einerseits Marco Falo wichtig war eine stille und nicht offene Zession zu vereinbaren, die Bank aber andererseits eine offene Zession bevorzugte.

c) Erklären Sie, welche Art der Bürgschaft von der Bank verlangt wurde und welche Pflicht Herr Falo Senior damit übernimmt.

Lernfeld 9

Aufgabe 4

Die Erdweg GmbH, Kunde der Duisdorfer BüroKonzept KG, plant die Erweiterung der Verwaltungsgebäude und die Modernisierung der bisherigen Büroausstattung. Der Geschäftsführer Herr Erdweg
möchte daher einen Kredit in Höhe von 150.000,00 € aufnehmen.

Folgender Auszug des Inventars liegt vor:

Erdweg GmbH, Kaiserstr. 83, 52080 Aachen
Inventar zum 31.12.20..

	Euro	Euro
A. Vermögen		
I. Anlagevermögen		
1. Grundstücke und Bauten, Kaiserstr. 83		
Grundstück	60.000,00	
Lagerhalle	100.000,00	
Verwaltungsgebäude	210.000,00	370.000,00
2. Technische Anlagen und Maschinen lt. AV 1		20.000,00
3. Betriebs- und Geschäftsausstattung lt. AV 2		
Lager- und Transporteinrichtungen	45.000,00	
Fuhrpark	65.000,00	
Büromaschinen, Kommunikationsanlagen	19.000,00	
Büromöbel	10.000,00	139.000,00
II. Umlaufvermögen		
1. Handelswaren lt. IV 6		245.000,00
2. Forderungen a. LL lt. FV		56.000,00
3. Kassenbestand		1.400,00
4. Bankguthaben lt. Kontoauszügen		
Sparkasse Aachen	53.000,00	
davon Wertpapiere im Depot (Wert am 31.12.20..) 24.000,00 €		
Deutsche Bank, Aachen	49.000,00	102.000,00
Summe des Vermögens		**933.400,00**

...

AV = Anlagenverzeichnis, IV = Inventurverzeichnis, FV = Forderungsverzeichnis, VV = Verbindlichkeitenverzeichnis

---

a) Nach Rücksprache mit der Bank stellt Herr Erdweg ernüchtert fest, dass die „beschränkte Haftung"
   die Kreditwürdigkeit seines Unternehmens herabsetzt. Zeigen Sie einen Weg auf, diesen Nachteil
   aufzuheben.

b) Erläutern Sie Möglichkeiten der Kreditsicherung anhand des Inventars der Erdweg GmbH. Ordnen Sie
   dabei die Gegenstände des Inventars Kreditsicherheiten zu und erläutern Sie deren Eignung.

Lernsituation 9.4
Darlehensantrag zur Finanzierung eines neuen Verwaltungsgebäudes vorbereiten

Der rote Faden
- Geforderte Darlehensarten unter Kostengesichtspunkten vergleichen
- Prüfen, ob vorhandenes Grundstück als Kreditsicherheit zur Verfügung steht
- Ein sinnvolles Grundpfandrecht als Kreditsicherheit auswählen
- Notwendige Bilanzkennzahlen ermitteln
- Einen Bericht an den Abteilungsleiter erstellen

Ausgangssituation

Sie sind nach wie vor in der Abteilung Rechnungswesen eingesetzt. In einer betriebsinternen E-Mail wurden alle Mitarbeiter gestern darüber informiert, dass die Duisdorfer BüroKonzept KG Anfang des nächsten Jahres das bestehende Verwaltungsgebäude um einen Anbau erweitern wird. Dadurch soll der gestiegenen Mitarbeiterzahl in den vergangenen Jahren Rechnung getragen werden.

Herr Fernandez hat Ihnen in dem Zusammenhang gestern bereits angekündigt, dass Sie ihm bei den vorbereitenden Aufgaben der Antragstellung eines langfristigen Bankdarlehens behilflich sein sollen.

Wie vereinbart liegen heute Morgen bereits die Arbeitsaufträge samt der zugehören Anlagen auf Ihrem Schreibtisch.

Arbeitsauftrag 1 (orientieren)
Verschaffen Sie sich anhand der nachstehenden Unterlagen einen Überblick über die durchzuführenden Tätigkeiten.

Arbeitsauftrag 2 (informieren)
a) Informieren Sie sich in Ihrem Lehrbuch „BüroWelt 2" zu den nachstehend aufgeführten Themen:
- Darlehensarten als langfristige Finanzierungsmöglichkeiten
- Bilanzanalyse als Grundlage eines Kreditantrags
- Unbewegliche Realsicherheiten

*LF 9, 7.2.4
+
9
+
10.2.4*

b) Sofern Sie Ihre Arbeitsergebnisse zum Teil als Diagramme grafisch darstellen möchten, informieren Sie sich im Bereich Excel, Kapitel 7 des Lehrbuchs „BüroTechnik" erneut über die Erstellung von Diagrammen.

Excel, 7

Arbeitsauftrag 3 (planen und durchführen)
a) Planen Sie zunächst Ihre Vorgehensweise. Dabei ist auch zu überlegen, in welcher Art (handschriftlich, mit Word, Excel oder PowerPoint) Sie Ihre Ergebnisse dokumentieren möchten. Sofern Sie Ihre Ergebnisse mithilfe einer Software ermitteln bzw. erarbeiten, sind die Dateien gemäß den Vorgaben der Internen Mitteilung vom 01.10.20.. zu speichern.

b) Nehmen Sie den geforderten Vergleich der Darlehensarten vor und empfehlen Sie die Ihres Erachtens geeignete Darlehensart. Beachten Sie für den Vergleich die Vorgaben der Internen Mitteilung von Herrn Fernandez vom 01.10.20.. sowie die Ausgangswerte im Angebot der Volksbank Köln Bonn eG vom 25.09.20..

c) Ermitteln Sie, ob sich das vorhandene Grundstück (Flurnummer 1972) als Kreditsicherheit anbietet. Beachten Sie hierbei die Erwartung der Volksbank Köln Bonn eG im Schreiben vom 25.09.20.. Verwenden Sie als Ausgangspunkt für die notwendige Berechnung den Kontoauszug der ANG-Immobilienbank AG aus dem vergangenen Jahr (20.. -1).

d) Unterbreiten Sie Herrn Fernandez einen begründeten Vorschlag, welches Grundpfandrecht die Duisdorfer BüroKonzept KG bevorzugen sollte. Vergleichen Sie hierzu das Schreiben der Volksbank Köln Bonn eG vom 25.09.20..

e) Ermitteln und analysieren Sie die geforderten Bilanzkennzahlen. Beachten Sie für die geforderte Analyse der Zahlen, dass diese nur im Zusammenhang mit ihrer zeitlichen Entwicklung und dem Vergleich der branchenüblichen Werte eine hohe Aussagekraft erhalten.

f) Dokumentieren Sie Ihre Ergebnisse auf geeignete Art und Weise. Berücksichtigen Sie zu den geforderten Inhalten des Berichts die Vorgaben der Internen Mitteilung vom 01.10.20..

Arbeitsauftrag 4 (bewerten und reflektieren)

a) Präsentieren Sie Ihre Arbeitsergebnisse Ihren Mitschülern, z.B. mithilfe eines Overheadprojektors/ Beamers und bewerten Sie gegenseitig Ihre Ergebnisse. Nehmen Sie – sofern nötig – Korrekturen an Ihren Ergebnissen vor.

b) Überlegen Sie, welche alternativen Finanzierungsmöglichkeiten sich der Duisdorfer BüroKonzept KG für den Fall anbieten, dass die Volksbank Köln Bonn eG das vorhandene Grundstück als Sicherheit nicht akzeptiert. Beziehen Sie in Ihre Überlegungen auch die in der Lernsituation 9.3 erworbenen Kenntnisse zum Thema Kreditsicherheiten ein.

Lernsituation 9.4 145

		Duisdorfer BüroKonzept KG BK

Interne Mitteilung

Von	**Name:** Victor Fernandez	**Abteilung:** Rechnungswesen
An	**Name:** Auszubildende/-r	**Abteilung:** Rechnungswesen
Betrifft: Antragstellung Bankdarlehen		**Datum:** 01.10.20..

Mit der Bitte um

☐ **Kenntnisnahme**	☐ **Rücksprache**
☒ **Bearbeitung**	☐ **Stellungnahme**
☐ **Weiterleitung**	☐ **Ablage**

Nachricht:

Sehr geehrte/-r Frau / Herr ...,

wie bereits gestern kurz besprochen, sollen Sie einige vorbereitende Aufgaben für die Antragstellung eines Darlehens in Höhe von 300.000,00 € übernehmen. Mithilfe dieses Darlehens soll der geplante Anbau an unser Verwaltungsgebäude finanziert werden.

Da wir seit Gründung unseres Unternehmens ein verlässlicher Kunde der Volksbank Köln Bonn eG sind, erwarte ich bei der Antragstellung keine nennenswerten Schwierigkeiten. Trotzdem sind von Ihnen bitte die nachstehenden Arbeitsschritte sorgfältig zu erledigen, um die Antragstellung unkompliziert realisieren zu können:

Zunächst erhalten Sie eine Übersicht über die zu erledigenden Aufgaben. Detaillierte Hinweise zu den einzelnen Aufgaben erfolgen im weiteren Verlauf dieses Schreibens.

1. Ermittlung der anfallenden Jahresraten für ein Annuitäten- und Abzahlungsdarlehen.
2. Prüfung, ob vorhandenes Grundstück als Kreditsicherheit zur Verfügung steht.
3. Vorschlagsfindung, ob zur Absicherung des Darlehens eine Hypothek oder eine Grundschuld akzeptiert werden sollte.
4. Ermittlung der von der Volksbank Köln Bonn eG geforderten Bilanzkennzahlen.
5. Zusammenstellung Ihrer Arbeitsergebnisse in einem Dokument, zum Beispiel mithilfe von Word oder PowerPoint.

Jetzt folgen detaillierte Anmerkungen und Hinweise zu den vorgenannten Aufgaben:

Punkt 1: Vergleich der beiden Darlehensarten (Annuitäten- und Abzahlungsdarlehen)

Bitte erstellen Sie für die infrage kommenden Darlehensarten jeweils eine sorgfältige Übersicht für die im Angebot der Bank genannte Kreditlaufzeit (Hinweis: Die Berechnungsmethoden werden sicherlich in Ihrem Berufsschulbuch erläutert!). Unterstellen Sie weiterhin bitte eine jährliche Ratenzahlung (d.h., Zinsen und Tilgung werden am jeweiligen Jahresende von unserem Bankkonto abgebucht!).

Bitte berechnen Sie für die beiden Darlehensarten auch die Summen der zu zahlenden Zinsen bzw. der jährlichen Raten/Annuitäten.

Sofern Sie diese Berechnung mithilfe von z.B. Excel durchführen, speichern Sie das Dokument unter dem Dateinamen „BM_LS9.4_Darlehensvergleich" in Ihrem Arbeitsverzeichnis ab.

Punkt 2: Prüfung, ob vorhandenes Grundstück als Kreditsicherheit zur Verfügung steht

Frau Niester und Herr Falo würden gerne das Grundstück mit der Flurnummer 1972 als Kreditsicherheit anbieten. Die Bank ist hiermit einverstanden. Sie wünscht sich allerdings, dass das bisherige Annuitätendarlehen bei der ANG-Immobilienbank AG bis zur diesjährigen Darlehensauszahlung am 30.12.20.. vollständig getilgt ist.

Erstellen Sie eine tabellarische Übersicht für den Zeitraum von Januar bis Dezember des laufenden Jahres. Ermitteln Sie den Monat, in dem das Annuitätendarlehen vollständig zurückgezahlt worden ist.

Die Ausgangswerte entnehmen Sie bitte dem beigefügten Kontoauszug der ANG-Immobilienbank AG vom vergangenen Kalenderjahr.

Punkt 3: Vorschlagsfindung – Hypothek oder Grundschuld

Im Schreiben der Volksbank Köln Bonn eG wird uns die Wahlmöglichkeit zwischen den beiden vorgenannten Grundpfandrechten angeboten.

Unterbreiten Sie mir in Ihrem Bericht einen ausführlichen Vorschlag, für welches Grundpfandrecht wir uns entscheiden sollten. Dies gilt selbstverständlich nur für den Fall, dass das bestehende Darlehen der ANG-Immobilienbank AG in diesem Jahr vollständig getilgt wird (vgl. Punkt 2).

Punkt 4: Ermittlung der notwendigen Bilanzkennzahlen

Die Volksbank Köln Bonn eG bittet um die Zusendung der letzten zwei Bilanzen sowie der zugehörigen GuV-Rechnungen (vgl. hierzu auch beigefügtes Schreiben der Bank vom 25.09.20..). Damit es bei der Bilanzanalyse durch die Bank kein „böses Erwachen" gibt, wurde uns der Hinweis gegeben, dass folgende Bilanzkennzahlen Gegenstand der Prüfung sein werden:

- Anlagenintensität
- Anlagendeckungsgrad I
- Anlagendeckungsgrad II
- Eigenkapitalquote
- Liquidität 1. Grades
- Liquidität 2. Grades
- Liquidität 3. Grades
- Eigenkapitalrentabilität
- Gesamtkapitalrentabilität
- Umsatzrentabilität

Im Regelfall erwartet die Bank nicht, dass wir die Kennzahlen selbst ermitteln. Es hinterlässt jedoch einen guten Eindruck, wenn der Antragsteller zeigt, dass er sich mit der Materie auskennt und Eigeninitiative ergreift.

Zeigen Sie in Ihrem Bericht (vgl. Punkt 5) nicht nur die geforderten Kennzahlen auf. Analysieren Sie auch – sofern möglich – die Entwicklung der Kennzahlen in ihrer zeitlichen Entwicklung und vergleichen Sie diese kritisch mit den Durchschnittswerten der Branche sowie den Soll-Werten der Hausbank (vgl. als Anlage beigefügte Aktennotiz vom 15.08.20..).

Punkt 5: Zusammenstellung Ihrer Ergebnisse zu einem Bericht/einer Präsentation

Bitte fassen Sie Ihre Arbeitsergebnisse zu einem ausführlichen Bericht zusammen.

Der Bericht sollte mindestens folgende Aspekte beinhalten:

- Tabellarische Übersicht über die geforderten Darlehensberechnungen **und** Empfehlung für die zu wählende Darlehensart,
- tabellarische Übersicht über den Tilgungsverlauf des als Kreditsicherheit anvisierten Grundstücks,
- ausführliche Vorschlagsbegründung zur Wahl des geeigneten Grundpfandrechts,
- Gegenüberstellung der Bilanzkennzahlen der letzten zwei Jahre und Analyse der Entwicklung,
- ggf. Diagramme zur Veranschaulichung der ermittelten Kennzahlen (z. B. zeitliche Entwicklung, Vergleich mit durchschnittlichen Branchenwerten) und
- Ihre persönliche Einschätzung, ob uns das Darlehen gewährt wird. Bitte beachten Sie hierbei unbedingt die Soll-Werte der Bank.

Der Bericht kann gerne handschriftlich erfolgen oder aber mithilfe einer Software (z. B. Word oder PowerPoint) erstellt werden. Im letztgenannten Fall speichern Sie Ihr Dokument unter dem Dateinamen „BM_LS9.4_Finanzierungsentscheidung" ab.

Legen Sie mir den zu erstellenden Bericht inklusive aller Berechnungen/Arbeitsergebnisse bitte im Laufe des morgigen Tages zur Kontrolle vor.

Ich danke Ihnen für Ihre tatkräftige Unterstützung.

Freundliche Grüße

Victor Fernandez

Victor Fernandez

Anlagen

Anlagen:

Volksbank Köln Bonn eG

Volksbank Köln Bonn eG • Postfach 14 02 63 • 53057 Bonn

Ihr Gesprächspartner: Lars Wüland
Unser Zeichen: LW/BF19721975
Unsere Nachricht vom:

Duisdorfer BüroKonzept KG
Herrn Fernandez
Rochusstraße 30
53123 Bonn

Ihr Zeichen:

Telefon: 0228 53044-852
Telefax: 0228 53044-808
E-Mail: lars.wueland@vb-koeln-bonn.de

Datum: 25.09.20..

Ihre Anfrage bezüglich Gewährung eines Darlehens
Finanzierung des geplanten Erweiterungsbaus, Verwaltungsgebäude Rochusstr. 30

Sehr geehrter Herr Fernandez,

wir danken Ihnen für die Darlehensanfrage vom 22.09.20.. und die Zusendung der Vollmacht Ihres Unternehmens. Danach sind Sie zur Antragstellung eines Darlehens bis zur Höhe von 300.000,00 € und den hiermit verbundenen Verhandlungen bevollmächtigt.

Wir unterbreiten Ihnen für die Finanzierung des Bauvorhabens im Gesamtwert von 600.000,00 € (Anbau an das bestehende Verwaltungsgebäude, dreigeschossig, massive Bauweise, vollunterkellert) das unten stehende Angebot.

Als Darlehensform bieten wir Ihnen neben der telefonisch am 24.09.20.. bereits dargestellten Variante des **Annuitätendarlehens** gerne auch die Option eines **Abzahlungsdarlehens** an.

Wie gewünscht, können Sie bei beiden Varianten zwischen einer monatlichen, einer quartalsweisen und einer jährlichen Ratenzahlung wählen.

Volksbank Köln Bonn eG

Folgende Ausgangswerte sind Bestandteil beider Darlehensarten:

Darlehensbetrag: 300.000,00 €

Laufzeit: 10 Jahre

Zinssatz: 4,50 % p. a.

Anfänglicher Tilgungssatz beim Annuitätendarlehen: 8,50 % p. a.

Zur Absicherung des Darlehensbetrags bieten wir Ihnen als langjährigen guten Kunden als Grundpfandrecht wahlweise die Bestellung einer Hypothek bzw. einer Grundschuld auf das Grundstück (Adresse: Rochusstr. 30, 53123 Bonn, Flurstück 1972) an. Voraussetzung hierfür ist, dass das jeweilige Grundpfandrecht an erster Rangstelle geführt wird.

Im Telefonat haben Sie angemerkt, dass auf das Grundstück noch ein Grundpfandrecht eingetragen ist, welches aber zeitnah erlöschen wird. Erbringen Sie hierfür bitte einen schriftlichen Nachweis. Aus diesem sollte hervorgehen, zu welchem Zeitpunkt das zugehörige Annuitätendarlehen im laufenden Jahr vollständig getilgt ist. Als Unterlagen bieten sich der letzte Jahreskontoauszug der kreditgebenden Bank und eine von Ihnen aufgestellte Übersicht über den Tilgungsverlauf im aktuellen Kalenderjahr an.

Zusätzlich ist die erfolgreiche Überprüfung einiger Bilanzkennzahlen Voraussetzung für eine Darlehensgewährung. Reichen Sie uns bitte bis zum 10.10.20.. die folgenden Unterlagen zur Prüfung ein:

- Bilanzen der letzten zwei Geschäftsjahre
- Gewinn- und Verlustrechnungen der letzten zwei Geschäftsjahre
- Auftragsbuch für den Zeitraum von Oktober bis Dezember 20.. *(erledigt, Fernandez)*
- EDV-basierte Übersicht der anstehenden Einnahmen und Ausgaben für den Zeitraum vom 01.10. bis 31.10.20.. *(erledigt, Fernandez)*

Sofern alle Unterlagen vorliegen und diese ohne Beanstandung überprüft wurden, kann der Darlehensvertrag am 15.10.20.. von beiden Vertragsparteien in unserem Hause unterschrieben werden. Die Auszahlung des Darlehensbetrages erfolgt zum 30. Dezember des laufenden Kalenderjahres, sofern bis zu diesem Zeitpunkt die Eintragung des Grundpfandrechts realisiert worden ist.

Mit freundlichen Grüßen

Volksbank Köln Bonn eG

i. A. *Lars Wüland*

Lars Wüland

ANG **Immobilienbank** AG

ANG Immobilienbank AG • Wiesbadener Str. 100 • 60486 Frankfurt

Ihr Gesprächspartner: Inga Yilmaz
Unser Zeichen: Yi/Imm26683
Unsere Nachricht vom:

Duisdorfer BüroKonzept KG
Frau Katharina Niester
und Herrn Sebastian Falo
Rochusstraße 30
53123 Bonn

Vorgangs-Nr. 0200145733
Darlehensbetrag: – 300.000,00 €
Neuer Saldo: – 10.424,15 €

Datum: 30.12.20.. (-1)

Ihre Baufinanzierung Kontonummer 1 011 450 310
Kontoauszug 20.. (-1)

Wertstellung	Vorgang	Euro
	Saldovortrag vom 30.12.20.. (-2)	**– 37.515,48**
30.01.20..	Zinsen	– 137,56
30.01.20..	Lastschrifteinzug, Zinsen 137,56 €, Tilgung 2.212,44 €	2.350,00
30.02.20..	Zinsen	– 129,44
30.02.20..	Lastschrifteinzug, Zinsen 129,44 €, Tilgung 2.220,56 €	2.350,00
30.03.20..	Zinsen	– 121,30
30.03.20..	Lastschrifteinzug, Zinsen 121,30 €, Tilgung 2.228,70 €	2.350,00
30.04.20..	Zinsen	– 113,13
30.04.20..	Lastschrifteinzug, Zinsen 113,13 €, Tilgung 2.236,87 €	2.350,00
30.05.20..	Zinsen	– 104,93
30.05.20..	Lastschrifteinzug, Zinsen 104,93 €, Tilgung 2.245,07 €	2.350,00
30.06.20..	Zinsen	– 96,70
30.06.20..	Lastschrifteinzug, Zinsen 96,70 €, Tilgung 2.253,30 €	2.350,00
30.07.20..	Zinsen	– 88,43
30.07.20..	Lastschrifteinzug, Zinsen 88,43 €, Tilgung 2.261,57 €	2.350,00

ANG Immobilienbank AG

Wertstellung	Vorgang	Euro
30.08.20..	Zinsen	– 80,14
30.08.20..	Lastschrifteinzug, Zinsen 80,14 €, Tilgung 2.269,86 €	2.350,00
30.09.20..	Zinsen	– 71,82
30.09.20..	Lastschrifteinzug, Zinsen 71,82 €, Tilgung 2.278,18 €	2.350,00
30.10.20..	Zinsen	– 63,47
30.10.20..	Lastschrifteinzug, Zinsen 63,47 €, Tilgung 2.286,53 €	2.350,00
30.11.20..	Zinsen	– 55,08
30.11.20..	Lastschrifteinzug, Zinsen 55,08 €, Tilgung 2.294,92 €	2.350,00
30.12.20..	Zinsen	– 46,67
30.12.20..	Lastschrifteinzug, Zinsen 46,67 €, Tilgung 2.303,33 €	2.350,00
	Neuer Saldo am 30.12.20.. (-1)	**– 10.424,15**

Gesamte Zinsen im abgelaufenen Jahr: 1.108,67

Vertraglich vereinbarte Darlehensdaten

Festgeschriebener Sollzins bis 30.12.20..:   4,40 %

Anfänglicher Tilgungssatz: 5,00 %

Sofern sich Ihre Kontaktdaten bzw. Ihre Bankverbindung geändert haben sollten, bitten wir um eine schriftliche Benachrichtigung.

Mit freundlichen Grüßen

ANG Immobilienbank AG

Amtsgericht Bonn — Grundbuch von Bonn-Duisdorf — Blatt 747 — Abteilung I

Laufende Nummer der Eintragungen	Eigentümer	Laufende Nummer der Grundstücke im Bestandsverzeichnis	Grundlage der Eintragung
1	2	3	4
1	Jasmin Schacht, geborene Karls, geboren am 04.01.1964 - zu 1/2 Anteil - Ulrich Schacht, geboren am 10.05.1962 - zu 1/2 Anteil -	1	1/1 Anteil aufgelassen am 01. Juli 1995; eingetragen am 10. August 1995 *Schmeckies* *Hansmeier*
2	Duisdorfer BüroKonzept KG, 53123 Bonn	1	1/1 Anteil aufgelassen am 04. Januar 2009; eingetragen am 21. Februar 2009 *Kewes* *Ziehms*

Bonn-Duisdorf 747 – Letzte Änderung 30.06.2019 – Amtlicher Ausdruck vom 15.09.2019 – Seite 17/25

Lernfeld 9

| Amtsgericht Bonn | Grundbuch von Bonn-Duisdorf | Blatt 767 | Abteilung III |

Laufende Nummer der Eintragungen	Laufende Nummer der belasteten Grundstücke im Bestandsverzeichnis	Betrag	Hypotheken, Grundschulden, Rentenschulden
1	2	3	4
14	1	300.000 €	Dreihunderttausend Euro Grundschuld -ohne Brief- mit 12 % Jahreszinsen für die ANG Immobilienbank AG, Frankfurt am Main, Vollstreckbar nach § 800 ZPO. Bezug: Bewilligung vom C4.01.2009 (UR-Nr. 12/2009, Notar Simone Pohle, Bonn). Das Recht hat Rang vor Abt. II Nr. 33. Eingetragen am 14.01.2009. *Gebbing*

Bonn-Duisdorf 767 – Letzte Änderung 30.06.2019 – Amtlicher Ausdruck vom 15.09.2019 – Seite 35/39

Bonn, 15.08.20..

**Aktennotiz –
u. a. persönliches Gespräch mit der Volksbank Köln Bonn eG**

Eine Recherche hinsichtlich der Vergleichbarkeit von Bilanzkennzahlen in unserer Branche und ein persönlich geführtes Gespräch mit dem verantwortlichen Mitarbeiter der Volksbank Köln Bonn eG, Herrn Wüland, hat folgende Kennzahlen ergeben:

	Branchendurchschnitt	Soll-Werte der Bank
Vermögens- und Kapitalstruktur:		
Anlagenintensität:	65,37 %	nicht relevant
Anlagendeckungsgrad I:	35,82 %	25,00 %
Anlagendeckungsgrad II: (*)	113,22 %	100,00 %
Eigenkapitalquote: (*)	27,75 %	20,00 %
Liquidität/Zahlungsfähigkeit:		
Liquidität 1. Grades: (*)	56,22 %	30,00 %
Liquidität 2. Grades: (*)	112,86 %	100,00 %
Liquidität 3. Grades:	206,59 %	200,00 %
Rentabilität:		
Eigenkapitalrentabilität: (*)	10,35 %	6,50 %
Gesamtkapitalrentabilität: (*)	6,46 %	5,50 %
Umsatzrentabilität:	8,77 %	5,00 %

Herr Wüland hat mir im Gespräch versichert, dass die Volksbank Köln Bonn eG insbesondere Wert auf die mit Sternchen gekennzeichneten Kennzahlen legt.

Die dargestellten SOLL- Werte SOLLEN erreicht werden. Werden jedoch einige Werte geringfügig verfehlt, wird bei einem ansonsten positiven Gesamteindruck trotzdem ein Kredit/ein Darlehen gewährt.

Als **absolutes Ausschlusskriterium** gilt allerdings – wie auch bei anderen Banken – eine Liquidität 2. Grades, die **unter 85,00 %** liegt, sofern die hierfür maßgeblichen Umstände nicht genau dargestellt werden können.

gez. Victor Fernandez

Lernfeld 9

Bilanz des Jahres 20.. (-2) / vorletztes Jahr:

Aktiva	Bilanz der Duisdorfer BüroKonzept KG 20.. (-2)		Passiva
I. Anlagevermögen		**I. Eigenkapital**	825.000,00 €
1. Grundstücke und Bauten	1.370.000,00 €		
2. Technische Anlagen und Maschinen	595.000,00 €	**II. Fremdkapital**	
3. Betriebs- und Geschäftsausstattung	277.500,00 €		
		A. Langfristiges Fremdkapital	
		1. Hypothekenschulden	817.500,00 €
II. Umlaufvermögen		2. Darlehensschulden	920.000,00 €
1. Rohstoffe	38.700,00 €		
2. Hilfsstoffe	16.400,00 €	B. Kurzfristiges Fremdkapital	
3. Betriebsstoffe	10.200,00 €	1. kurzfristige Rückstellungen	147.800,00 €
4. Unfertige Erzeugnisse	66.300,00 €	2. Verbindlichkeiten a. LL	146.200,00 €
5. Fertige Erzeugnisse	98.700,00 €		
6. Handelswaren	104.200,00 €		
7. Forderungen a. LL	103.600,00 €		
8. Kassenbestand	20.100,00 €		
9. Bank	155.800,00 €		
	2.856.500,00 €		**2.856.500,00 €**

Zugehörige Werte aus der GuV-Rechnung:

Kontonummer, -bezeichnung	Betrag
3000 Eigenkapital (Gewinn)[1]	87.200,00 €
5000 Umsatzerlöse für eigene Erzeugnisse	811.700,00 €
5100 Umsatzerlöse für Waren	66.300,00 €
7510 Zinsaufwendungen	77.700,00 €

Bilanz des Jahres 20.. (-1) / letztes Jahr:

Aktiva	Bilanz der Duisdorfer BüroKonzept KG 20.. (-1)		Passiva
I. Anlagevermögen		**I. Eigenkapital**	923.550,00 €
1. Grundstücke und Bauten	1.370.000,00 €		
2. Technische Anlagen und Maschinen	665.000,00 €	**II. Fremdkapital**	
3. Betriebs- und Geschäftsausstattung	293.300,00 €		
		A. Langfristiges Fremdkapital	
		1. Hypothekenschulden	762.000,00 €
II. Umlaufvermögen		2. Darlehensschulden	906.800,00 €
1. Rohstoffe	17.400,00 €		
2. Hilfsstoffe	17.100,00 €	B. Kurzfristiges Fremdkapital	
3. Betriebsstoffe	13.900,00 €	1. kurzfristige Rückstellungen	151.000,00 €
4. Unfertige Erzeugnisse	50.200,00 €	2. Verbindlichkeiten a. LL	140.650,00 €
5. Fertige Erzeugnisse	59.100,00 €		
6. Handelswaren	97.700,00 €		
7. Forderungen a. LL	119.000,00 €		
8. Kassenbestand	18.900,00 €		
9. Bank	162.400,00 €		
	2.884.000,00 €		**2.884.000,00 €**

Zugehörige Werte aus der GuV-Rechnung:

Kontonummer, -bezeichnung	Betrag
3000 Eigenkapital (Gewinn)[1]	98.550,00 €
5000 Umsatzerlöse für eigene Erzeugnisse	836.800,00 €
5100 Umsatzerlöse für Waren	77.320,00 €
7510 Zinsaufwendungen	72.300,00 €

Lernsituation 9.4

Vertiefende Aufgaben

Aufgabe 1

Auf einem Notizzettel von Herrn Fernandez sehen Sie, dass unter der Überschrift „Antragstellung Darlehen für Bürogebäude" die beiden ersten Stichpunkte „Kreditfähigkeit" und „Kreditwürdigkeit" mit dem Kommentar „erledigt" versehen wurden.

Erläutern Sie die vorgenannten Begriffe. Stellen Sie dabei den Bezug zur – in der aktuellen Lernsituation – thematisierten Antragstellung eines Darlehens aus Sicht der Duisdorfer BüroKonzept KG her.

Aufgabe 2

Herr Falo möchte auf dem neuen Bürogebäude eine Photovoltaikanlage mit einer Nennleistung von 25,0 kWp installieren lassen. Die Gesamtkosten in Höhe von 35.000,00 € netto sollen dabei über ein fünfjähriges Darlehen finanziert werden.

Ermitteln Sie für die Darlehensarten „Endfälliges Darlehen", „Abzahlungsdarlehen" und „Annuitätendarlehen" den jeweiligen Darlehensverlauf für die gesamte Darlehensdauer. Unterstellen Sie einen jährlichen Bankzinssatz in Höhe von 6,00 %.

Gehen Sie bei den Berechnungen von jährlichen Ratenzahlungen am Jahresende aus. Für das Annuitätendarlehen soll dabei gelten, dass die Beträge in allen fünf Jahren identisch sind (bzw. rundungsbedingt im letzten Jahr nur geringfügig abweichen!).

LF 9, 7.2.4 d)

Aufgabe 3

Herr Fernandez hat bemerkt, dass die Berechnungen der Darlehensverläufe recht zeitaufwendig verlaufen sind. Um diese Berechnungen zeiteffizienter erledigen zu können, sollen sie zukünftig mithilfe eines bewusst einfach gehaltenen Excel-Programms durchgeführt werden.

Herr Fernandez bittet Sie, für das häufig verwendete Annuitätendarlehen eine Tabelle mit dem folgenden Aufbau und den nachstehend geschilderten Anforderungen zu erstellen:

	A	B	C	D	E
1	Übersicht des Tilgungsverlaufs				
2					
3	Darlehensbetrag:	200.000,00 €			
4	Zinssatz:	4,50 %			
5	Tilgungssatz:	6,00 %			
6					
7					
8	Monat	Restwert	Zinsen	Tilgung	Annuität
9	Jan 01	200.000,00 €	750,00 €	1.000,00 €	1.750,00 €
10	Feb 01	199.000,00 €	746,25 €	1.003,75 €	1.750,00 €
11	Mär 01	197.996,25 €	742,49 €	1.007,51 €	1.750,00 €
12	Apr 01	196.988,74 €	738,71 €	1.011,29 €	1.750,00 €
13	Mai 01				
14	Juni 01				
15	Juli 01				
16	Aug 01				
17	Sep 01				
18	Okt 01				
19	Nov 01				
20	Dez 01				

Lernfeld 9

Folgende Anforderungen sollen erfüllt werden:

a) In den Zellen B3 bis B5 sollen die jeweiligen Ausgangswerte eingegeben werden.

b) In den Zellen A9 bis A188 sollen die Monatswerte Jan 01 bis Dez 15 eingegeben werden. Diese sollen im **Format MMM JJ** angezeigt werden.

c) Mithilfe von Formeln und Zellbezügen zu den Ausgangswerten sollen in den Spalten B bis E der Zeilen 9 bis 188 die jeweiligen Werte berechnet werden. Orientieren Sie sich an den beispielhaft dargestellten Ergebnissen der vorstehenden Abbildung.

d) Tragen Sie dafür Sorge, dass Sie die Ergebnisse (Tabellenblatt „Ergebnisse") und die zugehörigen Formeln (Tabellenblatt „Formeln") auf jeweils einem Blatt ausdrucken. Zu empfehlen ist der Ausdruck der Werte bzw. Formeln für lediglich das 1. Jahr. Legen Sie hierfür ggf. einen Druckbereich fest.

Hinweis:
Optional können Sie auch die vorgegebene Datei „BM_LS9.4_VA3" aus dem Bereich BuchPlusWeb öffnen.

Aufgabe 4

Durch die Umsetzung der vertiefenden Aufgabe 3 ist Herr Fernandez zu der Ansicht gelangt, dass sich auch die Bilanzkennzahlen mit Excel ermitteln lassen. Hierfür hat er bereits eine Datei erstellt, die von Ihnen zu bearbeiten ist.

a) Öffnen Sie die Datei „BM_LS9.4_VA4" aus dem Bereich BuchPlusWeb.

b) Vervollständigen Sie in den Spalten E und F ab der Kennzahl „2. Anlagendeckungsgrad I " die durch Bruchstriche angedeuteten Formeln. Orientieren Sie sich an der bereits vorgegebenen Kennzahl „1. Anlagenintensität".

c) Ermitteln Sie in den Zellen der Spalte I mithilfe von Formeln und Zellbezügen die geforderten Kennzahlen. Formatieren Sie diese auf das Format „Prozent" mit zwei Nachkommastellen.

d) Tragen Sie dafür Sorge, dass Sie die Ergebnisse (Tabellenblatt „Ergebnisse") und die zugehörigen Formeln (Tabellenblatt „Formeln") auf jeweils einem Blatt ausdrucken.

Darstellung der Datei „BM_LS9.4_VA4":
(zur Verbesserung der Lesbarkeit wird das Tabellenblatt in zwei Abbildungen dargestellt.)

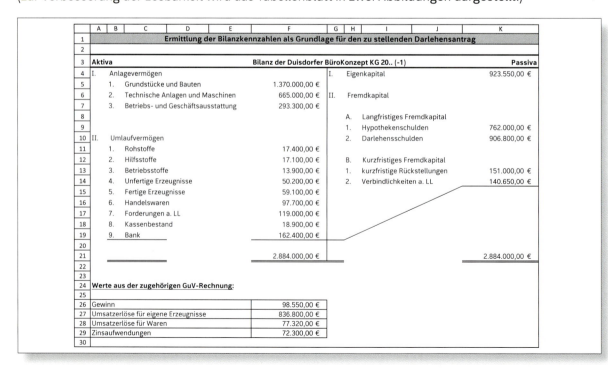

	A	B	C	D	E	F
31						
32	1.		Anlagenintensität:		Anlagevermögen x 100	
33					Gesamtvermögen	
34						
35	2.		Anlagendeckungsgrad I:			
36						
37						
38	3.		Anlagendeckungsgrad II:			
39						
40						
41	4.		Eigenkapitalquote:			
42						
43						
44	5.		Liquidität 1. Grades:			
45						
46						
47	6.		Liquidität 2. Grades:			
48						
49						
50	7.		Liquidität 3. Grades:			
51						
52						
53	8.		Eigenkapitalrentabilität:			
54						
55						
56	9.		Gesamtkapitalrentabilität:			
57						
58						
59	10.		Umsatzrentabilität:			
60						

Aufgabe 5

Bilanzkennzahlen stellen eine wesentliche Grundlage für viele Kredit- bzw. Darlehensanträge dar. Die Kennzahlen können allerdings durch entsprechende Maßnahmen des Unternehmens gezielt beeinflusst werden.

Beurteilen Sie anhand der nachstehend geschilderten Vorgänge, ob und wie sich diese auf die dargestellten Kennzahlen auswirken. Tragen Sie Ihre Antworten in Form von Kreuzen in die nachstehende Lösungstabelle ein.

Alle Vorgänge finden dabei am 27.12.20.. statt und sind losgelöst von den anderen Beispielen zu verstehen.

Lernfeld 9

<u>Die gegebenenfalls anfallende Vor- bzw. Umsatzsteuer ist in allen Fällen NICHT zu berücksichtigen!</u>

Tragen Sie in die nachstehende Lösungshilfe ein
(+) ein, wenn sich die jeweilige Kennzahl erhöht,
(–) ein, wenn sich die Kennzahl verringert.
Wenn sich die Kennzahl nicht verändert, lassen Sie das jeweilige Kästchen leer.

Vorgänge:

a) Frau Niester und Herr Falo erhöhen ihre Einlagen um jeweils 50.000,00 €. Die per Banküberweisung getätigten Einlagen verbleiben bis zum Anfang des kommenden Jahres zunächst auf dem Bankkonto.

b) Die Duisdorfer BüroKonzept KG veräußert ein Teilgrundstück zum Bilanzwert in Höhe von 200.000,00 €. Der Betrag wird dem Bankkonto sofort gutgeschrieben.

c) Ein Kunde der Duisdorfer BüroKonzept KG hat seine Verbindlichkeit in Höhe von 30.000,00 € netto per Banküberweisung bezahlt. Ein Skontoabzug wurde nicht vorgenommen.

d) Die Duisdorfer BüroKonzept KG hat einen Betrag in Höhe von 100.000,00 € als Sondertilgung für eine bestehende Hypothek/Grundschuld per Banküberweisung beglichen.

e) Der gesamte Bestand an Handelswaren der Duisdorfer BüroKonzept KG wird zum Bilanzwert in Höhe von 97.700,00 € auf Ziel verkauft. Der Rechnungsausgleich findet erst im nächsten Jahr statt.

f) Die Duisdorfer BüroKonzept KG erwirbt eine neue Lackieranlage im Wert von 85.000,00 € netto. Der Preis wird sofort per Banküberweisung getätigt.

g) Der gesamte Forderungsbestand in Höhe von 119.000,00 € wird an ein Factoring-Unternehmen verkauft. Als neuer Klient erhält die Duisdorfer BüroKonzept KG einmalig den gesamten Forderungsbetrag ausgezahlt. Noch am selben Tag nutzt die Duisdorfer BüroKonzept KG den Gesamtbetrag, um ihre Verbindlichkeiten a. LL. zu bezahlen.

Lösungshilfe:

	Aufgabenstellung						
	a)	b)	c)	d)	e)	f)	g)
Eigenkapitalquote							
Liquidität 1. Grades							
Liquidität 2. Grades							
Liquidität 3. Grades							
Eigenkapitalrentabilität							

Hinweis:

Sofern Sie die vertiefende Aufgabe 4 erfolgreich bearbeitet haben, können Sie die Richtigkeit Ihrer Antworten selbstständig kontrollieren. Verändern Sie hierfür die betroffenen Bilanzpositionen und kontrollieren Sie die Auswirkungen auf die Bilanzkennzahlen.

Aufgabe 6

Wie in der vertiefenden Aufgabe 2 dargestellt, soll auf dem neuen Verwaltungsgebäude eine Photovoltaikanlage mit zunächst 50 Modulen errichtet werden. Der Gesamtkosten für die 50 Module belaufen sich auf 35.000,00 € netto.

Die Geschäftsführung hat nun angeregt, dass die Anlage jährlich um einen gewissen Teil erweitert werden soll. Da auch das Dach des bestehenden Verwaltungsgebäudes für die Photovoltaikanlage genutzt werden kann, können bis zu 150 Module installiert werden.

Herr Falo wünscht eine tabellarische Übersicht, aus der hervorgeht, wie viele Module jedes Jahr zusätzlich angeschafft werden können und wie sich somit die Gesamtzahl an Modulen entwickelt. Herr Falo wünscht sich eine Übersicht für die kommenden 15 Jahre.

Für Ihre Berechnungen sind folgende Aspekte zu beachten:

- Die Module werden über zehn Jahre hinweg linear abgeschrieben.
- Die Module sollen im Anschluss an die erfolgte Abschreibung gegen die jeweils neueste Generation von Modulen ausgetauscht werden.
- Hinsichtlich der Anschaffungskosten je Modul wird unterstellt, dass sich der Preis in den kommenden 15 Jahren nicht verändern wird.
- Es werden stets nur so viele Module angeschafft, wie dies mithilfe der kumulierten Abschreibungsbeträge möglich ist.

Informieren Sie sich in Ihrem Lehrbuch „BüroWelt 2" über die Finanzierung aus Abschreibungsgegenwerten. Erstellen Sie eine Tabelle mit der folgenden Struktur und ermitteln Sie die gewünschten Werte.

LF 9, 6.2

Sofern Sie die Tabelle mithilfe eines Tabellenkalkulationsprogramms erstellen, speichern Sie die Datei unter dem Namen „BM_LS9.4_VA6" ab.

Menge:	
Anschaffungskosten je Stück:	

Jahr	Stück			Euro			
	Module Jahresbeginn	Zugang Jahresende	Abgang Jahresende	Abschreibungen	kumulierte Abschreibungen	reinvestiert	Rest
1							
2							
3							
…							
15							

Lernsituation 9.5
Kreditfinanzierung und Leasing gegenüberstellen

Der rote Faden
- Den Ablauf eines Leasinggeschäftes beschreiben
- Unterschiedliche Arten des Leasings darlegen
- Vor- und Nachteile des Leasings gegenüber der Kreditfinanzierung erörtern
- Kosten des Leasings und der Kreditfinanzierung zur Beschaffung eines Kopierers vergleichen
- Eine begründete Entscheidung für Leasing oder Kreditfinanzierung treffen

Ausgangssituation

Die Duisdorfer BüroKonzept KG verfügt über einen zentral aufgestellten Kopierer. In der jüngeren Vergangenheit kam es beim Kopieren immer wieder zu Problemen. Die Kopien hatten eine schlechte Qualität, falsch eingezogenes Papier musste umständlich entfernt werden und zeitweise fiel der Kopierer ganz aus. Der externe Servicetechniker ist der Meinung, dass sich weitere Reparaturen nicht mehr lohnen, zumal das Gerät nicht für solch große Mengen an Kopien ausgelegt sei. Er empfiehlt die Anschaffung eines neuen Gerätes. Frau Beckmann fordert daraufhin ein Angebot bei der CopyStar GmbH an, da ihr das Unternehmen empfohlen wurde.

Angebot 2014-1648, Kopierer Cico FK 1300

Sehr geehrte Frau Beckmann,

vielen Dank für Ihre Anfrage. Unser Angebot lässt Ihnen die Wahl zwischen Kauf und Leasing. Die genaueren Informationen entnehmen Sie bitte der folgenden Aufstellung. Der Wartungsvertrag beruht auf dem von Ihnen angegebenen monatlichen Kopiervolumen.

Pos.	Bezeichnung	Menge ME	Einzelpreis €	Gesamtpreis €
1	Cico FK 1300 digitaler Farbkopierer - S/W-Kopien DIN A 4 pro Minute 100 - Farbkopien DIN A4 pro Minute 70 - erster Druck nach 13 Sek. - Formate: A6, A5, A4, A3 - Details im beiliegenden Prospekt	1	11.500,00	11.500,00
2	Unser Leasingangebot für Sie (monatliche Netto-Rate). Faktura erfolgt über und an unseren Leasingpartner. Laufzeit 48 Monate	1	290,00	290,00
3	Premium-Wartungsvertrag (monatlich)	1	250,00	250,00

Der monatliche Preis des Premium-Wartungsvertrags beinhaltet die Kosten für die Anfahrt und Arbeitszeit des Technikers, alle Ersatzteile und Toner (exklusiv Papier). Grundlage ist ein Kopiervolumen von 4000 Seiten monatlich.

Für Anlieferung und Aufbau berechnen wir eine Pauschale von 800,00 € (netto). Diese Pauschale entfällt beim Leasing. Ohne Wartungsvertrag können Sie Verbrauchsmaterialien zu den angegebenen Preisen beziehen:

Bezeichnung	Einzelpreis
Toner schwarz ca. 30000 Blatt	180,00 €
Toner farbig (cyan, magenta, yellow) ca. 20000 Blatt	250,00 € je Kartusche
Bildtrommeln (eine Trommel pro Farbe) für ca. 100000 Seiten	300,00 € je Trommel
Transportband für ca. 500000 Seiten	230,00 €
Heizungseinheit für ca. 400000 Seiten	360,00 €

Als Neukunden gewähren wir Ihnen einen Rabatt von 10 % auf den Kopiererpreis. Bei allen angegebenen Preisen handelt es sich um Nettopreise.

Kopierer sind technisch komplexe Geräte, die der Wartung durch Fachleute bedürfen. Aus diesem Grund empfehlen wir Ihnen den Wartungsvertrag. Das Leasingangebot ist nicht an dessen Abschluss gebunden. Sie können den Wartungsvertrag mit variabler Laufzeit zwischen 12 und 48 Monaten auch beim Kauf der Kopierer abschließen.

Wir freuen uns auf Ihren Auftrag und klären gerne noch offene Fragen.

Mit freundlichen Grüßen

CopyStar GmbH

i. V. **S. Wagner**
Stephan Wagner

Frau Beckmann ist von der Idee, den Kopierer zu leasen, begeistert. Da aber bisher alle Anlagegüter gekauft und ggf. mit einem Kredit finanziert wurden, möchte sie die Entscheidung nicht ohne Zustimmung der Geschäftsführung treffen. Sie lässt Herr Falo das Angebot zukommen und bittet ihn um ein Gespräch:

Frau Beckmann:	Guten Tag, Herr Falo. Hatten Sie schon Gelegenheit, sich mit dem Angebot für den neuen Kopierer zu befassen?
Herr Falo:	Hallo Frau Beckmann. Das Gerät gefällt mir gut und auch der Preis geht in Ordnung.
Frau Beckmann:	Was halten Sie von der Idee, das Gerät zu leasen?
Herr Falo:	Davon bin ich ehrlich gesagt nicht begeistert. Man zahlt hohe Leasingraten und am Ende der Laufzeit gehört einem das Gerät noch nicht einmal. Letztendlich hat man doch nur einen mehr im Boot, der auch Geld verdienen möchte.
Frau Beckmann:	Was haben wir davon, wenn wir das Gerät kaufen? Die Leasingraten sind überschaubar und am Ende der Laufzeit kann man ein neues Gerät leasen, das dann auch dem Stand der aktuellen Technik entspricht.
Herr Falo:	So schnell überzeugen Sie mich nicht, dafür ist mir der Gedanke zu neu. Ich müsste schon einen genaueren Überblick über die Vor- und Nachteile haben. Außerdem sind die Kosten für mich ausschlaggebend. Man müsste dem Leasingangebot eine mögliche Kreditfinanzierung gegenüberstellen. Dabei würde ich auch von einer vierjährigen Laufzeit ausgehen. Das wäre doch eine Aufgabe für unseren Azubi.

Lernfeld 9

Arbeitsauftrag 1 (informieren)
Lesen Sie die Ausgangssituation aufmerksam durch. Welche Argumente sprechen für oder gegen das Leasing? Beziehen Sie dabei auch mögliche eigene Erfahrungen ein.

LF 9, 10.3

Arbeitsauftrag 2 (informieren)
Informieren Sie sich in Ihrem Lehrbuch „BüroWelt 2", über den allgemeinen Ablauf beim Leasing, Vor- und Nachteile des Leasings sowie unterschiedliche Leasingarten.

Arbeitsauftrag 3 (planen)
Frau Beckmann beauftragt Sie, eine Präsentation zum Thema Leasing zu erstellen, die auch den Kostenvergleich zwischen einem geleasten und einem kreditfinanzierten Kopierer enthält. Gehen Sie dabei von einem Annuitätendarlehen mit jährlicher Zahlung aus. Der Zinssatz für den Kredit beträgt 5,0 %. Entwickeln Sie eine Struktur für die Präsentation. Ermitteln Sie alle relevanten Daten für den Vergleich.

Arbeitsauftrag 4 (durchführen)
Führen Sie den Vergleich durch. Erstellen Sie die Präsentation.

Arbeitsauftrag 5 (bewerten)
Treffen Sie eine begründete Entscheidung für Leasing oder Kreditfinanzierung. Ergänzen Sie die Präsentation entsprechend.

Arbeitsauftrag 6 (reflektieren)
Stellen Sie Ihren Mitschülern die Präsentation vor. Bewerten Sie gegenseitig Ihre Ergebnisse.

Vertiefende Aufgaben

Aufgabe 1
Beschreiben Sie mit eigenen Worten den Ablauf eines Leasinggeschäfts.

Aufgabe 2
Grenzen Sie unterschiedliche Leasingarten ab.

Aufgabe 3
Beurteilen Sie die Möglichkeit, einen Pkw als Privatperson zu leasen. Wo liegen Vor- und Nachteile?

Aufgabe 4
Vergleichen Sie Leasing mit einem Kreditkauf unter Verwendung der folgenden Daten:

Anschaffungskosten / Kreditsumme	720.000,00 €
Nutzungsdauer	6 Jahre
Kreditlaufzeit	6 Jahre
Kreditzins	8,00 %
Grundmietzeit beim Leasing	4 Jahre
Abschlussgebühr beim Leasing	10,00 % der Anschaffungskosten
Leasingrate pro Monat	2,50 % der Anschaffungskosten
Jährliche Anschlussmiete	15.000,00 €

Die Tilgung des Kredites erfolgt in sechs gleichbleibenden Raten. Stellen Sie die jährlichen Kosten für sechs Jahre vergleichend gegenüber.

LernFeld 10

Wertschöpfungsprozesse
erfolgsorientiert steuern

Lernsituationen

Lernfeld 10

Lernsituation 10.1
Ergebnistabelle erstellen

Der rote Faden
- Einen Zusammenhang zwischen Finanzbuchhaltung und Kosten- und Leistungsrechnung (KLR) erkennen
- Zentrale Begriffe der Finanzbuchhaltung und KLR unterscheiden
- Eine Ergebnistabelle erstellen und auswerten

Ausgangssituation

Nachdem Sie bereits mehr als die Hälfte Ihrer Berufsausbildung „Kaufmann/Kauffrau für Büromanagement" bei der Duisdorfer BüroKonzept KG erfolgreich absolviert haben, stehen neue Herausforderungen an: Die Geschäftsführer Frau Niester und Herr Falo schicken Sie und die anderen Auszubildenden zum Landeswettbewerb „Pilot Enterprise Challenge" nach Düsseldorf. Dort müssen Sie sich in verschiedenen Kategorien beweisen und mit anderen Teams aus dem ganzen Land messen. Die drei bestplatzierten Gruppen erhalten jeweils eine Einladung zur Teilnahme am Bundeswettbewerb in Berlin. Dem Gewinner winkt eine Incentive-Reise nach München mit einem Besuch des Oktoberfestes.

Ihrem Team wurden u. a. Aufgaben aus dem Gebiet „Rechnungswesen" zugelost. Da hier Ihre großen Stärken liegen, erwarten Sie eine entsprechend gute Bewertung durch die unabhängige Fachjury. In einem ersten Teil müssen Sie einen kurzen Fachvortrag halten. Im zweiten Teil geht es um die Lösung und Beurteilung eines konkreten Fallbeispiels.

Erster Aufgabenteil des Landeswettbewerbes:

LF 10, 1

Arbeitsauftrag 1 (informieren)
Informieren Sie sich in Ihrem „BüroWelt 2" über das Thema Einführung in die Kosten- und Leistungsrechnung.

Arbeitsauftrag 2 (planen)
Planen Sie in Einzelarbeit einen ersten Entwurf Ihres Fachvortrages, indem Sie stichpunktartig zentrale Aussagen des Kapitels schriftlich festhalten.

Arbeitsauftrag 3 (reflektieren)
Tauschen Sie sich mit Ihrem Tischnachbarn über Ihre vorläufigen Ergebnisse aus. Diskutieren Sie Übereinstimmungen und Abweichungen und nehmen Sie eventuelle Korrekturen vor.

Arbeitsauftrag 4 (durchführen)
a) Bilden Sie Vierer-Teams und erstellen Sie den Fachvortrag mit einem geeigneten Präsentationsmedium (z. B. Wandzeitung, PowerPoint).
b) Präsentieren Sie der Fachjury Ihr Ergebnis in einem maximal zehnminütigen Vortrag.

Arbeitsauftrag 5 (beurteilen und reflektieren)
Wie beurteilen Sie Ihren Fachvortrag im Vergleich zu den anderen Präsentationen?

Lernsituation 10.1

Zweiter Aufgabenteil des Landeswettbewerbes:

Fortsetzung der Ausgangssituation

Nachdem Sie den ersten Aufgabenteil mit Bravour gemeistert haben, legt Ihnen die Fachjury des Landeswettbewerbes das GuV-Konto des Industriebetriebes Loren & Belker OHG vor. Ihre Aufgabe ist es nun, aus den vorgegebenen Daten eine Ergebnistabelle zu erstellen und zu beurteilen.

S	GuV-Konto Loren & Belker OHG			H
6000 Aufw. f. Rohstoffe		1.400.000,00	5000 Umsatzerlöse f. e. E.	4.300.000,00
6020 Aufw. f. Hilfsstoffe		397.500,00	5200 Bestandsveränderungen	138.000,00
6030 Aufw. f. Betriebsstoffe		17.500,00	5400 Mieterträge	140.000,00
6200 Löhne		1.200.000,00	5710 Zinserträge	25.000,00
6300 Gehälter		250.000,00		
6400 Soziale Abgaben		300.000,00		
6520 Abschreibungen auf SA		325.000,00		
6800 Büromaterial		25.000,00		
6870 Werbung		103.000,00		
6960 Verluste aus VA		50.000,00		
7000 Betriebliche Steuern		95.000,00		
7510 Zinsaufwendungen		270.000,00		
7600 Außerordentliche Aufw.		130.000,00		
3000 Eigenkapital		?		
		4.603.000,00		4.603.000,00

Zusatzinformationen:

- Als kalkulatorischer Unternehmerlohn werden 90.000,00 € jährlich veranschlagt.
- Die kalkulatorischen Abschreibungen betragen 400.000,00 €.

Arbeitsauftrag 6 (informieren)

Erarbeiten Sie selbstständig in Ihrem Lehrbuch „BüroWelt 2" das Thema „Ergebnistabelle als Instrument der Abgrenzungsrechnung".

LF 10,
2– 2.2.3

Arbeitsauftrag 7 (durchführen und beurteilen)

a) Erstellen Sie unter Berücksichtigung des GuV-Kontos und der Zusatzinformationen die Ergebnistabelle (Think).

b) Vergleichen Sie Ihre Ergebnisse mit dem Tischnachbarn (Pair).

c) Beurteilen Sie im Klassenverband die Situation des Industriebetriebes (Share). Berücksichtigen Sie dabei, dass die Wirtschaftlichkeit im vorausgegangenen Jahr bei 1,02 lag.

Lernfeld 10

Ergebnistabelle								
Rechnungskreis I			**Rechnungskreis II**					
Erfolgsbereich			Abgrenzungsbereich				KLR-Bereich	
Gesamtergebnis der Finanzbuchhaltung (FB)			Unternehmensbezogene Abgrenzungen		Kostenrechnerische Korrekturen		Betriebsergebnis	
Konto	Aufwendungen	Erträge	neutrale Aufwendungen	neutrale Erträge	Aufwand laut FB	Verrechnete Kosten	Kosten	Leistungen
5000		4.300,00						4.300,00
5200		138.000,						138.00
5400		140.000,						
5710		25.000,0						
6000								
6020						90.000	90.000	
6030								
6200								
6300								
6400								
65200		325.000			325.000	400.000	400.000	
6800								
6870								
6960								
7000								
7510								
7600								
Umlad.						90.000	90.000	
Summe								
Saldo								

Abstimmung der Rechnungskreise:

Gesamtergebnis Rechnungskreis I
Ergebnis aus unternehmensbezogenen Abgrenzungen Ergebnis aus kostenrechnerischen Korrekturen
= *Neutrales Ergebnis*
+ *Betriebsergebnis*
Gesamtergebnis Rechnungskreis II

Arbeitsauftrag 8 (reflektieren)
Reflektieren Sie im Klassenverband die Vorgehensweise bei der Erstellung der Ergebnistabelle. Halten Sie die Teilschritte des Gesamtprozesses noch einmal schriftlich fest.

Vertiefende Aufgaben

Aufgabe 1
Beschaffen Sie sich die nachfolgenden Informationen aus Ihrem Ausbildungsbetrieb.

a) Informieren Sie sich über die angebotenen Güter Ihres Betriebes. Unterscheiden Sie dabei Sachgüter und Dienstleistungen.

b) Recherchieren Sie, welche Aufwendungen und Erträge in Ihrem Betrieb anfallen.

c) Erstellen Sie eine Übersicht, aus der hervorgeht, ob es sich bei den Aufwendungen und Erträgen um neutrale Aufwendungen / neutrale Erträge oder Kosten/Leistungen handelt.

d) Unterscheiden Sie die Kosten Ihres Ausbildungsbetriebes nach Einzel- und Gemeinkosten sowie fixen und variablen Kosten.

Aufgabe 2
Wodurch unterscheiden sich Finanzbuchhaltung und Kosten- und Leistungsrechnung?

Aufgabe 3
Nennen Sie die Aufgaben der Kosten- und Leistungsrechnung.

Aufgabe 4
Nennen Sie die drei Stufen der KLR und die entsprechende Fragestellung, welche die jeweilige Stufe beantwortet.

Aufgabe 5
Unterscheiden Sie Aufwand und Kosten sowie Ertrag und Leistungen.

Aufgabe 6
Entscheiden Sie, ob es sich bei den folgenden Aufwendungen eines Industriebetriebes um Grundkosten oder um neutrale Aufwendungen handelt. Unterscheiden Sie neutrale Aufwendungen nach betriebsfremdem, periodenfremdem oder außerordentlichem Aufwand.
a) Zahlung für Aushilfslöhne
b) Brandschaden im Eingangslager
c) Außerplanmäßige Abschreibung auf Maschinen
d) Verluste aus Wertpapierverkäufen
e) Aufwendungen für Büromaterial

Lernfeld 10

f) Kfz-Steuer für Firmenwagen *periodenfremde Aufwendungen*

g) Beitrag zur Industrie- und Handelskammer

h) Gewerbesteuernachzahlung für das vergangene Rechnungsjahr *periodenfremd*

i) Mietaufwand für gemietete Lagerhalle – *Grundkosten*

j) Gehälter – *Grundkosten*

k) Kassenfehlbetrag – *außerordentlich*

l) Reparatur einer Maschine aufgrund eines Bedienungsfehlers – *außerordentlich*

m) Arbeitgeberanteil zur Sozialversicherung – *Grundkosten*

Aufgabe 7

Entscheiden Sie, ob es sich bei den folgenden Erträgen eines Industriebetriebes um Leistungen oder um neutrale Erträge handelt. Geben Sie die genaue Art der Leistung bzw. des neutralen Ertrages an.

a) Verkauf von Tischen – *Leistungen*

b) Verkauf einer Fertigungsmaschine über Buchwert – *außerordentliche Erträge*

c) Der Schlussbestand an fertigen Erzeugnissen ist höher als der Anfangsbestand – *Leistungen*

d) Geschäftsinhaber entnimmt der Produktion Fertigerzeugnisse für den persönlichen Gebrauch –

e) Verkauf von Handelswaren

f) Für die Einrichtung eines werkeigenen Verkaufsraumes wird eine Ladentheke durch das eigene Personal angefertigt – *Leistungen*

g) Steuererstattung durch das Finanzamt für das vergangene Geschäftsjahr – *periodenfremde Erträge*

h) Mieteinnahmen für vermietete Lagerhalle – *betriebsfremde Erträge*

i) Verkauf eines Firmenfahrzeuges über Buchwert – *außerordentliche Erträge*

j) Kursgewinne durch Aktienspekulation – *betriebsfremde Erträge*

k) Stromerzeugung mit eigenen Generatoren – *Leistungen*

Aufgabe 8

Prüfen Sie, ob die folgenden Aussagen richtig oder falsch sind.

a) Betriebliche Aufwendungen werden als Kosten bezeichnet. ✓

b) Zu den Leistungen des Betriebes gehören Umsatz-, Lager- und Eigenleistungen. ✓

c) Die Differenz zwischen Erträgen und Aufwendungen ergibt am Jahresende das Betriebsergebnis. ✓

d) Betriebliche Aufwendungen gehen stets als Grundkosten in die KLR ein. ✓

e) Das Abgrenzungsergebnis ist ein Teilergebnis des Rechnungskreises I. ✗

f) Das Ergebnis des Rechnungskreises I ist das Betriebsergebnis des gesamten Unternehmens. ✗

g) Kostenrechnerische Korrekturen und Betriebsergebnis sind das Gesamtergebnis im Rechnungskreis II. ✗

h) Die kalkulatorischen Kosten werden nur in der Betriebsergebnisrechnung erfasst. ✓

i) Zu den kalkulatorischen Kosten zählen Zusatz-, Anders- und Grundkosten. ✗

j) Die Zusatzkosten werden als Kosten in der Betriebsergebnisrechnung und als neutraler Ertrag im Abgrenzungsbereich erfasst. ✓

Aufgabe 9

Sie entnehmen der Summenzeile einer Ergebnistabelle folgende Werte:

Gesamtergebnis		Unternehmensbezogene Abgrenzungen		Kostenrechnerische Korrekturen	
Aufwand	Ertrag	Aufwand	Ertrag	Aufwand	Ertrag
521.500,00 €	762.300,00 €	32.600,00 €	14.300,00 €	9.700,00 €	37.200,00 €

Ermitteln Sie
a) das neutrale Ergebnis,   45.800
b) das Betriebsergebnis.   195.000

Aufgabe 10
Die Ergebnistabelle eines Unternehmens hat folgendes Aussehen:

GuV		Unternehmensbezogene Abgrenzungen		Kostenrechnerische Korrekturen	
Aufwand	Ertrag	Aufwand	Ertrag	Aufwand	Ertrag
886.500,00 €	852.300,00 €	29.300,00 €	32.700,00 €	36.900,00 €	46.900,00 €

Ermitteln Sie
a) das Gesamtergebnis,
b) das Betriebsergebnis.

Aufgabe 11
Ihnen liegt das folgende GuV-Konto der Duisdorfer BüroKonzept KG vor:

S	GuV-Konto der Duisdorfer BüroKonzept KG		H
6000 Aufw. f. Rohstoffe	360.000,00	5000 Umsatzerlöse f. e.E.	202.000,00
6020 Aufw. f. Hilfsstoffe	72.000,00	5100 Umsatzerlöse f. Waren	503.000,00
6030 Aufw. f. Betriebsstoffe	38.000,00	5200 Bestandsveränderungen	160.000,00
6080 Aufw. f. Waren	165.000,00	5460 Erträge aus VA	18.000,00
6200 Löhne	62.000,00	5710 Zinserträge	9.000,00
6300 Gehälter	83.000,00	3000 Eigenkapital	49.000,00
6520 Abschreibungen auf SA	80.000,00		
6800 Büromaterial	5.000,00		
6930 Verluste aus Schadensfällen	8.000,00		
7510 Zinsaufwendungen	68.000,00		
	941.000,00		941.000,00

Zusatzinformationen:
- Der kalkulatorische Unternehmerlohn beträgt 200.000,00 €.
- Die kalkulatorischen Abschreibungen betragen 100.000,00 €.

a) Erstellen Sie die Ergebnistabelle und stimmen Sie die Ergebnisse in den Rechnungskreisen I und II ab.

b) Ermitteln Sie die Wirtschaftlichkeit für den betrachteten Zeitraum.

c) Vergleichen Sie Ihre Ergebnisse mit der Ergebnistabelle der Duisdorfer BüroKonzept KG aus dem Vorjahr in Ihrem Lehrbuch „BüroWelt 2". Welche Schlussfolgerungen ziehen Sie aus dem Vergleich?

LF 10, 2.2.3

Lernfeld 10

Ergebnistabelle							
Rechnungskreis I			**Rechnungskreis II**				
Erfolgsbereich			**Abgrenzungsbereich**				**KLR-Bereich**
Gesamtergebnis der Finanzbuchhaltung (FB)			Unternehmensbezogene Abgrenzungen		Kostenrechnerische Korrekturen		Betriebsergebnis
Konto	Aufwendungen	Erträge	neutrale Aufwendungen	neutrale Erträge	Aufwand laut FB	Verrechnete Kosten	Kosten	Leistungen
Summe								
Saldo								

Abstimmung der Rechnungskreise:

Gesamtergebnis Rechnungskreis I
Ergebnis aus unternehmensbezogenen Abgrenzungen Ergebnis aus kostenrechnerischen Korrekturen
= *Neutrales Ergebnis*
+ *Betriebsergebnis*
Gesamtergebnis Rechnungskreis II

Aufgabe 12

Welche Hauptaufgaben übernimmt die Abgrenzungsrechnung als Bindeglied zwischen Finanzbuchhaltung und Kosten- und Leistungsrechnung?

Aufgabe 13

Für den Limonadenfabrikanten Bert Brause e. Kfm. liegen für das Geschäftsjahr die folgenden Informationen zu den Erträgen und Aufwendungen vor:

5000 Umsatzerlöse für eigene Erzeugnisse	1.550.000,00 €
5100 Umsatzerlöse für Waren	225.000,00 €
5202 Minderbestand an fertigen Erzeugnissen	10.000,00 €
5400 Mieterträge	32.500,00 €
5710 Zinserträge	15.000,00 €
6000 Aufwendungen für Rohstoffe	375.000,00 €
6080 Aufwendungen für Waren	150.000,00 €
6200 Löhne	450.000,00 €
6300 Gehälter	260.000,00 €
6400 **Soziale Abgaben**	125.000,00 €
6520 Abschreibungen auf Sachanlagen	180.000,00 €
6700 Mieten, Pachten	22.500,00 €
6900 Versicherungsbeiträge	30.000,00 €
7000 Betriebliche Steuern	40.000,00 €
7510 Zinsaufwendungen	22.500,00 €
Kalkulatorische Abschreibungen auf Sachanlagen	210.000,00 €
Kalkulatorischer Unternehmerlohn	50.000,00 €

Erstellen Sie die Ergebnistabelle, stimmen Sie die Ergebnisse der Rechnungskreise I und II ab und berechnen Sie die Wirtschaftlichkeit des Unternehmens.

Lernfeld 10

Ergebnistabelle							
Rechnungskreis I			**Rechnungskreis II**				
Erfolgsbereich			Abgrenzungsbereich				KLR-Bereich
Gesamtergebnis der Finanzbuchhaltung (FB)			Unternehmensbezogene Abgrenzungen		Kostenrechnerische Korrekturen		Betriebsergebnis
Konto	Aufwendungen	Erträge	neutrale Aufwendungen	neutrale Erträge	Aufwand laut FB	Verrechnete Kosten	Kosten	Leistungen
Summe								
Saldo								

Lernsituation 10.1 **173**

Abstimmung der Rechnungskreise:

Gesamtergebnis Rechnungskreis I
Ergebnis aus unternehmensbezogenen Abgrenzungen Ergebnis aus kostenrechnerischen Korrekturen
= *Neutrales Ergebnis*
+ *Betriebsergebnis*
Gesamtergebnis Rechnungskreis II

Aufgabe 14

Der Brösel OHG liegt zum Ende des Geschäftsjahres die folgende, noch unvollständige Ergebnistabelle vor:

Ergebnistabelle								
Rechnungskreis I			**Rechnungskreis II**					
Erfolgsbereich			**Abgrenzungsbereich**				**KLR-Bereich**	
Gesamtergebnis der Finanzbuchhaltung (FB)			Unternehmensbezogene Abgrenzungen		Kostenrechnerische Korrekturen		Betriebsergebnis	
Konto	Aufwendungen	Erträge	neutrale Aufwendungen	neutrale Erträge	Aufwand laut FB	Verrechnete Kosten	Kosten	Leistungen
5000		3.100.000,00						3.100.000,00
5100		450.000,00						450.000,00
5202	20.000,00						20.000,00	
5400		65.000,00		65.000,00				
5710		30.000,00		30.000,00				
6000	670.000,00							
6080	300.000,00						300.000,00	
6200	700.000,00						700.000,00	
6300	500.000,00						500.000,00	
6400	250.000,00						250.000,00	
6520	220.000,00							
6700	45.000,00						45.000,00	
6930	30.000,00							
7510	50.000,00							
Summe								
Saldo								

Abstimmung der Rechnungskreise:

Gesamtergebnis Rechnungskreis I
Ergebnis aus unternehmensbezogenen Abgrenzungen Ergebnis aus kostenrechnerischen Korrekturen
= Neutrales Ergebnis
+ Betriebsergebnis
Gesamtergebnis Rechnungskreis II

Zur vollständigen Erfassung der Kosten sind noch folgende Angaben zu berücksichtigen:

1. Die kalkulatorischen Abschreibungen auf Sachanlagen betragen 250.000,00 €.

2. Für den kalkulatorischen Unternehmerlohn werden 120.000,00 € veranschlagt.

3. Die Berechnung der kalkulatorischen Zinsen in Höhe von 4 % erfolgt auf der Grundlage folgender Daten:
   - Anlagevermögen nach kalkulatorischen Werten   1.800.000,00 € ⎤ +
   - Umlaufvermögen nach kalkulatorischen Werten   700.000,00 € ⎦
   - Abzugskapital   500.000,00 €   −   * 0,04 %

4. Die kalkulatorischen Wagniskosten werden mit 3,5 % von den tatsächlichen Rohstoffaufwendungen veranschlagt. 670.000 * 3,5 % / 100 = 23.450 €

5. Für den Rohstoffeinsatz ermittelt die Brösel OHG den Verrechnungspreis aufgrund der gewichteten Einkäufe in der letzten Abrechnungsperiode:

Quartal	Anschaffungspreis	Gewichtung in %
I.	700.000,00 €	5
II.	720.000,00 €	15
III.	760.000,00 €	30
IV.	780.000,00 €	40

LF 10, 2.2.4

a) Informieren Sie sich in Ihrem Lehrbuch „BüroWelt 2" über die Erfassung weiterer kalkulatorischer Kosten in der Ergebnistabelle.

b) Vervollständigen Sie oben stehende Ergebnistabelle und stimmen Sie die Rechnungskreise I und II ab.

Lernsituation 10.2
Kostenstellen- und Kostenträgerrechnung anwenden

Der rote Faden
- Aufgaben und Ziele der Kostenstellenrechnung erarbeiten
- Grundsätze der Kostenstellenbildung erarbeiten
- Verschiedene Verteilungsgrundlagen zur Verteilung der Gemeinkosten unterscheiden
- Einen einstufigen Betriebsabrechnungsbogen erstellen
- Die Kostenträgerzeit- und Kostenträgerstückrechnung unterscheiden
- Das Kostenträgerblatt auf Normal- und Istkostenbasis aufstellen
- Das Betriebsergebnis ermitteln
- Die Kostenüber- und Kostenunterdeckung auswerten
- Die Zuschlagskalkulation auf Normal- und Istkostenbasis anwenden
- Die Zuschlagskalkulation als Differenz- und Rückwärtskalkulation anwenden

Ausgangssituation

Den Landeswettbewerb „Pilot Enterprise Challenge" haben Sie mit dem ersten Platz abgeschlossen. Damit sind Sie automatisch für den Bundeswettbewerb in Berlin qualifiziert und wollen unbedingt die Incentive-Reise auf das Münchener Oktoberfest gewinnen.

Zunächst müssen Sie Ihre Fachkenntnisse jedoch erneut unter Beweis stellen. Die Gesamtaufgabe besteht aus vier Aufgabenteilen aus den Bereichen Kostenstellenrechnung und Kostenträgerrechnung. Alle Aufgabenteile müssen von Ihnen bearbeitet werden.

Für die Lösung der Aufgaben erhalten Sie folgendes Datenmaterial aus der MultiWielander OHG, die unter anderem Rasenmäher in ihrem Produktprogramm führt.

Zu den Gemeinkosten des vergangenen Geschäftsjahres liegen folgende Informationen vor:

Hilfsstoffkosten	100.800,00 €	betriebliche Steuern	42.000,00 €
Betriebsstoffkosten	67.200,00 €	kalk. Unternehmerlohn	201.600,00 €
Gehälter	151.200,00 €	Energiekosten	50.400,00 €
Soziale Abgaben	21.840,00 €	sonst. Kosten	80.640,00 €
Fremdinstandhaltung	193.200,00 €		

Für das verbrauchte Fertigungsmaterial sind Einzelkosten in Höhe von 1.254.440,00 € angefallen. Die Fertigungslöhne betrugen 948.800,00 €.

Lernfeld 10

Die einzelnen Gemeinkosten verteilen sich gemäß der nachstehenden Aufstellung auf die Kostenstellen des Unternehmens:

Gemeinkostenarten	Verteilungs-grundlage	Kostenstellen			
		Material	Fertigung	Verwaltung	Vertrieb
Hilfsstoffkosten	Entnahmeschein	18.900,00 €	63.000,00 €	6.300,00 €	12.600,00 €
Betriebsstoffkosten	Entnahmeschein	9.600,00 €	48.000,00 €	3.200,00 €	6.400,00 €
Gehälter	Gehaltsliste	20.160,00 €	10.080,00 €	90.720,00 €	30.240,00 €
Soziale Abgaben	interner Schlüssel	2	1	9	3
Fremdinstandhaltung	Arbeitszeitnachweis	12 Std.	88 Std.	4 Std.	8 Std.
betriebliche Steuern	interner Schlüssel		5	2	
kalk. Unternehmerlohn	interner Schlüssel	3	1	9	2
Energiekosten	Verbrauch (in Tsd.)	2 kWh	32 kWh	8 kWh	6 kWh
sonst. Kosten	interner Schlüssel	2	7	3	3

Im abgelaufenen Geschäftsjahr wurde mit folgenden Normalzuschlagssätzen gerechnet:

Normalzuschlagssätze			
MGK-Zuschlagssatz	9,5 %	VerwGK-Zuschlagssatz	9,0 %
FGK-Zuschlagssatz	43,0 %	VertrGK-Zuschlagssatz	6,0 %

Auf die Rasenmäher vom Typ DesertFox und AirFoxOne verteilen sich die Kosten für Fertigungsmaterial und Fertigungslöhne gemäß der nachstehenden Aufstellung, aus der auch der jeweilige Verkaufspreis und die insgesamt hergestellte und verkaufte Menge hervorgehen:

	gesamt	DesertFox	AirFoxOne
Fertigungsmaterial	250.888,00 €	110.390,72 €	140.497,28 €
Fertigungslöhne	189.760,00 €	89.187,20 €	100.572,80 €
Verkaufspreis pro Stück		135,00 €	189,00 €
verkaufte Menge		2 400 Stück	1 960 Stück

In der Produktgruppe Rasenmäher wird in der MultiWielander OHG mit folgenden Zuschlagssätzen kalkuliert:

Gewinn	4,0 %	Kundenskonto	2,0 %
Vertreterprovision	1,0 %	Kundenrabatt	5,5 %

Lernsituation 10.2

Aufgabenteil 1: Grundlagen der Kostenstellenrechnung

Arbeitsauftrag 1 (informieren)
Informieren Sie sich in Ihrem Lehrbuch „BüroWelt 2" umfassend über die Aufgaben und Ziele der Kostenstellenrechnung, die Grundsätze für die Kostenstellenbildung sowie über die unterschiedlichen Verteilungsgrundlagen für Gemeinkosten.

LF 10, 5,
5.1–5.3

Arbeitsauftrag 2 (planen)
Erstellen Sie den Entwurf für einen Fachvortrag mit Stichpunkten zu den zentralen Inhalten der bearbeiteten Kapitel.

Arbeitsauftrag 3 (reflektieren)
Tauschen Sie sich mit Ihrem Tischnachbarn über Ihre vorläufigen Ergebnisse aus. Decken Sie Übereinstimmungen und Abweichungen auf und nehmen Sie Ergänzungen bzw. Korrekturen in Ihren Aufzeichnungen vor.

Arbeitsauftrag 4 (durchführen)
Bilden Sie Dreier-Teams und erstellen Sie einen zehnminütigen Fachvortrag unter Verwendung eines geeigneten Präsentationsmediums (z. B. OHP-Folie, Plakat, Präsentationssoftware). Stellen Sie Ihr Ergebnis dem Plenum vor.

Arbeitsauftrag 5 (beurteilen und reflektieren)
Beurteilen Sie Ihren Fachvortrag (Inhalt und Präsentationsleistung) im Vergleich zu den anderen Präsentationen.

Aufgabenteil 2: Aufstellung eines einstufigen Betriebsabrechnungsbogens

Arbeitsauftrag 1 (informieren)
Informieren Sie sich in Ihrem Lehrbuch „BüroWelt 2" über die Vorgehensweise zur Aufstellung eines einstufigen Betriebsabrechnungsbogens.

LF 10, 5.4

Arbeitsauftrag 2 (planen)
Analysieren Sie die Informationen aus der Ausgangssituation und überlegen Sie zusammen mit Ihrem Tischnachbarn, welche Daten für die Aufstellung eines vollständigen Betriebsabrechnungsbogens verwendet werden müssen. Halten Sie das Ergebnis Ihrer Überlegungen in Stichpunkten schriftlich fest.

Arbeitsauftrag 3 (durchführen)
Erstellen Sie in Einzelarbeit unter Verwendung des vorgesehenen Vordrucks auf der Grundlage des vorgegebenen Datenmaterials den Betriebsabrechnungsbogen.

Arbeitsauftrag 4 (bewerten und reflektieren)
Diskutieren Sie anhand der ermittelten Ergebnisse die Notwendigkeit der Durchführung einer Kostenstellenrechnung und überdenken Sie Ihre Vorgehensweise im Rahmen der Erstellung des Betriebsabrechnungsbogens.

Arbeitsvorlage zu Arbeitsauftrag 3 (Aufgabenteil 2): Betriebsabrechnungsbogen

Betriebsabrechnungsbogen

Gemeinkostenarten	Zahlen der Betriebsergebnisrechnung	Verteilungsgrundlagen	Kostenstellen			
			I Material	II Fertigung	III Verwaltung	IV Vertrieb
Hilfsstoffkosten	100.800,-					
Betriebsstoffkosten	67.200,-					
Gehälter	151.200,-					
soz. Abgaben	21.840,-					
Fremdinstandhaltung	193.200,-					
betr. Steuern	42.000,-					
kalk. Unternehm. Lohn	201.600,-					
Energiekosten	50.400,-					
sonst. Kosten	90.640,-					
Summe der Gemeinkosten	908.880					
		Zuschlagsgrundlagen	Sum. 1.254.440	Sum. 948.800		
		Zuschlagssätze				

Aufgabenteil 3: Grundlagen der Kostenträgerrechnung

Arbeitsauftrag 1 (informieren)
Informieren Sie sich in Ihrem Lehrbuch „BüroWelt 2" umfassend über die Kostenträgerrechnung.

Arbeitsauftrag 2 (planen)
Systematisieren Sie die Inhalte für einen zehnminütigen Fachvortrag. Fassen Sie Ihre Überlegungen zu einer Gliederung für den Fachvortrag zusammen.

LF 10, 6, 6.1, 6.2

Arbeitsauftrag 3 (reflektieren)
Vergleichen Sie Ihr Arbeitsergebnis mit der Gliederung Ihres Tischnachbarn. Decken Sie Übereinstimmungen und Abweichungen auf und nehmen Sie Ergänzungen bzw. Korrekturen in Ihren Aufzeichnungen vor.

Arbeitsauftrag 4 (durchführen)
Bilden Sie Dreier-Teams und erstellen Sie den zehnminütigen Fachvortrag unter Verwendung eines geeigneten Präsentationsmediums (z. B. OHP-Folie, Plakat, Präsentationssoftware). Stellen Sie Ihr Ergebnis vor dem Plenum vor.

Arbeitsauftrag 5 (beurteilen und reflektieren)
Beurteilen Sie Ihren Fachvortrag (Inhalt und Präsentationsleistung) im Vergleich zu den anderen Präsentationen.

Aufgabenteil 4: Aufstellung eines Kostenträgerblatts und Durchführung einer Zuschlagskalkulation

Arbeitsauftrag 1 (informieren)
Informieren Sie sich in Ihrem Lehrbuch „BüroWelt 2" über die Durchführung der Kostenträgerrechnung.

LF 10, 6.1 + 6.2

Arbeitsauftrag 2 (planen)
Analysieren Sie die Informationen aus der Ausgangssituation und überlegen Sie zusammen mit Ihrem Tischnachbarn, welche Daten für die Durchführung einer vollständigen Kostenträgerrechnung (Kostenträgerzeitrechnung mit Ist- und Normalkosten, Kostenträgerstückrechnung mit Ist- und Normalkosten) benötigt werden. Halten Sie das Ergebnis Ihrer Überlegungen sowie eine geeignete Vorgehensweise in Stichpunkten schriftlich fest.

Arbeitsauftrag 3 (durchführen)
Bearbeiten Sie in Einzelarbeit auf der Grundlage des vorgegebenen bzw. von Ihnen ermittelten Datenmaterials die folgenden Teilaufgaben.

a) Erstellen Sie das Kostenträgerblatt auf Normal- und Istkostenbasis und weisen Sie die Kostenabweichungen aus. Welche Gründe können für die Kostenabweichungen verantwortlich sein?

b) Erstellen Sie die Zuschlagskalkulation für den Rasenmäher „DesertFox" auf Normal- und Istkostenbasis. Geben Sie den Gewinn auch in Prozent an.

c) Aus Konkurrenzgründen muss der Verkaufspreis vorübergehend auf 129,00 € gesenkt werden. Da es nicht möglich ist, die Kosten der MultiWielander OHG kurzfristig zu senken und auch auf den Gewinn nicht verzichtet werden soll, soll im Rahmen von Vertragsverhandlungen der Preis für das Fertigungsmaterial gesenkt werden. Ermitteln Sie den höchstmöglichen Betrag, der unter den gegebenen Umständen für das Fertigungsmaterial ausgegeben werden kann.

d) Veränderungen der Marktbedingungen haben dazu geführt, dass für das Fertigungsmaterial in Zukunft 47,00 € ausgegeben werden müssen. Zeitgleich musste der Listenverkaufspreis vorübergehend auf 133,00 € gesenkt werden. Welche Konsequenz hat dies für den Gewinn (in Euro und Prozent)?

Lernfeld 10

Arbeitsauftrag 4 (bewerten und reflektieren)

Überprüfen Sie die in Arbeitsauftrag 2 geplante Vorgehensweise. Halten Sie fest, an welchen Stellen Sie Ihren Arbeitsplan einhalten konnten und an welchen Stellen Sie von Ihren Vorüberlegungen abweichen mussten.

Vertiefende Aufgaben

Aufgabe

Im Rahmen eines Modellprojekts zwischen der Duisdorfer BüroKonzept KG und der Opitz AG, einem Zulieferer für Holz- und Spanplatten, wurde vereinbart, dass die Auszubildenden für den Zeitraum von sechs Wochen ihre Ausbildung im jeweils anderen Unternehmen absolvieren. Aufgrund Ihres guten Abschneidens bei dem Unternehmensplanspiel verbringen Sie einen Großteil der vorgesehenen sechs Wochen in der Abteilung Rechnungswesen. Dort werden Sie mit folgenden Aufgaben betraut:

Für den Monat Juli weist die Kostartenrechnung der Opitz AG folgende Gemeinkosten aus:

Gemeinkostenarten	Verteilungsgrundlage	Material	Fertigung	Verwaltung	Vertrieb
Hilfsstoffkosten	Entnahmeschein	4.620,00 €	64.680,00 €	9.240,00 €	13.860,00 €
Betriebsstoffkosten	Entnahmeschein	1.280,00 €	10.240,00 €	1.920,00 €	2.560,00 €
Gehälter	Gehaltsliste	12.100,00 €	6.050,00 €	60.500,00 €	18.150,00 €
Soziale Abgaben	interner Schlüssel	2	1	10	3
Abschreibung auf SA	interner Schlüssel	2	21	5	4
Mietaufwendungen	interner Schlüssel	2	16	10	4
Büromaterial	interner Schlüssel	3	2	9	2
Energiekosten	Verbrauch (in Tsd.)	3 kWh	33 kWh	8 kWh	6 kWh

Die Gemeinkosten für die Sozialen Abgaben betragen 74.600,00 €. An Abschreibungen auf Sachanlagen sind 19.200,00 € angefallen, die Mietaufwendungen belaufen sich auf 60.200,00 €, für Büromaterial wurden 8.600,00 € ausgegeben und die Energiekosten betragen 14.800,00 €.

Von der Leimholzplatte aus Kernbuche wurden insgesamt 2850 m² hergestellt. Im Einkauf hat dieses Material insgesamt 79.596,00 € gekostet. Für die Leimholzplatte Eiche wurden insgesamt 101.304,00 € im Einkauf ausgegeben. Diese Kosten sind angefallen für eine Menge von 2300 m². Die Kosten für das Fertigungsmaterial aller hergestellten Produkte des Unternehmens betrugen im Juli 723.600,00 €.

Die Fertigungslöhne betrugen im Juli 385.500,00 € für das gesamte Unternehmen. Davon entfallen 96.375,00 € auf die Herstellung der beiden Leimholzplatten. Von diesen 96.375,00 € entfallen 55 % auf die Fertigungslöhne für die Leimholzplatte Kernbuche, 45 % entfallen demnach auf die Fertigungslöhne für die Leimholzplatte Eiche.

Die Leimholzplatte Buche wird zu einem Verkaufspreis von 72,00 € pro m² angeboten. Der Listenverkaufspreis der Leimholzplatte Eiche liegt bei 89,00 € pro m².

Die für die Kalkulation notwendigen Normalzuschlagssätze lagen im Juli bei 4 % für MGK, 33 % für die FGK, 11 % für die VerwGK und 5 % für die VertrGK.

Lernsituation 10.3

Für die Durchführung der Kalkulation von den Selbstkosten bis zum Listenverkaufspreis liegen folgende Kalkulationssätze vor:

Gewinn   6,25 %   Kundenskonto   1,0 %   Kundenrabatt   7,0 %

Eine Vermittlungsgebühr im Absatzbereich ist nicht angefallen, sodass keine Vertreterprovision zu berücksichtigen ist.

a) Analysieren Sie die in der Aufgabenstellung enthaltenen Informationen und stellen Sie sie tabellarisch dar.

b) Stellen Sie auf der Grundlage des angegebenen Datenmaterials einen Betriebsabrechnungsbogen auf. Ermitteln Sie die Istzuschlagssätze für den Monat Juli. Die Zuschlagsgrundlage des Verwaltungs- und Vertriebsgemeinkostenzuschlagssatzes bilden die Herstellkosten.

c) Erstellen Sie ein Kostenträgerblatt auf Normalkostenbasis und ein Kostenträgerblatt auf Istkostenbasis. Ermitteln Sie auf dem Kostenträgerblatt auf Istkostenbasis die Kostenüber- bzw. Kostenunterdeckungen in den einzelnen Bereichen. Alle Berechnungen sind bezogen auf einen Quadratmeter durchzuführen. Beschreiben Sie jeweils einen Grund für die jeweilige Kostenabweichung und bewerten Sie die Auswirkung der Kostenabweichungen für die Opitz AG.

d) Erstellen Sie auf der Grundlage der zur Verfügung stehenden Daten die Zuschlagskalkulation für die Leimholzplatte aus Kernbuche auf Normal- und Istkostenbasis. Alle Berechnungen sind bezogen auf einen Quadratmeter durchzuführen. Ermitteln Sie auch den Gewinn in Prozent und interpretieren Sie das Ergebnis.

e) Aus Konkurrenzgründen muss der Verkaufspreis vorübergehend auf 68,00 € gesenkt werden. Da es nicht möglich ist, die Kosten der Opitz AG kurzfristig zu senken und auch auf den Gewinn nicht verzichtet werden soll, soll im Rahmen von Vertragsverhandlungen versucht werden, den Preis für das Fertigungsmaterial zu senken. Ermitteln Sie den höchstmöglichen Betrag, der unter den gegebenen Umständen für das Fertigungsmaterial ausgegeben werden kann. Alle Berechnungen sind bezogen auf einen Quadratmeter durchzuführen.

f) Unser Lieferant hat den Preis für die Leimholzplatte Kernbuche auf 29,00 € pro m² erhöht. Der Listenverkaufspreis musste hingegen aus Konkurrenzgründen auf 70,00 € gesenkt werden. Unterbreiten Sie der Opitz AG einen rechnerisch begründeten Vorschlag, ob die Leimholzplatte weiterhin im Produktprogramm der Opitz AG bleiben soll. Alle Berechnungen sind bezogen auf einen Quadratmeter durchzuführen.

Lernsituation 10.3
Die Handelskalkulation anwenden

Der rote Faden

Eine Handelskalkulation als Vorwärtskalkulation durchführen

Eine Handelskalkulation als Rückwärtskalkulation durchführen

Das Vereinfachungsverfahren zur Durchführung der Handelskalkulation anwenden

Lernfeld 10

Ausgangssituation

Nachdem Sie den Bundeswettbewerb in Berlin für sich entscheiden konnten, sind Sie nun zurück in den Geschäftsräumen der Duisdorfer BüroKonzept KG in Bonn. In der Geschäftsleitung ist man sich einig, dass Ihre Stärken im Bereich des Rechnungswesens für das Unternehmen unbedingt genutzt werden sollen. Sie werden aus diesem Grund auch im Hinblick auf eine Übernahme nach dem erfolgreichen Abschluss Ihrer Berufsausbildung in der Abteilung Rechnungswesen eingesetzt. Herr Fernandez, der Leiter dieses Bereichs, kann zudem dringend Hilfe brauchen. Unter anderem soll die Aufnahme eines Hochleistungsaktenvernichters mit der Modellbezeichnung „Schredder King" in das Sortiment des Unternehmens geprüft werden. Der Marktpreis des Aktenvernichters liegt derzeit bei 195,00 €.

Wie auch der bereits im Sortiment vorhandene Aktenvernichter „Safeway" kann der „Schredder King" über unseren Zulieferer Saam KG bezogen werden. Per Angebot wurde ein Listeneinkaufspreis von 151,40 € mitgeteilt. Außerdem wurden 12 % Rabatt und 1,5 % Skonto eingeräumt. Für die Lieferung verlangt die Saam KG 5,80 € pro Gerät (inkl. Versicherung). Bei den übrigen Kalkulationssätzen erscheint es sinnvoll, sich an den Werten für das Model „Safeway" zu orientieren. Hier wird mit folgenden Prozentsätzen gerechnet:

Handlungskostenzuschlagssatz	21,0 %	Kundenskonto	1,0 %
Gewinnzuschlagssatz	6,0 %	Vertreterprovision	3,0 %
		Kundenrabatt	8,0 %

LF 10, 6.3

Arbeitsauftrag 1 (informieren)

Informieren Sie sich in Ihrem Lehrbuch „BüroWelt 2" über die Durchführung der Handelswarenkalkulation.

Arbeitsauftrag 2 (durchführen und beurteilen)

Bearbeiten Sie auf der Grundlage des angegebenen Datenmaterials in Einzelarbeit die folgenden Aufgabenstellungen:

a) Erstellen Sie die Handelswarenkalkulation zur Ermittlung des Listenverkaufspreises für den Hochleistungsaktenvernichter „Schredder King". Begründen Sie, ob der Artikel auf der Grundlage Ihres ermittelten Ergebnisses in das Sortiment der Duisdorfer BüroKonzept KG aufgenommen werden soll.

b) Für die zukünftige Kalkulation von Produkten der gleichen Produktgruppe soll das Kalkulationsverfahren vereinfacht werden. Hierzu sind der Kalkulationszuschlag und der Kalkulationsfaktor für die unter Aufgabe 2a) durchgeführte Kalkulation zu ermitteln. Überprüfen Sie die jeweiligen Ergebnisse, indem Sie die ermittelten Werte anwenden.

c) Erstellen Sie die Handelswarenkalkulation für das Modell „Schredder King" unter der Bedingung, dass der Listenverkaufspreis den aktuellen Marktbedingungen angepasst werden soll und auf 195,00 € gesenkt wird. Welcher Betrag (Listeneinkaufspreis) kann für das Gerät im Einkauf unter sonst gleichen Kalkulationsbedingungen ausgegeben werden? Welche Möglichkeiten stellen sich der Duisdorfer BüroKonzept KG, wenn der Listeneinkaufspreis nicht weiter gesenkt werden kann, der „Schredder King" aber dennoch in das Sortiment aufgenommen werden soll?

d) Für die zukünftige Kalkulation von Produkten der gleichen Produktgruppe soll das Kalkulationsverfahren vereinfacht werden. Hierzu ist die Handelsspanne für die unter Aufgabe 2c) durchgeführte Kalkulation zu ermitteln. Überprüfen Sie die berechnete Handelsspanne, indem Sie diese anwenden.

Arbeitsauftrag 3 (reflektieren)

Überdenken Sie Ihre Vorgehensweise zur Lösung der Aufgaben 2a) bis 2d). Halten Sie stichpunktartig Arbeitsschritte fest, mit denen Sie zufrieden sind bzw. die Sie in Zukunft verbessern wollen.

Lernsituation 10.3

Vertiefende Aufgaben

Aufgabe

Die Geschäftsleitung hat beschlossen, dass das Sortiment der Duisdorfer BüroKonzept KG erweitert werden muss. Unter anderem soll ein weiterer Kopierer in das Sortiment aufgenommen werden. In der engeren Auswahl ist derzeit ein Gerät mit der Bezeichnung „ThunderStorm". Die Konkurrenz bietet vergleichbare Kopierer zu einem Preis von 499,00 € auf dem Markt an. Das Gerät „ThunderStorm" kann gemäß eines Angebots von der Wittman AG zu folgenden Konditionen bezogen werden (die Euro-Werte gelten pro Stück):

Listeneinkaufspreis:	350,00 €	Liefererskonto:	2,0 %
Bezugskosten:	12,00 €	Liefererrabatt:	15,0 %

Die Kalkulation der Selbstkosten sowie die Kalkulation des Verkaufspreises soll anhand nachfolgend aufgeführter Kalkulationssätze durchgeführt werden:

Gewinnzuschlag:	5,0 %	Handlungskostenzuschlag:	35,0 %
Vertreterprovision:	2,0 %	Kundenrabatt:	10,0 %
Kundenskonto:	1,5 %		

a) Ermitteln Sie den Listenverkaufspreis auf der Grundlage der bekannten Informationen und begründen Sie auf der Grundlage Ihres Kalkulationsergebnisses, ob der Kopierer „ThunderStorm" in das Sortiment der Duisdorfer BüroKonzept KG aufgenommen werden soll.

b) Die Geschäftsleitung hat entschieden, dass der Kopierer fester Bestandteil des Sortiments der Duisdorfer BüroKonzept KG sein soll. Bezüglich des Listenverkaufspreises beabsichtigt man, sich am Marktpreis (499,00 €) zu orientieren. Ermitteln Sie den Gewinn, der sich bei diesem Listenverkaufspreis unter sonst gleichen Kalkulationsbedingungen erzielen lässt (in Euro und Prozent).

c) In Zukunft sollen weitere Kopierer in das Sortiment aufgenommen werden. Für die Kalkulation der Selbstkosten und des Listenverkaufspreises sind die gleichen Kalkulationssätze wie im Aufgabenteil b) verwendet bzw. ermittelt anzuwenden. Um die Kalkulation des Listenverkaufspreises zu vereinfachen, bekommen Sie die Aufgabe übertragen, den Kalkulationszuschlag und den Kalkulationsfaktor zu ermitteln. Überprüfen Sie die Richtigkeit der ermittelten Ergebnisse.

d) Leider kann der für vergleichbare Modelle gültige Marktpreis für den „ThunderStorm" nicht erzielt werden. Die Gründe hierfür konnten noch nicht eindeutig identifiziert werden. Bis auf Weiteres soll der Kopierer aber im Sortiment bleiben und unter sonst gleichen Kalkulationsbedingungen zu einem Listenverkaufspreis in Höhe von 489,00 € angeboten werden. Ermitteln Sie die Höhe des Listeneinkaufspreises, den die Duisdorfer BüroKonzept KG unter diesen Voraussetzungen höchstens bezahlen kann.

e) Berechnen Sie die Handelsspanne auf der Grundlage der unter Aufgabenstellung d) ermittelten Ergebnisse und erklären Sie den Nutzen der Handelsspanne.

Lernfeld 10

Lernsituation 10.4
Die Deckungsbeitragsrechnung anwenden

Der rote Faden
- Den Deckungsbeitrag ermitteln
- Die Annahme von Kundenaufträgen mithilfe der Deckungsbeitragsrechnung entscheiden
- Die betriebswirtschaftliche Bedeutung der Deckungsbeitragsrechnung erkennen

Ausgangssituation

Das Ende Ihrer Ausbildung steht an, Sie haben alle wesentlichen Abteilungen durchlaufen und befinden sich nun in der Abteilung Rechnungswesen.

Die Auftragslage ist sehr, sehr schlecht. Zudem ist eine Sachbearbeiterin erkrankt und Herr Fernandez bittet Sie, weiterhin das Produkt Hochleistungsaktenvernichter „Schredder King" zu betreuen. Sie haben bereits Zuschlagskalkulationen durchgeführt (siehe Lernsituation 10.3). Nun gehen auch die ersten Aufträge ein. Aufgrund der insgesamt schlechten wirtschaftlichen Lage sind drei Stammkunden mit dem von Ihnen berechneten Verkaufspreis in Höhe von 199,00 € nicht einverstanden. Auch die Konkurrenz bietet das Produkt zu einem geringeren Preis an.

Die Birkmann OHG ist nur bereit 179,00 € zu bezahlen, die Intermöbel GmbH nur 170,00 € und Ihr schärfster Verhandlungspartner die Großhandlung Rhenag GmbH sogar nur 140,00 €. Alle drei erwarten weiterhin ihre Sonderkonditionen (8 % Rabatt und 1,0 % Skonto). Auch die Vertreterprovision in Höhe von 3 % muss berücksichtigt werden. Die ersten Vertragsgespräche hat Herr Fernandez selbst geführt. Auf der Grundlage des Zahlenmaterials möchte er, dass Sie die weiteren Schritte unternehmen.

Interne Daten zum Hochleistungsaktenvernichter „Schredder-King"			
Listeneinkaufspreis	151,40 €	Kundenskonto	1,0 %
Liefererrabatt	12 %	Vertreterprovision	3,0 %
Liefererskonto	1,5 %	Kundenrabatt	8,0 %
Handlungskostenzuschlagssatz	21,0 %		
Bezugskosten je Gerät	5,80 €		

Daten zu den Anfragen der Kunden			
Kunde	Birkmann OHG	Intermöbel GmbH	Rhenag GmbH
angefragte Menge	100	400	200
erwarteter Nettoverkaufspreis	179,00 €	170,00 €	140,00 €

Lernsituation 10.4

Erster Aufgabenteil

Arbeitsauftrag 1 (wiederholen)

Erstellen Sie eine entsprechende Excel-Tabelle (unter Eingabe geeigneter Funktionen und Formeln) nach dem u. a. Vorbild und führen Sie für die drei Anfragen jeweils eine Kalkulation durch. Beurteilen Sie aufgrund Ihrer bisherigen Erfahrungen, ob die drei Aufträge angenommen werden sollen.

	Listeneinkaufspreis		151,40 €		
	Kunde		**Birkmann OHG**	**Intermöbel GmbH**	**Rhenag GmbH**
	angefragte Menge				
	erwarteter Nettopreis				
−	Listeneinkaufspreis Lieferrabatt	12,0 %			
= −	Zieleinkaufspreis Lieferskonto	1,5 %			
= +	Bareinkaufspreis Bezugskosten	5,80 €			
= +	Bezugspreis Handlungskosten	21,0 %			
= +	Selbstkosten Gewinn/Verlust	???			
= + +	Barverkaufspreis Kundenskonto Vertreterprovision	1,0 % 3,0 %			
= +	Zielverkaufspreis Kundenrabatt	8,0 %			
=	Listenverkaufspreis				
=	Listenverkaufspreis pro Stück				

Arbeitsauftrag 2 (informieren)

Informieren Sie sich umfassend in Ihrem Lehrbuch „BüroWelt 2" über das Thema „Deckungsbeitragsrechnung als Hilfsmittel bei kaufmännischen Entscheidungen".

LF 10, 7.1–7.3

Arbeitsauftrag 3 (planen und durchführen)

a) Planen Sie zunächst weitere Schritte im Hinblick auf die Frage, ob die drei Aufträge zu den von den Kunden geforderten Bedingungen ausgeführt werden.

b) Entwickeln Sie eine Excel-Tabelle (unter Eingabe geeigneter Funktionen und Formeln) nach dem u. a. Vorbild, mit deren Hilfe Sie die Gesamtdeckungsbeiträge und die jeweiligen Stückdeckungsbeiträge der drei Aufträge berechnen.

Lernfeld 10

Gesamtdeckungsbeitragsrechnung		Birkmann OHG	Intermöbel GmbH	Rhenag GmbH
Kunde		Birkmann OHG	Intermöbel GmbH	Rhenag GmbH
Erlöse gesamt				
variable Kosten (Bezugspreis)				
Gesamtdeckungsbeitrag				

Stückdeckungsbeitragsrechnung				
angefragte Menge				
Erlöse je Stück				
variable Kosten (Bezugspreis)				
Stückdeckungsbeitrag				

Arbeitsauftrag 4 (bewerten und beurteilen)

a) Bewerten Sie nun Ihre Ergebnisse und treffen Sie eine Entscheidung, welche der drei Aufträge Sie annehmen und welche Sie ablehnen würden. Begründen Sie jeweils Ihre Entscheidung.

b) Das Angebot der Rhenag GmbH wird aufgrund des zu geringen Preises nicht angenommen. Welche absolute Preisuntergrenze könnten wir in diesem Fall noch akzeptieren? Begründen Sie Ihre Entscheidung.

c) Beurteilen Sie, unter welchen Bedingungen Sie
   1. alle drei Aufträge annehmen würden.
   2. alle drei Aufträge ablehnen würden.

d) Erläutern Sie die grundlegenden Unterschiede zwischen der Vollkostenrechnung (am Beispiel der Zuschlagskalkulation) und der Teilkostenrechnung (am Beispiel der Deckungsbeitragsrechnung). Welche Vorteile bietet die Deckungsbeitragsrechnung bezogen auf den o. g. Fall?

Arbeitsauftrag 5 (reflektieren)

Reflektieren Sie die Ergebnisse Ihrer Entscheidungen über die drei Aufträge, indem Sie die Kriterien, die Sie bei Ihrer Bewertung einbezogen haben, in einer Übersicht (Checkliste) zusammenfassen.

Kriterien zur Beurteilung von Aufträgen
1.
2.
3.
4.
5.
6.
7.
8.
9.
10.

Lernsituation 10.4

Zweiter Aufgabenteil

Der rote Faden: Eine Entscheidung über einen Zusatzauftrag mithilfe der Deckungsbeitragsrechnung treffen

Fortsetzung der Ausgangssituation

Der Hochleistungsaktenvernichter „Schredder King" hat sich mittlerweile zu einem echten Verkaufsschlager entwickelt. Der Kunde Rhenag GmbH, unser härtester Verhandlungspartner, hat sich mit der Ablehnung der ersten Anfrage (angebotener Nettoverkaufspreis nach allen Abzügen 123,65 (= 24.729,60 € : 200; siehe erste Aufgabenteil)) zunächst abgefunden. Einige Tage später ruft der geschmeidige Chefeinkäufer Herr Wieluke an und unterbreitet Ihnen folgenden Vorschlag: „Wir möchten das Produkt „Schredder King" fest in unser Sortiment aufnehmen und haben auch einige größere Einzelhandelsgeschäfte, die dieses Produkt in ihr Sortiment aufnehmen wollen. Wenn Sie uns einen Nettoverkaufspreis (ohne Gewährung von Rabatt und Skonto und ohne die Vertreterprovision) von 135,00 € über einen Zeitraum von 18 Monaten garantieren, dann nehmen wir Ihnen in dieser Zeit monatlich mindestens 500 Geräte ab. Dies werden wir Ihnen in einem entsprechenden Vertrag auch zusichern. Bei dieser Gesamtmenge können Sie ja Ihren Lieferanten noch ein bisschen im Preis drücken …".

Umgehend rufen Sie die etwas knorrige, aber herzensgute Frau Scheidlor von der Saam KG an. Die Prokuristin des Unternehmens wäre bereit, zu den folgenden Konditionen, die über die gesamte Laufzeit gelten, zu liefern: Bezugspreis von 120,00 € je Stück. Sie bietet Ihnen auch an, die Waren direkt zu Ihrem Kunden Rhenag GmbH zu liefern, sodass Lagerkosten, Weitertransport u. dgl. nicht anfallen.

Sie berichten Herrn Fernandez von diesem Angebot. Dieser ist begeistert: „Wir haben bereits in der Vergangenheit diese langfristigen Verträge mit der Rhenag GmbH abgeschlossen und häufig gute Erfahrungen gemacht. Allerdings ist der Einkäufer Herr Wieluke ein echtes Schlitzohr, nicht alle Geschäfte waren wirtschaftlich ein Erfolg. Wir werden diesen Auftrag genau prüfen müssen. Allerdings …, wir sind im Moment völlig ausgelastet. Sollten wir diesen Auftrag annehmen, dann müssten wir jemanden neu einstellen. Ich habe da bereits an Sie gedacht, Sie werden ja in Kürze Ihre Ausbildung beendet haben. Wir müssten auch einen neuen Arbeitsplatz für Sie einrichten. Da unsere räumlichen Kapazitäten ausgereizt sind, würden wir auf unserem Firmengelände einen Bürocontainer aufstellen müssen. Bitte stellen Sie für die weiteren Verhandlungen mit Herrn Wieluke alle notwendigen Überlegungen an. Ermitteln Sie bei Ihren Überlegungen auch die Preisuntergrenze, also den Nettoverkaufserlös, den wir für diesen Auftrag mindestens erzielen müssen. Dies ist wichtig, da Herr Wieluke sicherlich den Preis noch weiter drücken möchte."

Arbeitsauftrag 1 (analysieren)

Analysieren Sie die vorliegende Situation im Hinblick auf die weitere Vorgehensweise. Welche Fragen müssen noch geklärt werden bzw. welche Informationen benötigen Sie.

Lernfeld 10

Arbeitsauftrag 2 (informieren)

Recherchieren Sie, welche weiteren (Fix-)Kosten mit der Einstellung eines neuen Mitarbeiters auf das Unternehmen zukommen könnten.

Arbeitsauftrag 3 (planen und durchführen)

a) Erstellen Sie eine Checkliste mit allen Fragen bzw. vorbereitenden Informationen, die notwendig sind, damit man eine begründete Entscheidung treffen kann, ob man diesen Auftrag annimmt oder nicht.

Kriterien zur Beurteilung dieses Auftrages
1.
2.
3.
4.
5.
6.
7.
8.
9.

b) Berechnen Sie mithilfe der Daten aus der Situation den Gesamtdeckungsbeitrag und den Stückdeckungsbeitrag. Erstellen Sie dazu eine Excel-Tabelle (unter Eingabe geeigneter Funktionen und Formeln) nach dem u. a. Beispiel.

	Deckungsbeitrag des Auftrages Rhenag GmbH		
	Produkt	**Schredder King**	**Einheit**
	angefragte Menge pro Monat		Stück
	erwarteter Nettoverkaufspreis		je Stück
	Laufzeit des Vertrages		Monate
	Bezugspreis		je Stück
	Gesamtstückzahl		Stück

	Erlöse Gesamtauftrag	
−	variable Kosten Gesamtauftrag	
	Gesamtdeckungsbeitrag	
	Stückdeckungsbeitrag	

Lernsituation 10.4

c) Sie haben weitere zahlreiche Daten zusammengetragen, damit Sie über den Auftrag entscheiden können. Ermitteln Sie unter Berücksichtigung der weiteren Kosten den möglichen wirtschaftlichen Erfolg dieses Auftrages. Erstellen Sie dazu eine Excel-Tabelle (unter Eingabe geeigneter Funktionen und Formeln) nach dem u. a. Muster.

Informationen:

Produkt: Hochleistungsaktenvernichter „Schredder King"

Kunde: Rhenag GmbH, Ansprechpartner: Herr Wieluke, monatlicher Absatz: 500 Stück, Laufzeit des Vertrages: 18 Monate, Nettoverkaufspreis: 135,00 € je Stück

Lieferer: Saam KG, Bezugspreis 120,00 € je Stück; alle Konditionen garantiert für 18 Monate, bei Mindestabnahme von monatlich 500 Stück

Zusätzliche Kosten:
Die Kosten für die/den neue/n Mitarbeiter/in und das neue Büro werden nicht vollständig auf diesen Auftrag umgelegt. Die Duisdorfer BüroKonzept KG benötigt Büro und Mitarbeiter/in zu 75 % für andere Aufträge, nur 25 % werden für diesen Auftrag angesetzt.

1. Neue/r Mitarbeiter/in (40 Stunden Arbeitszeit pro Woche) Kosten 2.500,00 € pro Monat, aber nur 10 Stunden pro Woche werden für diesen Auftrag kalkuliert.
2. Einrichtung eines neuen Arbeitsplatzes Kosten 10.000,00 € (Möbel, PC, Schränke), die jährlichen Abschreibungen betragen bei einer Nutzungsdauer von 5 Jahren 2.000,00 € (nur 25 % davon entfallen auf diesen Auftrag).
3. Die Miete für den Bürocontainer beträgt monatlich 4.000,00 €, davon entfallen wiederum 25 % auf diesen Auftrag.
4. Als weitere Handlungskosten (Strom, Reinigung, Nutzung der anderen Abteilungen des Unternehmens (z. B. Buchhaltung usw.) werden aufgrund der individuellen Berechnung des Auftrages statt der üblichen 21 % nur 7,5 % des Bezugspreises angesetzt.

Gewinn/Verlust des Auftrages Rhenag GmbH

Produkt Schredder King
Absatz pro Monat · 500 Stück
Vertragslaufzeit · 18 Monate
Bezugspreis · €
Nettoverkaufspreis · €

Begriff	pro Monat	für 18 Monate
Deckungsbeitrag gesamt		
minus fixe Kosten		
1. Kosten Mitarbeiter/in 2. Kosten Arbeitsplatz 3. Kosten Bürocontainer 4. Handlungskosten 7,5 %		
Gewinn/Verlust des Auftrages		
Gewinn pro Stück		

Lernfeld 10

d) Herr Fernandez möchte die absolute Preisuntergrenze für diesen Auftrag im Hinblick auf die anstehenden Vertragsverhandlungen mit Herrn Wieluke wissen. Ermitteln Sie den entsprechenden Preis und begründen Sie Ihre Entscheidung.

Arbeitsauftrag 4 (bewerten und beurteilen)

a) Bewerten Sie nun auf der Grundlage Ihrer Ergebnisse diesen Auftrag und treffen Sie eine Entscheidung, ob Sie ihn annehmen oder ablehnen würden.

b) Beurteilen Sie den Auftrag, wenn Ihr Lieferant, die Saam KG Ihnen den Bezugspreis nicht über einen so langen Zeitraum garantieren will.

Arbeitsauftrag 5 (reflektieren)

Reflektieren Sie die Ergebnisse Ihrer Entscheidung zu diesem Auftrag, indem Sie sowohl die Perspektive des Arbeitgebers als auch Ihre eigene Perspektive als zukünftiger Mitarbeiter berücksichtigen. Welche Vorteile bzw. Risiken ergeben sich (langfristig) für das Unternehmen, wenn dieser Auftrag angenommen wird?

Dritter Aufgabenteil

Der rote Faden — **Die Entscheidung über eine Erweiterungsinvestition mithilfe der Gewinnschwelle treffen**

Fortsetzung der Ausgangssituation

Der Auftrag der Rhenag GmbH wurde angenommen, insbesondere weil Herr Falo bei diesem Produkt langfristig gute Perspektiven sieht und Sie als sehr wertvollen Mitarbeiter halten will.

Herr Falo plant, den Bürocontainer auch im nächsten Jahr stehen zu lassen. Sie sollen sich nun voll und ganz mit der Betreuung des Produktes „Schredder King" beschäftigen. Allerdings müssen die gesamten Konditionen überarbeitet werden:

Frau Wielor vom Lieferanten Saam KG hat Preissteigerungen angekündigt. Sie kann Ihnen das Produkt zu einem auf ein Jahr garantierten Bezugspreis von 127,45 € anbieten (Rabatt, Skonto, Bezugskosten schon eingerechnet). Auch die direkte Lieferung der Ware zu den Kunden möchte sie nicht mehr garantieren. Dadurch müssen auch die anderen Abteilungen, wie z. B. das Lager, stärker eingebunden werden. Dies führt dazu, dass höhere Handlungskosten angesetzt werden müssen. Die Abteilung Rechnungswesen hat bereits ähnliche Projekte durchgeführt. Aufgrund ihrer Erfahrungen setzt sie für Ihr Produkt 2 % variable Handlungskosten an und rechnet darüber hinaus mit 60.000,00 € fixen Handlungskosten pro Jahr. Zusätzlich sind die Kosten für den Bürocontainer (4.000,00 € pro Monat) und Ihr Gehalt (2.700,00 € pro Monat – Sie haben eine Gehaltserhöhung von 200,00 € erhalten!) voll mit einzubeziehen. Auch die jährlichen Abschreibungen für die Einrichtung des Bürocontainers (2.000,00 €) müssen nun voll berücksichtigt werden.

Lernsituation 10.4

Der Nettoverkaufserlös des Gerätes, den wir der Rhenag GmbH gewährt haben, ist zu gering. Für das kommende Jahr wird ein Nettoerlös von 150,00 € veranschlagt. Dabei sind Rabatte, Skonto und die Provision schon abgezogen worden.

Herr Falo möchte nun von Ihnen wissen, wie viele Geräte des Produktes „Schredder King" wir in dem Jahr verkaufen müssen, damit wir mit diesem Produkt einen Gewinn erzielen.

Herr Fernandez möchte für die Entscheidung über kurzfristige Aufträge auch die Preisuntergrenze erfahren, damit er den möglichen Preisspielraum bei verschiedenen Stammkunden kennt.

Arbeitsauftrag 1 (analysieren)
Analysieren Sie die vorliegende Situation im Hinblick auf die weitere Vorgehensweise. Welche Fragen müssen noch geklärt werden bzw. welche Informationen benötigen Sie?

Arbeitsauftrag 2 (informieren)
Informieren Sie sich umfassend in Ihrem Lehrbuch „BüroWelt 2" über das Thema „Bestimmung der Gewinnschwelle".

LF 10, 7.4

Arbeitsauftrag 3 (planen und durchführen)
a) Ermitteln Sie die jährliche Menge Hochleistungsaktenvernichter vom Typ „Schredder King", die das Unternehmen verkaufen muss, damit es einen Gewinn erzielt. Berechnen Sie dazu zunächst die Erlöse, die variablen Kosten, die fixen Kosten je Stück und den Stückdeckungsbeitrag. Erstellen Sie hierzu eine entsprechende Excel-Tabelle (unter Eingabe geeigneter Funktionen und Formeln) nach dem u. a. Vorbild.

	Gewinnschwellenmenge für den „Schredder King"		
	Produkt	**Schredder King**	**Einheit**
− −	Erlös variable Kosten (Bezugspreis) variable Handlungskosten 2 %		je Stück je Stück
=	Stückdeckungsbeitrag		je Stück
	fixe Kosten	pro Monat	pro Jahr
+ + +	Gehalt Mitarbeiter Miete Container Abschreibungen Einrichtung fixe Handlungskosten		
=	gesamte fixe Kosten		
	Gewinnschwellenmenge		

b) Herr Fernandez möchte die Preisuntergrenze für diesen Auftrag im Hinblick auf spätere Preisverhandlungen, z. B. mit Kunden wie Herrn Wieluke, wissen. Ermitteln Sie den entsprechenden Preis und begründen Sie Ihre Entscheidung.

Lernfeld 10

c) Erläutern Sie den Unterschied zwischen den variablen Handlungskosten und den fixen Handlungskosten in der Aufgabe und finden Sie zu beiden konkrete Beispiele.

Arbeitsauftrag 4 (bewerten und beurteilen)
a) Bewerten Sie die Ergebnisse Ihrer Berechnung der Gewinnschwelle.

b) Wie würden Sie, bezogen auf den Fall, den Preisspielraum für das Produkt bewerten. Würden Sie Herrn Fernandez empfehlen, auch schon mal die Preisuntergrenze zu akzeptieren. Wenn ja, unter welchen Bedingungen?

Arbeitsauftrag 5 (reflektieren)
a) Reflektieren Sie die Methode „Ermittlung der Gewinnschwelle". Welchen Nutzen hat diese Berechnung für Ihr Unternehmen, aber auch für Sie als Mitarbeiter?

b) Welche Schwierigkeiten ergeben sich bei der Anwendung dieser Methode?

Vierter Aufgabenteil

> **Der rote Faden**
>
> Stückkosten für verschiedene Absatzmengen berechnen
>
> Das Gesetz der Massenproduktion kennen und erläutern können

Fortsetzung der Ausgangssituation

Nach der ersten Einarbeitungsphase in Ihrem Aufgabenfeld „Schredder King" kommt Herr Fernandez auf Sie zu. Er hat folgende Bitte an Sie:

„In den letzten Jahren haben wir aufgrund der Finanz- und der Wirtschaftskrise doch sehr starke Schwankungen unserer Auftragseingänge gehabt. Damit wir besser auf schlechte Zeiten vorbereitet sind, lassen wir für alle Produkte die Stückkosten, d.h. die variablen, die fixen und die gesamten Stückkosten, nach verschiedenen Absatzmengen gestaffelt, berechnen. Damit können wir aktuelle Schwankungen besser beurteilen. Diese Berechnungen haben wir bisher auf vorgefertigten Arbeitsblättern vorgenommen. Dies ist uns seit längerem viel zu umständlich. Wir bitten Sie, anhand Ihres Produktes „Schredder King" eine Excel-Tabelle nach dem Vorbild unserer Arbeitsblätter zu erstellen. Die Tabelle sollte entsprechende Formeln enthalten. Dadurch können wir viel schneller aktuelle Absatzzahlen eingeben und für uns wichtige Informationen einholen. Für Ihr Produkt „Schredder King" benötigen wir die Stückkosten bei folgenden jährlichen Absatzmengen: 5 000 Stück, 7 120 Stück, 10 000 Stück und 15 000 Stück.

Arbeitsauftrag 1 (analysieren)
Analysieren Sie die vorliegende Situation im Hinblick auf die weitere Vorgehensweise. Welche Fragen müssen noch geklärt werden bzw. welche Informationen benötigen sie.

Lernsituation 10.4

Arbeitsauftrag 2 (informieren)
Informieren Sie sich in Ihrem Lehrbuch „BüroWelt 2" über das Thema „Das Gesetz der Massenproduktion".

LF 10, 7.5

Arbeitsauftrag 3 (planen und durchführen)
Erstellen Sie eine Excel-Tabelle (unter Eingabe geeigneter Funktionen und Formeln), die den Vorgaben von Herrn Fernandez entspricht, und berechnen Sie die Stückkosten für die vier Absatzzahlen.

Stückkosten für das Produkt	Schredder King			
Situation	1	2	3	4
Hergestellte Menge in Stück	5000	7120	10000	15000
variable Kosten je Stück	130,00 €			
variable Kosten pro Jahr				
fixe Kosten pro Jahr	142.400,00 €			
Gesamtkosten [1]				
Stückkosten [2]				

[1] Summe aus variablen und fixen Kosten
[2] Gesamtkosten durch die hergestellte Menge

Arbeitsauftrag 4 (bewerten und beurteilen)
Erläutern Sie anhand der o. g. Ergebnisse das „Gesetz der Massenproduktion" und beurteilen Sie mithilfe des konkreten Falles die unterschiedliche Höhe der verschiedenen Stückkosten.

Arbeitsauftrag 5 (reflektieren)
a) Reflektieren Sie allgemein den betriebswirtschaftlichen Nutzen dieser Berechnungen und den Nutzen, den der Einsatz einer solchen Excel-Tabelle für Ihr Unternehmen mit sich bringt.

b) In welchen Fällen trifft das „Gesetz der Massenproduktion" nicht zu?

c) Welche Rolle spielen, bezogen auf die Lernsituation „Schredder King", das Engagement, die Einstellung und der Einsatz des Mitarbeiters?

Lernfeld 10

Vertiefende Aufgaben

Ausgangssituation

Sie haben sich in den letzten Wochen gut eingearbeitet und betreuen das Projekt „Schredder King" mit viel Routine. Eine Kollegin ist erkrankt und Sie sollen nun für einige Tage auch alle Aufträge zum Gerät „ThunderStorm" betreuen. Aktuell haben Sie die folgenden Informationen von der Kollegin erhalten (siehe auch vertiefende Aufgaben LS 10.3).

Das Gerät wird zu einem Listeneinkaufspreis von 345,27 € eingekauft. Es können 15 % Rabatt und 2 % Skonto abgezogen werden. Die Bezugskosten betragen 12,00 € für das Gerät. Zudem betragen die Handlungskosten 35 % (30 % der Handlungskosten sind fix, 5 % sind variabel), der Gewinn wurde mit 5 % ermittelt. Das Gerät wird am Markt zum Listenverkaufspreis von 489,00 € angeboten, dazu werden 10 % Kundenrabatt und 1,5 % Skonto gewährt. Ebenso müssen 2 % Vertreterprovision gezahlt werden.

Ihnen liegen nun drei neue Anfragen von Stammkunden vor. Alle haben individuelle Preisvorstellungen, die leider unter dem o. g. Marktpreis liegen. Sie sollen zunächst alle Berechnungen durchführen und anschließend beurteilen, welche Aufträge Sie annehmen und welche Sie ablehnen.

1. Anfrage: Frohn KG
   angefragte Menge: 50 Stück, angebotener Listenverkaufspreis 469,00 €, die Rabatt- und Skontokonditionen sollen beibehalten (müssen also noch abgezogen) werden.

2. Anfrage: Intermöbel GmbH
   angefragte Menge: 1 000 Stück, angebotener Preis 399,00 € (auf Rabatt und Skonto würde der Kunde bei diesem Preis verzichten; Provision muss aber gezahlt werden).

3. Anfrage: Rhenag GmbH, vertreten durch den Ihnen bereits bestens bekannten geschmeidigen Chefeinkäufer Herrn Wieluke
   angefragte Menge: 500 Stück, angebotener Listenverkaufspreis 449,00 € (Rabatt wird erbeten, Herr Wieluke würde aber auf Skonto verzichten; die Provision muss gezahlt werden).

Lernsituation 10.4

Aufgabe 1

Ermitteln Sie zunächst die Gewinne (oder Verluste) zu den drei Anfragen mithilfe des Kalkulationsschemas. Nutzen Sie dazu ggf. die von Ihnen bereits erstellte Excel-Datei (siehe unten).

Listeneinkaufspreis Kunde angefragte Menge erwarteter Nettopreis		345,27 €		
		Frohn KG	**Intermöbel GmbH**	**Rhenag GmbH**
Listeneinkaufspreis				
− Liefererrabatt	15,0 %			
= Zieleinkaufspreis				
− Liefererskonto	2,0 %			
= Bareinkaufspreis				
+ Bezugskosten	12,00 €			
= Bezugspreis				
+ Handlungskosten	35,0 %			
= Selbstkosten				
+ Gewinn/Verlust				
= Barverkaufspreis				
+ Kundenskonto	1,5 %			
+ Vertreterprovision	2,0 %			
= Zielverkaufspreis				
+ Kundenrabatt	10,0 %			
= Listenverkaufspreis				
= Listenverkaufspreis pro Stück				

Aufgabe 2

a) Führen Sie für die drei Anfragen eine Gesamtdeckungsbeitragsrechnung und eine Stückdeckungsbeitragsrechnung durch. Berücksichtigen Sie, dass 5 % der Handlungskosten variabel sind. Erstellen Sie dazu eine Excel-Tabelle (unter Eingabe geeigneter Funktionen und Formeln) nach folgendem Vorbild:

Kunde		**Frohn KG**	**Intermöbel GmbH**	**Rhenag GmbH**
Erlöse (gesamt)				
− variable Kosten (Bezugspreis)				
− variable Handlungskosten	5 %			
Gesamtdeckungsbeitrag				

Stückdeckungsbeitragsrechnung				
angefragte Menge				
Erlöse je Stück				
− variable Stückkosten				
Stückdeckungsbeitrag				

b) Ermitteln Sie die Preisuntergrenze für das Gerät „ThunderStorm".

Lernfeld 10

c) Beurteilen Sie, unter welchen Bedingungen Sie …
   1. alle drei Aufträge annehmen würden.
   2. alle drei Aufträge ablehnen würden.
   3. nur das Angebot der Intermöbel GmbH annehmen würden.

Aufgabe 3

Das Produkt „ThunderStorm" ist erst seit kurzer Zeit im Sortiment. Es entwickelt sich gut, aber es fehlen noch betriebswirtschaftliche Daten zu dem Gerät. Herr Falo möchte von Ihnen noch verschiedene Informationen zum „ThunderStorm" haben.

a) Berechnen Sie die Absatzmenge pro Monat und pro Jahr, bei der sich ein Gewinn einstellen würde (Break-even-Analyse), ausgehend von den folgenden Daten: dem Listenverkaufspreis von 489,00 € (Barverkaufspreis 424,70 €) und dem Bezugspreis von 299,61 €. Herr Fernandez liefert Ihnen die Daten zu den Handlungskosten: 5 % (vom Bezugspreis) der Handlungskosten sind variabel. Die fixen Kosten werden wie beim „Schredder King" mit 60.000,00 € pro Jahr angesetzt. Nutzen Sie die von Ihnen bereits entwickelte Excel-Tabelle und verändern Sie diese entsprechend.

	Produkt	ThunderStorm	Einheit
	Erlös		je Stück
−	variable Kosten (Bezugspreis)		je Stück
−	variable Handlungskosten 5 %		
	Stückdeckungsbeitrag		je Stück
	fixe Kosten	pro Monat	pro Jahr
	fixe Handlungskosten		
	Gewinnschwellenmenge		

Lernsituation 10.4

b) Ermitteln Sie die Stückkosten (variable, fixe und gesamte) bei den folgenden jährlichen Absatzzahlen: 200 Stück, 500 Stück, 1000 Stück, 2000 Stück. Nutzen bzw. verändern Sie die bereits von Ihnen erstellte Excel-Tabelle nach dem folgenden Muster:

Stückkosten für das Produkt	ThunderStorm			
Situation	1	2	3	4
Hergestellte Menge in Stück	200	500	1000	2000
variable Kosten je Stück	314,59 €			
variable Kosten pro Jahr				
fixe Kosten pro Jahr	60.000,00 €			
Gesamtkosten[1]				
Stückkosten[2]				

[1] Summe aus variablen und fixen Kosten
[2] Gesamtkosten durch die hergestellte Menge

c) Beurteilen Sie, welchen Nutzen diese Informationen haben …
  1. für Herrn Falo als Gesellschafter des Unternehmens,
  2. für Herrn Fernandez als Leiter der Abteilung Rechnungswesen und
  3. für Sie als Mitarbeiter, der für dieses Produkt aktuell verantwortlich ist.

LernFeld 11

Geschäftsprozesse darstellen und optimieren

Lernsituationen

Lernfeld 11

Lernsituation 11.1
Leitungssysteme der Duisdorfer BüroKonzept KG darstellen und analysieren

Der rote Faden
- Ein „historisches" Organigramm erstellen
- Das bestehende Organigramm analysieren
- Unterschiedliche Leistungssysteme vergleichen

Ausgangssituation

Sie sind zurzeit bei der Inhaberin der Stabsstelle Öffentlichkeitsarbeit, Frau Dmitrijew, eingesetzt. In der Unternehmenszeitung, die auch an Kunden und Lieferanten ausgehändigt wird, soll die Entwicklung der Unternehmensorganisation der Duisdorfer BüroKonzept KG dargestellt und erläutert werden. Sie werden damit beauftragt, zunächst das Organigramm der Unternehmung zur Zeit der Gründung zu erstellen. Dieses „historische" Organigramm soll anschließend mit der aktuellen Organisationsstruktur vergleichend dargestellt werden.

Nachfolgend sind die historische Entwicklung und die Organisationsstruktur der Duisdorfer BüroKonzept KG beschrieben:

Die Duisdorfer BüroKonzept KG wurde am 1. Januar 2005 von den Komplementären Katharina Niester und Sebastian Falo sowie den Kommanditisten Beate Keller-Rössler und Matthias Suttner gegründet. Im Laufe der Unternehmensentwicklung wurden das Produktionsprogramm und das Sortiment an Handelswaren mit der gestiegenen Anzahl von Kunden ausgeweitet, um deren Wünschen zu entsprechen. Auch die Beratung in Fragen der Büroorganisation wurde umfangreicher und zeitintensiver. Im Jahr 2005 waren nur 15 Mitarbeiter und ein Auszubildender bei der Duisdorfer BüroKonzept KG beschäftigt.

Herr Sebastian Falo und Frau Katharina Niester führten die Geschäfte der Duisdorfer BüroKonzept KG. Auf der zweiten Hierarchieebene waren die Abteilungen Beschaffung, Produktion und Lager/Versand angesiedelt. Die Abteilung Beschaffung wurde damals von Frau Beckmann geleitet. Sie wurde von Herrn Beck unterstützt, der das Unternehmen zwischenzeitlich verlassen hat. Die Abteilung Beschaffung war nicht unterteilt. In der Abteilung Produktion waren insgesamt zehn Mitarbeiter tätig, die von Herrn Langner angeleitet wurden. Auch die Abteilung Produktion war nicht weiter untergliedert. Die Aufgaben in der „Ein-Mann-Abteilung" Lager/Versand wurden von dem mittlerweile pensionierten Herrn Müller ausgeführt. Die Aufgaben im Bereich des Vertriebs und der Verwaltung wurden von den Geschäftsführern durchgeführt. Stabsstellen waren nicht vorhanden.

Arbeitsauftrag 1 (orientieren und analysieren)
Lesen Sie sich die Ausgangssituation durch und klären Sie aufkommende Fragen.

Arbeitsauftrag 2 (informieren)
Informieren Sie sich in Ihrem Lehrbuch „BüroWelt 2" über unterschiedliche Leitungssysteme. Analysieren Sie dazu auch die in der Ausgangssituation dargestellte Organisationsstruktur und vergleichen Sie diese mit der aktuellen Organisationsstruktur der Duisdorfer BüroKonzept KG.

LF 11,1

Arbeitsauftrag 3 (planen)
Planen Sie die Erstellung des „historischen" Organigramms.

Überlegen Sie, welche Gründe zu der aktuellen Organisationsstruktur geführt haben könnten. Machen Sie sich Gedanken, inwieweit mit der aktuellen Organisationsstruktur ein verbesserter Informationsfluss, ein effizienterer Einsatz der Ressourcen Mitarbeiter und Maschinen, eine Erhöhung der Kundenzufriedenheit und eine Senkung der Kosten der Duisdorfer BüroKonzept KG erreicht wurde.

Arbeitsauftrag 4 (durchführen)
a) Erstellen Sie mit MS PowerPoint das Organigramm, welches direkt nach der Gründung der Duisdorfer BüroKonzept KG Gültigkeit hatte. Verwenden Sie dafür die historische Unternehmensbeschreibung und die Informationen aus Ihrem Lehrbuch „BüroWelt 2".

LF 11,1

b) Stellen Sie in einem zweiten Schritt die Vor- und Nachteile der aktuellen zur historischen Organisationsstruktur dar. Gehen Sie bei der Unterscheidung der Organisationsformen insbesondere auf die Unterschiede zwischen dem einfachen Einlinien- und dem Stabliniensystem ein. Kriterien für die Unterscheidung können Fluss der Kontrollinformationen, die Ressourcen Mitarbeiter und Maschinen, die Kundenzufriedenheit und die Kosten der Duisdorfer BüroKonzept KG sein.

Arbeitsauftrag 5 (reflektieren und bewerten)
Arbeiten Sie zusammen mit Ihrem Tischnachbarn. Vergleichen Sie Ihre Ergebnisse und diskutieren Sie Unterschiede und Gemeinsamkeiten. Einigen Sie sich auf ein gemeinsames Ergebnis.

Vertiefende Aufgaben

Aufgabe 1
Erläutern Sie, nach welchem Prinzip die Duisdorfer BüroKonzept KG ihre Organisationsstruktur im Rahmen der Aufgabensynthese verändern könnte, um sich stärker auf die einzelnen Produktgruppen zu konzentrieren und so möglicherweise auf Kundenwünsche schneller reagieren zu können. Stellen Sie weitere Vor- und Nachteile dar und vergleichen Sie die Organisationsstruktur mit dem aktuellen Stabliniensystem in Bezug auf Informationsfluss, die Ressourcen Mitarbeiter und Maschinen, die Kundenzufriedenheit und die Kosten für die Duisdorfer BüroKonzept KG.

Aufgabe 2
Erklären Sie die Vor- und Nachteile des Mehrliniensystems (als Mischform aus Einlinien- und Spartenorganisation) und der Matrixorganisation in Bezug auf den Informationsfluss, die Ressourcen Mitarbeiter und Maschinen, die Kundenzufriedenheit und die Kosten für die Duisdorfer BüroKonzept KG.

Aufgabe 3
Erläutern Sie den von Ihnen präferierten Führungsstil bei der Duisdorfer BüroKonzept KG. Gehen Sie dabei insbesondere auf die Kommunikation, die Motivation der Mitarbeiter und die Dauer der Entscheidungsfindung ein.

Aufgabe 4
Diskutieren Sie die unterschiedlichen Managementtechniken. Stellen Sie den Zusammenhang zum kooperativen Führungsstil dar und erläutern Sie die Auswirkungen der unterschiedlichen Managementtechniken auf die Kommunikation innerhalb der Duisdorfer BüroKonzept KG und die Motivation der Mitarbeiter.

Lernfeld 11

Lernsituation 11.2
Geschäftsprozesse visualisieren und kontinuierlich verbessern

Der rote Faden
- Ist-Zustände eines Geschäftsprozesses aufnehmen (Ist-Aufnahme)
- Geschäftsprozesse mithilfe von Flussdiagramm und erweiterter ereignisgesteuerter Prozesskette (eEPK) visualisieren
- Schwachstellen in Geschäftsprozessen analysieren
- Optimierungsvorschläge zu Geschäftsprozessen unterbreiten
- Geschäftsprozesse kontinuierlich verbessern
- Zertifikate für Geschäftsprozesse erhalten

Ausgangssituation

Sie sind bei Herrn Lerch in der Stabsstelle Qualitätssicherung eingesetzt. Herr Lerch berichtet Ihnen, dass es in den vergangenen Wochen vermehrt zu Beschwerden von Kunden gekommen ist. Die Kunden bemängelten, dass Bestellungen insbesondere für Büroartikel (Handelswaren) häufig verspätet ausgeliefert wurden.

Es wurden bereits erste Recherchen nach den Gründen des Problems durchgeführt. Hierbei werden als Ursache für die verspätete Auslieferung von Büroartikeln Schwachstellen im Geschäftsprozess der Beschaffung vermutet.

Arbeitsauftrag 1 (orientieren, analysieren, informieren)

Informieren Sie sich in Ihrem Lehrbuch „BüroWelt 2" über die unterschiedlichen Arten von Geschäftsprozessen. Analysieren Sie, um welche Art von Geschäftsprozess es sich bei der der Duisdorfer BüroKonzept KG in der Ausgangssituation handelt. Grenzen Sie den Geschäftsprozess schriftlich von anderen Arten von Geschäftsprozessen ab. Definieren Sie in diesem Zusammenhang den Begriff „Geschäftsprozess" mit Ihren eigenen Worten.

Arbeitsauftrag 2 (planen)

a) Planen Sie die Schritte zur (kontinuierlichen) Optimierung des Geschäftsprozesses. Diskutieren Sie in einer „Murmelrunde" mit Ihrem Tischnachbarn das grafische Schema. Nutzen Sie dazu Ihr Lehrbuch „BüroWelt 2".

b) Entscheiden Sie sich für eine Möglichkeit der „Aufnahme des Ist-Zustandes" des Geschäftsprozesses (Ist-Aufnahme). Begründen Sie die von Ihnen gewählte Möglichkeit unter Berücksichtigung der Ausgangssituation. Grenzen Sie diese Form der Ist-Aufnahme von den weiteren Möglichkeiten der Ist-Aufnahme ab.

Lernsituation 11.2

Erweiterte Ausgangssituation
Im Rahmen der Ist-Aufnahme wurde der folgende Geschäftsprozess schriftlich fixiert:

Bei Eingang einer Bestellung eines Kunden von Büroartikeln in der Abteilung Vertrieb wird von Herrn Hummels oder Frau Neuendorf zunächst die Kundendatei geprüft. Anschließend wird eine handschriftliche Bestandsanfrage ausgefüllt und an die Abteilung Lager und Versand geschickt. Der Versand des Formulars an die Abteilung Lager und Versand und wieder zurück an die Abteilung Vertrieb erfolgt über die interne Betriebspost. Die Betriebspost wird einmal täglich ab 9:00 Uhr ausgetragen.

Nach Eintreffen der Bestandsanfrage in der Abteilung Lager und Versand prüft die Mitarbeiterin in dieser Abteilung, Frau Berg, ob der Lagerbestand des Büroartikels in ausreichender Menge vorhanden ist. Ist der für die Bestellung des Kunden erforderliche Bestand nicht in ausreichender Menge im Lager vorhanden, erstellt Frau Berg eine handschriftliche Bedarfsmeldung. Diese schickt sie mit der Betriebspost an die Abteilung Beschaffung. Eine Nachricht über die verspätete Lieferung an den Kunden findet in der Regel nicht statt.

Nach Eingang der Bedarfsmeldung in der Abteilung Beschaffung bestellt die Mitarbeiterin, Frau Elling, beim Standardlieferanten die erforderliche Menge der Handelsware. Da Frau Elling in den vergangenen Wochen häufig erkrankt war, sind die Bedarfsmeldungen dann „liegen geblieben". Diese konnten erst nach Gesundung von Frau Elling bearbeitet werden. Die Bearbeitung der Bedarfsmeldung erfolgt, indem Frau Elling eine Bestellung in Word schreibt und diese handschriftlich im Bestellbuch einträgt. Die Bestellung wird anschließend der Bereichsleiterin Beschaffung, Frau Beckmann, zur Kontrolle vorgelegt. Nach Bestätigung durch Frau Beckmann wird die Bestellung von Frau Elling an den Lieferer versendet. Die Kopie der Bestellung wird anschließend abgeheftet.

Nach Eintreffen der Büroartikel im Lager wird die Handelsware von der Mitarbeiterin der Abteilung Lager und Versand, Frau Berg, geprüft. Die ordnungsgemäße Lieferung wird dem Lieferer auf dem Lieferschein quittiert. Der Lieferschein wird anschließend mit der Betriebspost zur Abteilung Beschaffung/Handelswaren versendet. Frau Elling vergleicht den Lieferschein (häufig einen Tag nach Bestelleingang) mit der Kopie der Bestellung und verschickt ihn mit der Betriebspost zur endgültigen Ablage an die Abteilung Lager und Versand. Anschließend wird die Bestellung des Kunden kommissioniert. Abschließend werden Lieferschein und Rechnung geschrieben und mit der Ware versendet.

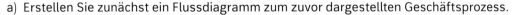

Arbeitsauftrag 3 (durchführen)

Nutzen Sie für die Bearbeitung der Arbeitsaufträge auch die Informationen in Ihrem Lehrbuch „BüroWelt 2". Arbeiten Sie zusammen mit Ihrem Tischnachbarn.

LF 11

a) Erstellen Sie zunächst ein Flussdiagramm zum zuvor dargestellten Geschäftsprozess.

b) Erstellen Sie eine eEPK zum zuvor dargestellten Geschäftsprozess. Stellen Sie anschließend die wesentlichen Unterschiede zwischen einem Flussdiagramm und einer eEPK schriftlich dar.

c) Führen Sie eine Schwachstellenanalyse zum dargestellten Geschäftsprozess durch, um die beschriebenen Beschwerden von Kunden zukünftig zu vermeiden. Nennen und erläutern Sie die identifizierten Schwachstellen als tabellarische Darstellung oder stichpunktartig im Textverarbeitungsprogramm Word. Legen Sie verbesserungswürdige Teilprozesse fest.

d) Entwickeln Sie im Team Optimierungsvorschläge für den dargestellten Geschäftsprozess. Bereiten Sie diese so auf, dass sie anschließend im Rahmen einer Besprechung von Ihnen vorgestellt werden können.

Lernfeld 11

e) Fertigen Sie vor der Simulation der Besprechung im Textverarbeitungsprogramm Word ein Besprechungsprotokoll an. Verwenden Sie für das Besprechungsprotokoll eine Dokumentenvorlage, die Sie zuvor im Textverarbeitungsprogramm Word erstellen. Nutzen Sie für die Bearbeitung des Arbeitsauftrags auch die Informationen in Ihrem Lehrbuch BüroTechnik.

f) Simulieren Sie im Plenum oder in der Gruppe eine Besprechung, in der Sie Ihre Ergebnisse vorstellen. Nicht beteiligte Schüler protokollieren die Besprechung.

g) Erstellen Sie auf Basis Ihrer Optimierungsvorschläge eine überarbeitete eEPK.

h) Entwickeln Sie im Team ein Konzept, wie der beschriebene Geschäftsprozess und auch andere Geschäftsprozesse der Duisdorfer BüroKonzept KG kontinuierlich verbessert werden können.

i) Informieren Sie sich über die Möglichkeiten und den Ablauf einer externen Zertifizierung im Rahmen des Qualitäts-/Umweltmanagements (z. B. EN ISO 9001, EN ISO 14001, EMAS). Diskutieren Sie in Ihrem Team, warum sich viele Betriebe einer aufwendigen und kostspieligen Zertifizierung unterziehen (Zukunftssicherung, Markterfordernis, rechtliche Verpflichtung usw.).

Arbeitsauftrag 4 (bewerten und reflektieren)

a) Überlegen Sie zunächst in **Einzelarbeit**, inwieweit der in Ihrer Gruppe erarbeitete Optimierungsvorschlag realisierbar ist und von den Mitarbeitern, Kunden und der Abteilungsleitung/Geschäftsführung akzeptiert werden könnte. Beurteilen Sie den Optimierungsvorschlag auch im Hinblick auf eine Kosteneinsparung, den Ressourceneinsatz, die Arbeitsplatzsicherheit und die Kundenzufriedenheit.

b) Reflektieren Sie anschließend in Ihrem **Team** die Auswirkungen der ergriffenen Maßnahmen. Berücksichtigen Sie dabei die Perspektiven der Kunden und der Mitarbeiter. Bewerten Sie Ihren Optimierungsprozess auch unter dem Aspekt der Nachhaltigkeit und des Umweltschutzes (z. B. Einsparung von Papier).

c) Bewerten Sie in **Einzelarbeit** Ihren eigenen Anteil an der Verbesserung des Geschäftsprozesses und Ihre Arbeit im Team. Nehmen Sie dabei Bezug auf die getroffenen Maßnahmen und Absprachen, die erstellte Dokumentation und Ihr Kommunikationsverhalten. Denken Sie über Ihre Stärken und Schwächen sowie Ihre Leistungen im Team nach. Überlegen Sie, wie Sie zukünftig ihre Arbeitsweise optimieren können. Holen Sie sich anschließend Feedback von Ihren **Teammitgliedern** ein und überprüfen Sie Ihre Selbstwahrnehmung.

Vertiefende Aufgaben

Aufgabe 1
Benennen Sie drei Geschäftsprozesse, die an Ihrem Arbeitsplatz oder in Ihrem Betrieb auftreten. Berücksichtigen Sie dabei auch das Zielsystem Ihres Betriebes und unterscheiden Sie Kern- und Unterstützungsprozesse. Stellen Sie **einen** Geschäftsprozess ausführlich als eEPK (wahlweise in ARIS Express oder PowerPoint) dar und stellen Sie in diesem Zusammenhang die Kundenorientierung und Geschäftsprozessorientierung als Leitgedanken eines modernen Betriebes heraus.

Aufgabe 2
a) Stellen Sie mögliche „Abläufe einer Zertifizierung" von Geschäftsprozessen dar und nennen Sie unterschiedliche Zertifizierungsstellen. Nutzen Sie für Ihre Recherche das Internet.

b) Versetzen Sie sich in die Rolle des Mitarbeiters einer Zertifizierungsstelle und erstellen Sie für einen ausgewählten Geschäftsbereich Ihres Unternehmens ein fiktives Zertifikat im Textverarbeitungsprogramm Word.

Aufgabe 3

a) Stellen Sie den Geschäftsprozess der nachfolgend dargestellten EPK mit eigenen Worten schriftlich dar.

b) Übernehmen Sie die EPK anschließend (wahlweise in ARIS), vervollständigen Sie die EPK. Ergänzen Sie die EPK anschließend um die „Organisationssicht" und die „Informationssicht".

c) Erläutern Sie die Vorteile der eEPK gegenüber der einfachen EPK.

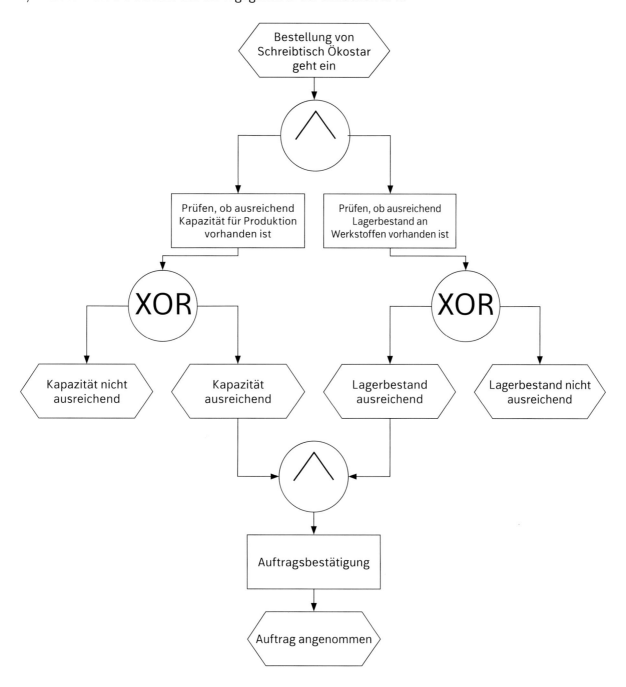

Aufgabe 4

Erstellen Sie zum nachfolgend dargestellten Geschäftsprozess eine eEPK:

Erreicht oder unterschreitet, die in der Abteilung Lager und Versand vorhandene Menge einer Ware oder eines Werkstoffes den Meldebestand, schreibt die Abteilung Lager und Versand automatisiert eine Bedarfsmeldung und sendet diese an die Abteilung Beschaffung.

Lernfeld 11

Die Abteilung Beschaffung bestellt entweder direkt beim Hauptlieferanten oder holt Angebote ein, indem die Abteilung zunächst Anfragen schreibt und diese anschließend an potentielle Lieferer verschickt. Nach Eintreffen der Angebote in der Abteilung Beschaffung, führt diese einen Angebotsvergleich durch mit dem Ziel, den optimalen Lieferer herauszufinden. Der preisgünstigste Anbieter wird ermittelt. Neben dem Preis können auch die Qualität, der Liefertermin oder eine gute und lange Geschäftsbeziehung die Wahl des Lieferers beeinflussen. Anschießend wird die Bestellung an den Lieferer geschrieben und an den Lieferer versandt.

Nach Eintreffen der Lieferung und des Lieferscheins in der Abteilung Lager und Versand, wird die Empfangsadresse überprüft sowie der äußerliche Zustand der Verpackung begutachtet. Eventuelle Beschädigungen der Verpackung oder die ordnungsgemäße Lieferung werden auf dem Lieferschein notiert. Dann überprüft der Lagermitarbeiter stichprobenartig die Ware auf Mängel und sortiert sie anschließend ein. Der Warenzugang wird erfasst und der neue Bestand berechnet.

Nachdem die Rechnung des Lieferers bei der Abteilung Beschaffung eingetroffen ist, wird sie auf sachliche und rechnerische Richtigkeit geprüft. Unter anderem wird sie mit der Bestellung und dem Lieferschein verglichen. Die sachliche und rechnerische Richtigkeit wird mit einem Vermerk auf der Rechnung (Rechnungsprüfungsstempel) bestätigt. Die Rechnung wird an die Abteilung Rechnungswesen weitergeleitet.

In der Abteilung Rechnungswesen wird die Rechnung zur Zahlungsüberwachung erfasst und anschließend vorkontiert. Nun wird die Rechnung buchhalterisch erfasst. Am Zahlungstermin wird der Rechnungsbetrag an den Lieferer überwiesen. Die Duisdorfer BüroKonzept KG nimmt, wenn es möglich und sinnvoll ist, Skonto in Anspruch. Einen Tag später liegt der Abteilung Rechnungswesen der Kontoauszug vor. Dieser wird mit einem Kontierungsstempel versehen und vorkontiert. Anschließend wird der Kontoauszug buchhalterisch erfasst. Der Kontoauszug und die Rechnung werden abgeheftet.

Aufgabe 5

Nachfolgend ist eine unvollständige eEPK dargestellt, die den Prozess nach Eingang einer Kundenbestellung abbildet.

a) Füllen Sie die Symbole für die fehlenden Ereignisse, Funktionen und Operatoren aus.

b) Ergänzen Sie fehlende Operatoren.

c) Ergänzen Sie die fehlende/n Verbindungslinie/n (Kontrollfluss).

Lernsituation 11.2

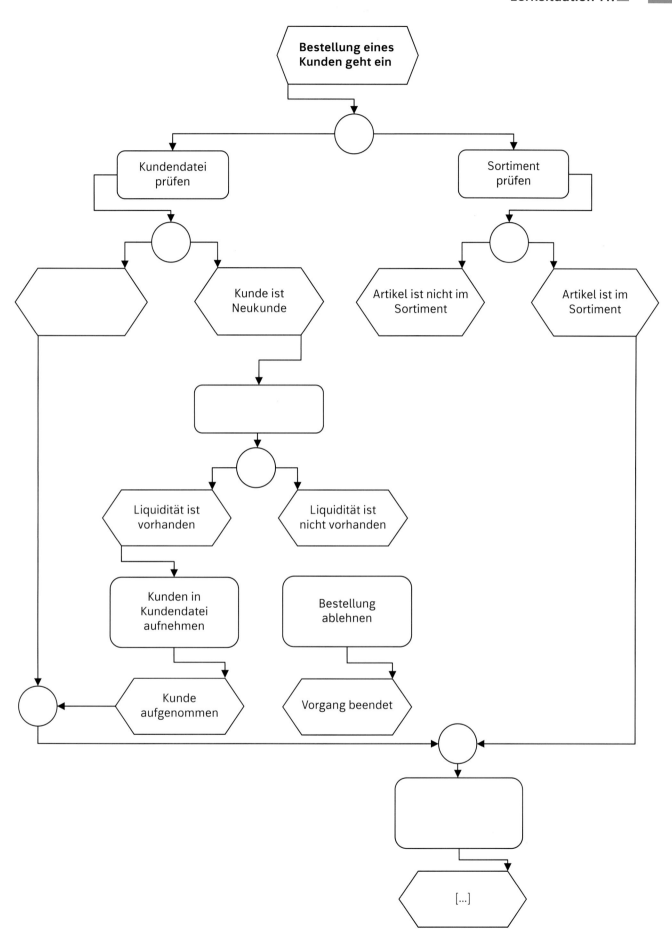

LernFeld 12

Veranstaltungen und Geschäftsreisen organisieren

Lernsituationen

Lernfeld 12

Lernsituation 12.1
Eine Hausmesse zur Präsentation einer neuen Produktlinie aus FSC-zertifiziertem Holz wird vorbereitet

Der rote Faden
- Eine vorbereitende Sitzung durchführen
- Eine Hausmesse planen
- Arbeitsschritte in Besprechungen koordinieren

Ausgangssituation

Seit einiger Zeit arbeiten Sie bei Frau Engler in der Verwaltung. Regelmäßig werden kurze Besprechungen durchgeführt, um die aktuellen Tagesaufgaben zu besprechen. Im letzten Zusammentreffen erläuterte sie Ihnen, dass sie gemeinsam mit Frau Dimitrijew, zuständig für die Öffentlichkeitsarbeit, geplant hat, in naher Zukunft eine Hausmesse zu veranstalten. Diese soll einen Zeitraum von ein bis zwei Tagen umfassen.

Wesentliches Ziel dieser Veranstaltung ist es, die neue Produktlinie und das damit verbundene neue Engagement in Fernost bekannt zu machen. Seit kurzer Zeit werden Möbel aus FSC-zertifiziertem Holz in der Duisdorfer BüroKonzept KG produziert. Damit sollen eine nachhaltige umwelt- und sozialverträgliche Holzwirtschaft unterstützt und Kleinbauern und Kleinproduzenten, die die Kriterien erfüllen, gefördert werden. Dieses besondere Handeln gelingt gemeinsam

- mit dem langjährigen Lieferanten Opitz AG,
- einem Experten und Vermittler aus Vietnam, Herr Lê Minh Triết und
- einem Mitarbeiter des WWF Laos.

Die Vorbereitung der Hausmesse soll von Ihnen und Ihren Kolleginnen und Kollegen durchgeführt werden. Zu diesem Zweck hat Frau Engler in der vergangenen Woche eine Einladung zu einer gemeinsamen Sitzung an die Teilnehmer verschickt.

Arbeitsauftrag 1 (orientieren)

Orientieren Sie sich sorgfältig anhand der vorliegenden Informationsmaterialien über die zu lösende Problemstellung. Bereiten Sie sich inhaltlich vor, damit die geplante Sitzung effektiv durchgeführt werden kann.

Arbeitsauftrag 2 (informieren)

LF 12, 1ff.

Informieren Sie sich in Ihrem Lehrbuch „BüroWelt 2" über das Thema „Planung, Durchführung und Nachbereitung von Veranstaltungen".

LF 2

Außerdem wiederholen Sie im Lehrbuch „BüroWelt 1" die folgenden Kapitel:
- „Methoden des Zeitmanagements"
- „Terminarten"
- „Protokollarten".

Lernsituation 12.1

Arbeitsauftrag 3 (planen)

Führen Sie die Sitzung durch, um die Planung der Hausmesse vorzubereiten.

a) Bestimmen Sie einen Sitzungsleiter, der die Veranstaltung effektiv und zeitökonomisch leitet.

b) Der Sitzungsleiter bittet einen Teilnehmer, ein Ergebnisprotokoll zu erstellen.

c) Erstellen Sie in der Sitzung einen Arbeitsplan:
   - Identifizieren Sie die zu erledigenden Aufgaben.
   - Bestimmen Sie Verantwortliche für die Bearbeitung der Aufgaben; dabei ist Gruppen-, Partner- oder Einzelarbeit möglich.
   - Treffen Sie Terminvereinbarungen, bis wann Aufgaben erledigt sein sollen, und halten Sie diese schriftlich in geeigneter Form fest.

d) Halten Sie in sinnvollen Abständen kurze Besprechungen ab, zu denen der Sitzungsleiter oder ein Mitarbeiter, dem dies notwendig erscheint, in geeigneter Weise einlädt. Die Besprechungen dienen dem Informationsaustausch und der Abstimmung.

Arbeitsauftrag 4 (durchführen)

a) Während der Sitzung erstellt der Protokollführer das Ergebnisprotokoll und stellt es anschließend den Teilnehmern zur Verfügung.

b) Anschließend erledigen Sie anhand des vereinbarten Arbeitsplanes die notwendigen Planungsschritte für eine erfolgreiche Durchführung der Hausmesse.

c) Erstellen Sie zu diesem Zweck Checklisten, die Ihnen die Planung der Hausmesse erleichtern.

d) Schreiben Sie, wenn dies nicht eine gesonderte Arbeitsgruppe übernommen hat,
   - Einladungen an Referenten und die übrigen Teilnehmer, wie z. B. Opitz AG, Kunden etc.
   - Einladungen an wichtige Kunden im Ausland in englischer Sprache. Nutzen Sie hierfür unten stehende Informationen.
   - ein Veranstaltungsprogramm in ansprechender Form.
   Verwenden Sie – wenn möglich – ein Textverarbeitungsprogramm und speichern Sie die Dateien unter BM_LS12.1_Einladung, BM_LS12.1_Invitation und BM_LS12.1_Programm.

Arbeitsauftrag 5 (bewerten und reflektieren)

Tragen Sie die Ergebnisse in einer Abschlussbesprechung zusammen. Überdenken Sie den Ablauf kritisch. Prüfen Sie, ob jeder Schritt durchdacht und geplant ist und ob eventuell Puffer oder Notfallpläne eingebaut werden müssen. Überarbeiten Sie die notwendigen Aspekte, sodass auch für nachfolgende Veranstaltungen die notwendigen Checklisten vorbereitet sind.

Abteilungsleitung Kaufmännische Verwaltung
Frau Engler

Öffentlichkeitsarbeit Frau Dimitrijew
und Mitarbeiter der Kaufmännischen Verwaltung

Bonn, 13. Januar 20..

Einladung zur Abteilungssitzung

Liebe Kolleginnen und Kollegen,

zur vorbereitenden Planung einer Hausmesse lade ich Sie zu einer Sitzung ein, die

**am Montag, 20. Januar 20..
um 9:00 Uhr
im Besprechungsraum E.15**

stattfindet. Die Sitzung wird ca. 1,5 Stunden in Anspruch nehmen.

Folgende Tagesordnungspunkte sind vorgesehen:

1. Präsentation der neuen Produktlinie aus FSC zertifiziertem Walnussholz
2. Terminierung der geplanten Hausmesse zur Präsentation der Produktlinie
3. Ideensammlung für die Hausmesse
4. Aufgabenverteilung für die Planung der gesamten Hausmesse

Ich freue mich auf Ihre Ideen.

Mit freundlichen Grüßen

H. Engler

Abteilungsleitung
Kaufmännische Verwaltung

Anlagen
Informationsmaterial

Lernsituation 12.1

Auzubildende/r

Von:	h.engler@duisdorfer-bueko.de
Gesendet:	19. Januar 20.. 09:15
An:	auszubildende/r@duisdorfer-bueko.de
Betreff:	Sitzung zur Vorbereitung der Hausmesse

Liebe Frau ... / Lieber Herr...,

unglücklicherweise fühle ich mich heute so unwohl, dass ich befürchte, morgen bei unserer Sitzung nicht teilnehmen zu können. Deshalb müssen Sie das Ganze in die Hand nehmen. Es ist alles soweit vorbereitet. Zur Erinnerung hier die wesentlichen Punkte:

Zu TOP 1:
Sie müssen es nun übernehmen, die Kolleginnen und Kollegen über die Produktlinie und die von uns verfolgte Intention zu berichten. Wir wollen eine nachhaltige umwelt- und sozialverträgliche Holzwirtschaft unterstützen. Das umfassende Informationsmaterial liegt Ihnen und den anderen bereits vor. Fassen Sie das Wesentliche in Ihrem Vortrag zusammen.

- Seit Anfang Januar produzieren wir nun die Schreibtische aus FSC-zertifiziertem Walnussholz (juglans mandshurica) aus dem Mekong (Laos, Vietnam, Kambodscha). Die Produktlinie besteht bisher aus drei Schreibtischen in unterschiedlichen Größen (140 x 80 / 160 x 80 / 180 x 90). In Kooperation mit unserem Lieferanten Opitz AG wird das Holz importiert.
- Unsere Kontaktperson in Vietnam:

   Herr Lê Minh Triết
   167 Nguyen Dinh Chieu – Q. 3,
   Ho-Chi-Minh-City

   Herr Lê Minh Triết ist Experte für FSC-zertifiziertes Holz aus der Region und hält die Kontakte zu den Kleinbauern und Kleinproduzenten. Gleichzeitig kontrolliert er die Auflagen, die für die Zertifizierung gelten. Er spricht Englisch. In einer Voranfrage vom Dezember letzten Jahres wäre er gerne bereit, uns gemeinsam mit einem Vertreter des WWF über das bisher Erreichte zu berichten.

Zu TOP 2:
Finden Sie für die geplante Hausmesse einen geeigneten Termin unter Berücksichtigung bereits feststehender Termine, Feiertage und Veranstaltungen. Entscheiden Sie, ob es eine ein- oder zweitägige Veranstaltung werden soll.

Zu TOP 3:
Neben der Präsentation unseres Unternehmens und der Produkte, insbesondere der neuen Produktlinie, soll ein Podiums- bzw. Expertengespräch durchgeführt werden. Da Herr Lê Minh Triết bereit ist, uns Frage und Antwort zu stehen, bietet das eine gute Gelegenheit, auf die Situation im Mekong und den Sinn der Zertifizierung aufmerksam zu machen. Frau Dimitrijew und ich sind uns einig, dass das Herausstellen dieser neuen Richtung unser Image als umwelt- und sozialverantwortliches Unternehmen stärken wird. Dass FSC kein Allheilmittel ist und lediglich Chancen beinhaltet, ist uns bewusst.

Die übrigen Punkte, wie z.B. Programm, Rahmenprogramm, Bewirtung, Übernachtung der Experten, Einladungsschreiben etc., kennen Sie und die morgigen Teilnehmer. Ansonsten müssen Sie sich bitte in der einschlägigen Literatur noch einmal vergewissern.

Ich bin gespannt auf Ihre Ideen und Ergebnisse, die Sie mir in der kommenden Woche präsentieren.

Viele Grüße

H. Engler

Lernfeld 12

Duisdorfer
BüroKonzept
KG

Protokoll über die Abteilungssitzung

Datum und Zeit:
Ort:
Vorsitz:
Teilnehmer:
Protokollführung:

Tagesordnung   1. Präsentation der neuen Produktlinie aus FSC-zertifiziertem Walnussholz
2. Terminierung der geplanten Hausmesse zur Präsentation der Produktlinie
3. Ideensammlung und Aufgabenverteilung für die Planung der Hausmesse

Top 1

Top 2

Top 3

Datum

Angefertigt   Für die Richtigkeit

_____   _____
Protokollführer/in   Vorsitzende/r

Verteiler
siehe Teilnehmer

Anlagen

FSC
FOREST STEWARDSHIP COUNCIL

| FSC – Was ist das? | WWF und FSC | FSC in Zahlen | GFTN / WWF WOOD GROUP |

FSC – was ist das?

FSC® steht für „Forest Stewardship Council®". Es ist ein internationales Zertifizierungssystem für nachhaltigere Waldwirtschaft. Das Holz von Möbeln, Spielzeugen, Büchern, Schulheften oder Bleistiften mit FSC-Siegel kommt aus Wäldern, die verantwortungsvoller bewirtschaftet werden. Es gibt zehn weltweit gültige Prinzipien, die von allen FSC-Standards der verschiedenen Länder eingehalten werden müssen. FSC zertifiziert werden Wälder und Plantagen, die unter anderem nach strengeren ökologischen und sozialen Prinzipien bewirtschaftet werden. Das soll dazu beitragen, dass die Wälder langfristig erhalten bleiben können. Die Vorstellung ein FSC-zertifizierter Wald sei völlig unberührte Natur trifft ebenso wenig zu wie die Vorstellung aus dem Wald würde nur wenig Holz entnommen.

© WWF-Indonesia / Rizal Bukhari

Wichtigstes Ziel des FSC ist es, dass die Wälder unserer Erde gleichzeitig umweltgerechter, sozialverträglicher und ökonomisch tragfähiger genutzt werden. Der FSC – 1993 in Folge des Umweltgipfels von Rio gegründet – ist eine nichtstaatliche, gemeinnützige Organisation. Er führt Unternehmer aus der Holz- und Forstwirtschaft, Umweltverbände, Gewerkschaften, Vertreter der Zivilgesellschaft und indigene Völker zusammen. Alle am Wald beteiligten Interessensgruppen sind hier gleichberechtigt anerkannt. Dieses Konzept spiegelt sich in der Kammerstruktur der Organisation wider: Keine der drei Kammern kann überstimmt werden.

Der FSC bemüht sich um Transparenz. Zertifizierte Betriebe sollen in der Regel jährlich vor Ort von unabhängigen Gutachtern kontrolliert und die Ergebnisse öffentlich gemacht werden.

Seit 1997 gibt es den FSC als gemeinnützigen Verein auch in Deutschland. Die FSC Arbeitsgruppe Deutschland e. V. unterstützt als nationale Initiative den FSC International Center mit Sitz in Bonn und ist verantwortlich für den Deutschen FSC-Standard, der auf den gleichen zehn Prinzipien basiert, die auch international gelten.

Der WWF unterstützt die Arbeit des FSC und rät dazu, beim Einkauf von Papier- und Holzprodukten auf das FSC-Siegel zu achten. Zwar wird dem FSC-Siegel von Kritikern vorgeworfen, nicht perfekt zu sein. Und das ist es leider auch nicht. Aber das FSC-Siegel ist das anspruchsvollste, das wir zurzeit international finden können. FSC ist auf einem guten Weg, denn es schafft Transparenz, indem es mit verschiedenen Mechanismen auf Missstände reagieren kann – bis hin zum Entzug des FSC-Zertifikats.

Der WWF setzt sich mit konkreten Forderungen dafür ein, den FSC besser zu machen und weiterzuentwickeln. Denn eine verantwortungsvollere Waldwirtschaft kann Wälder vor ihrer kompletten Zerstörung bewahren. Sie schafft dauerhaft ausreichend Einkommen, sichert Arbeitsplätze und Steuereinnahmen und verhindert so beispielsweise die Umwandlung von Wäldern in Palmölplantagen, Sojafelder oder andere lukrative Nutzflächen.

Quelle: WWF Deutschland: FSC – Was ist das?. In: WWF.ch/de. www.wwf.de/themen-projekte/waelder/nachhaltige-waldnutzung-fsc/fsc-was-ist-das [24.10.2018]

Wachstum nachhaltig gestalten im Mekong

Der WWF engagiert sich bereits seit den frühen 1980er-Jahren in der Mekong-Region. Unsere Arbeit hat zum Ziel, das reiche Ökosystem zu erhalten. Mehr als 80 Prozent der Bevölkerung hängt direkt von den natürlichen Ressourcen ab. Deshalb liegt der Fokus unserer Arbeit nicht nur auf dem unmittelbaren Schutz der Natur, sondern auch auf der Zusammenarbeit mit der Wirtschaft, mit Regierungen und der lokalen Bevölkerung.

© WWF-Indonesia / Rizal Bukhari

Für die nachhaltige Entwicklung in der Mekong-Region verfolgt der WWF verschiedene Strategien: Wir arbeiten mit Partnern in Wirtschaft, Gesellschaft und Politik zusammen, um die nachhaltige Nutzung der Ressourcen zu fördern. Die Zertifizierung von Waldnutzung und Fischereibetrieben sind dabei wichtige Instrumente. Bereits über 107'300 Hektaren Waldfläche wurden bis zum Jahr 2015 nach dem FSC-Standard zertifiziert.

Nachhaltige Waldwirtschaft

107 300 ha

Bereits 107 300 Hektaren Wald waren 2015 FSC-zertifiziert. Diese Fläche soll weiter erhöht werden.

Quelle: WWF Deutschland: Wachstum nachhaltig gestalten im Mekong. In: WWF.ch/de. https://www.wwf.ch/de/wo-wir-arbeiten/mekong-lebensader-suedostasiens [25.08.2018]

Lernsituation 12.1

Beim FSC International handelt es sich um eine weltweit tätige NGO (Nichtregierungsorganisation) zur Waldzertifizierung mit dem Ziel international anerkannter nachhaltiger Forstwirtschaft. Sie agierte zunächst ab 1993 von Mexiko aus und hat seit 2002 ihren Sitz in Bonn. Die Organisation strebt einen Konsens zwischen Naturschutz, Wirtschaft und Arbeitnehmern an. Nationale Arbeitsgruppen setzen sich für die Einhaltung der Grundsätze und Kriterien des FSC sowie die Angleichung der Richtlinieninhalte und die Vergleichbarkeit der Standards ein.

Das Zeichen für verantwortungsvolle Waldwirtschaft

Die Regeln für den Wald
10 Grundsätze – weltweit

Der FSC hat weltweit einheitliche Grundprinzipien für verantwortungsvolle Waldwirtschaft definiert. Für deren Umsetzung werden auf nationaler Ebene Indikatoren nach einem einheitlichen Verfahren entwickelt.

Dieses Vorgehen reflektiert die unterschiedlichen sozio-kulturellen, ökologischen und wirtschaftlichen Rahmenbedingungen eines Landes, ist durch das Dreikammersystem demokratisch und führt meist zu konsensfähigen Lösungen im nationalen Kontext. Alle nationalen FSC-Standards werden öffentlich konsultiert und in einem festgelegten Verfahren vom FSC International anerkannt. Der FSC stellt sicher, dass ein vergleichbar ambitioniertes Niveau erreicht wird.

Für einen ersten Überblick sind im Folgenden die Prinzipien des FSC wiedergegeben. Die Kriterien und weitere Details finden Sie im Deutschen FSC-Standard V 3-0 sowie in der deutschen Übersetzung der Prinzipien und Kriterien.

Prinzip 1: Einhaltung der Gesetze
Der Forstbetrieb hält sämtliche geltende Gesetze, Verordnungen und internationale Verträge, Konventionen und Vereinbarungen, die auf nationaler Ebene ratifiziert sind, ein.

Prinzip 2: Arbeitnehmerrechte und Arbeitsbedingungen
Der Forstbetrieb erhält oder verbessert die soziale und wirtschaftliche Situation aller im Forstbetrieb Beschäftigten.

Prinzip 3: Rechte indigener Völker
Die gesetzlichen und gewohnheitsmäßigen Rechte der indigenen Gruppen hinsichtlich Besitz, Nutzung und Bewirtschaftung von Land, Territorien und Ressourcen, die durch Bewirtschaftungsmaßnahmen betroffen sind, sind vom Forstbetrieb zu identifizieren und aufrecht zu erhalten.

Prinzip 4: Beziehungen zur lokalen Bevölkerung
Der Forstbetrieb trägt zur Erhaltung oder Verbesserung des sozialen und wirtschaftlichen Wohlergehens der lokalen Bevölkerung bei.

Lernfeld 12

Prinzip 5 : Leistungen des Waldes
Der Forstbetrieb bewirtschaftet den Wald so, dass durch entsprechende Bereitstellung von Produkten und Dienstleistungen die wirtschaftliche Tragfähigkeit sowie die Fülle der sozialen und ökologischen Leistungen des Waldes langfristig erhalten oder verbessert werden.

Prinzip 6: Auswirkungen auf die Umwelt
Der Forstbetrieb erhält die Ökosystemdienstleistungen und die Umweltgüter des Waldes oder stellt diese wieder her. Negative Umweltauswirkungen durch die Bewirtschaftung werden vermieden, behoben oder abgeschwächt.

Prinzip 7: Management
Der Forstbetrieb hat ein Management, das Leitbild und Ziele im Verhältnis zu Umfang, Intensität und Risiko der Bewirtschaftung definiert. Dieses setzt er basierend auf Monitoring-Ergebnissen um und aktualisiert es, um ein adaptives Management zu fördern. Er gestaltet die damit verbundene Planung und Verfahrensdokumentation so, dass sie in ausreichendem Maß Beschäftigte anleitet, betroffene und interessierte Stakeholder informiert und als Grundlage für betriebliche Entscheidungen dienen kann.

Prinzip 8: Monitoring und Bewertung
Der Der Forstbetrieb weist nach, dass er die Fortschritte bei der Erreichung von Betriebszielen sowie die Auswirkungen von Bewirtschaftungsmaßnahmen und den Zustand des Waldes kontrolliert und auswertet, um adaptives Management umzusetzen. Dies erfolgt im Verhältnis zu Umfang, Intensität und Risiko der Bewirtschaftung.

Prinzip 9: Besondere Schutzwerte
Der Forstbetrieb erhält oder verbessert den Zustand besonderer Schutzwerte im Wald durch die Anwendung des Vorsorgeprinzips.

Prinzip 10: Umsetzung von Bewirtschaftungsmaßnahmen
Die Auswahl und Umsetzung von Bewirtschaftungsmaßnahmen, die durch oder für den Forstbetrieb im Wald ausgeführt werden, müssen den wirtschaftlichen, ökologischen und sozialen Zielen des Forstbetriebes entsprechen und mit sämtlichen Prinzipien und Kriterien des FSC konform sein.

Quelle: FSC Deutschland: Die Regeln für den Wald. In: fsc-deutschland.de www.fsc-deutschland.de/de-de/der-fscr/ prinzipien [23.10.2018]

Jahreskalender

Januar	Februar	März	April	Mai	Juni	Juli	August	September	Oktober	November	Dezember
01 Do	01 So	01 So	01 Mi	01 Fr	01 Mo	01 Mi	01 Sa	01 Di	01 Do	01 So	01 Di
02 Fr	02 Mo	02 Mo	02 Do	02 Sa	02 Di	02 Do	02 So	02 Mi	02 Fr	02 Mo	02 Mi
03 Sa	03 Di	03 Di	03 Fr	03 So	03 Mi	03 Fr	03 Mo	03 Do	03 Sa	03 Di	03 Do
04 So	04 Mi	04 Mi	04 Sa	04 Mo	04 Do	04 Sa	04 Di	04 Fr	04 So	04 Mi	04 Fr
05 Mo	05 Do	05 Do	05 So	05 Di	05 Fr	05 So	05 Mi	05 Sa	05 Mo	05 Do	05 Sa
06 Di	06 Fr	06 Fr	06 Mo	06 Mi	06 Sa	06 Mo	06 Do	06 So	06 Di	06 Fr	06 So
07 Mi	07 Sa	07 Sa	07 Di	07 Do	07 So	07 Di	07 Fr	07 Mo	07 Mi	07 Sa	07 Mo
08 Do	08 So	08 So	08 Mi	08 Fr	08 Mo	08 Mi	08 Sa	08 Di	08 Do	08 So	08 Di
09 Fr	09 Mo	09 Mo	09 Do	09 Sa	09 Di	09 Do	09 So	09 Mi	09 Fr	09 Mo	09 Mi
10 Sa	10 Di	10 Di	10 Fr	10 So	10 Mi	10 Fr	10 Mo	10 Do	10 Sa	10 Di	10 Do
11 So	11 Mi	11 Mi	11 Sa	11 Mo	11 Do	11 Sa	11 Di	11 Fr	11 So	11 Mi	11 Fr
12 Mo	12 Do	12 Do	12 So	12 Di	12 Fr	12 So	12 Mi	12 Sa	12 Mo	12 Do	12 Sa
13 Di	13 Fr	13 Fr	13 Mo	13 Mi	13 Sa	13 Mo	13 Do	13 So	13 Di	13 Fr	13 So
14 Mi	14 Sa	14 Sa	14 Di	14 Do	14 So	14 Di	14 Fr	14 Mo	14 Mi	14 Sa	14 Mo
15 Do	15 So	15 So	15 Mi	15 Fr	15 Mo	15 Mi	15 Sa	15 Di	15 Do	15 So	15 Di
16 Fr	16 Mo	16 Mo	16 Do	16 Sa	16 Di	16 Do	16 So	16 Mi	16 Fr	16 Mo	16 Mi
17 Sa	17 Di	17 Di	17 Fr	17 So	17 Mi	17 Fr	17 Mo	17 Do	17 Sa	17 Di	17 Do
18 So	18 Mi	18 Mi	18 Sa	18 Mo	18 Do	18 Sa	18 Di	18 Fr	18 So	18 Mi	18 Fr
19 Mo	19 Do	19 Do	19 So	19 Di	19 Fr	19 So	19 Mi	19 Sa	19 Mo	19 Do	19 Sa
20 Di	20 Fr	20 Fr	20 Mo	20 Mi	20 Sa	20 Mo	20 Do	20 So	20 Di	20 Fr	20 So
21 Mi	21 Sa	21 Sa	21 Di	21 Do	21 So	21 Di	21 Fr	21 Mo	21 Mi	21 Sa	21 Mo
22 Do	22 So	22 So	22 Mi	22 Fr	22 Mo	22 Mi	22 Sa	22 Di	22 Do	22 So	22 Di
23 Fr	23 Mo	23 Mo	23 Do	23 Sa	23 Di	23 Do	23 So	23 Mi	23 Fr	23 Mo	23 Mi
24 Sa	24 Di	24 Di	24 Fr	24 So	24 Mi	24 Fr	24 Mo	24 Do	24 Sa	24 Di	24 Do
25 So	25 Mi	25 Mi	25 Sa	25 Mo	25 Do	25 Sa	25 Di	25 Fr	25 So	25 Mi	25 Fr
26 Mo	26 Do	26 Do	26 So	26 Di	26 Fr	26 So	26 Mi	26 Sa	26 Mo	26 Do	26 Sa
27 Di	27 Fr	27 Fr	27 Mo	27 Mi	27 Sa	27 Mo	27 Do	27 So	27 Di	27 Fr	27 So
28 Mi	28 Sa	28 Sa	28 Di	28 Do	28 So	28 Di	28 Fr	28 Mo	28 Mi	28 Sa	28 Mo
29 Do		29 So	29 Mi	29 Fr	29 Mo	29 Mi	29 Sa	29 Di	29 Do	29 So	29 Di
30 Fr		30 Mo	30 Do	30 Sa	30 Di	30 Do	30 So	30 Mi	30 Fr	30 Mo	30 Mi
31 Sa		31 Di		31 So		31 Fr	31 Mo		31 Sa		31 Do

- Sommerferien und Feiertage bitte prüfen
- Wichtige Großveranstaltungen, Tagungs- und Messetermine in Bonn:
  - Deutsche *UNESCO*-Kommission (Tagung): 25.09. – 26.09.20..
  - Global Media Forum: 01.07. – 04.07.20..
  - Beethovenfest: 04.09. – 04.10.20..
  - Hund und Heimtier: 25.09. – 26.09. 20..

- Möbelmessen, auf denen die Duisdorfer BüroKonzept KG vertreten ist:
  - immcologne, Köln, 19.01. – 25.01.20..
  - Designers' Open Leipzig, 06.11. – 08.11.20..
  - Stockholm Furniture Fair 10.02. – 14.02.20..

Lernfeld 12

Räumlichkeiten der Duisdorfer BüroKonzept KG
Erdgeschoss

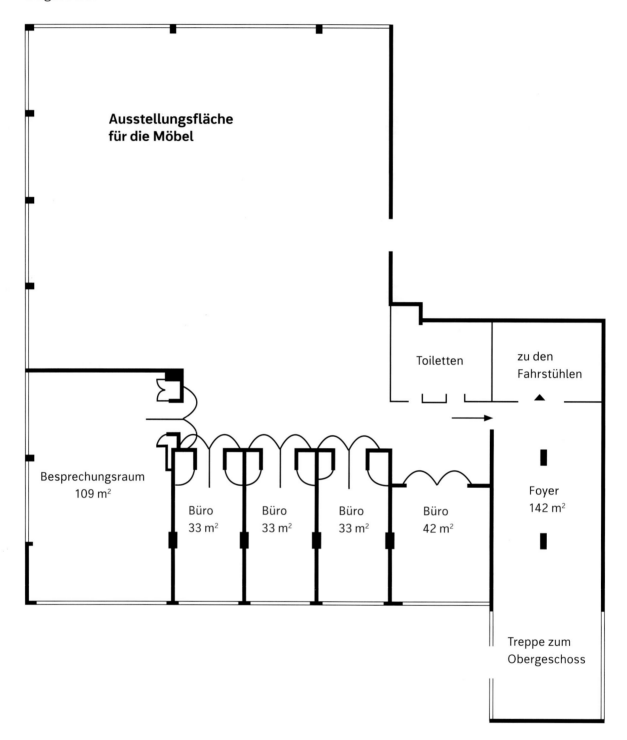

1. Obergeschoss

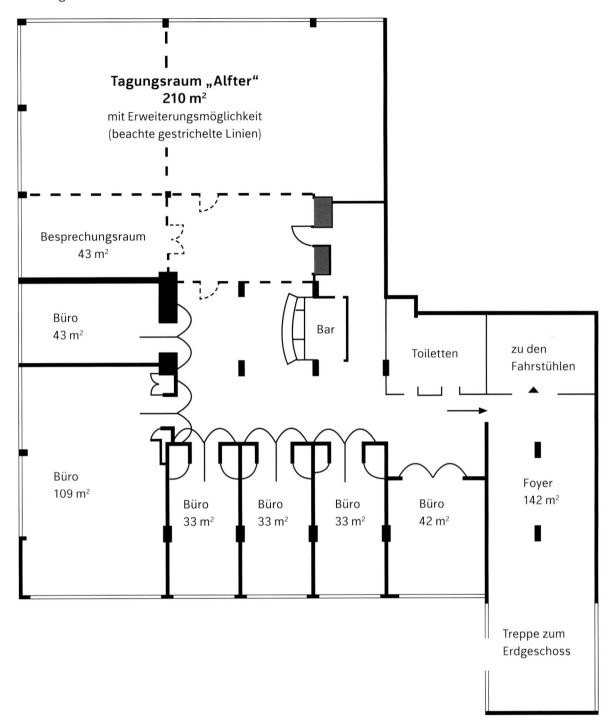

Neben dem Verwaltungsgebäude steht ein Außengelände von 700 m² zur Verfügung, das in die Planung der Hausmesse mit einbezogen werden könnte.

Lernfeld 12

Writing invitations

Useful words

in-house exhibition – Hausmesse
product line – Produktlinie
office furniture – Büromöbel
FSC-certified timber/wood – FSC-zertifiziertes Holz
sustainable – nachhaltig
environmentally friendly – umweltverträglich
socially acceptable/responsible – sozialverträglich
timber industry – Holzwirtschaft
commitment – Engagement
Far East – Fernost

Addressing the reader	Den Leser ansprechen
<ul><li>Dear Sir or Madam</li><li>Dear Ms/Mr (Dickson)</li></ul>	<ul><li>Sehr geehrte Damen und Herren,</li><li>Sehr geehrte Frau/Sehr geehrter Herr (Dickson),</li></ul>
Inviting the reader	**Den Leser einladen**
<ul><li>You are cordially invited to …</li><li>(name of company) cordially invites you to …</li><li>It is an honour to be given the privilege to invite you to …</li><li>This event will be held at (location) on (e.g. October 2 to 5, 2013).</li><li>It is our great honor to have you as our guest at … as we appreciate you as our (client/customer/partner).</li></ul>	<ul><li>Sie sind herzlich eingeladen zu …</li><li>(Name des Unternehmens) lädt Sie herzlich ein zu …</li><li>Es ist uns eine Ehre, Sie zu … einzuladen.</li><li>Die Veranstaltung findet am/vom (z. B. 2. bis 5. Oktober) in (Veranstaltungsort) statt.</li><li>Es ist für uns eine große Ehre, Sie als Gast bei … begrüßen zu dürfen, da wir Sie als (Kunden, Partner) schätzen.</li></ul>
Pointing out the aim	**Das Ziel herausstellen**
<ul><li>The exhibition aims to (e.g. provide an opportunity for everybody who is interested in … to interact with one another).</li><li>The event is prepared in the intention to (e.g. to present and demonstrate our latest products.)</li><li>The exhibition will be an outstanding opportunity for us to ….</li><li>This exhibition's objective is to (e.g. present and demonstrate our new product range).</li></ul>	<ul><li>Ziel der Messe ist es, (z. B. eine Gelegenheit für alle Interessenten zu schaffen, miteinander in Kontakt zu treten.)</li><li>Die Veranstaltung wurde geplant, (z. B. um unsere neuesten Produkte zu präsentieren und vorzuführen.)</li><li>Die Messe bietet die hervorragende Gelegenheit zu …</li><li>Ziel der Messe ist es (z. B. unser neues Sortiment zu präsentieren und vorzuführen.)</li></ul>
Asking for a reply	**Um Antwort bitten**
<ul><li>Please let us know if you are attending the event or not by (date).</li><li>We would be very grateful if you could inform us whether you will attend the exhibition or not by (date)</li></ul>	<ul><li>Bitte teilen Sie uns bis zum (Datum) mit, ob Sie an der Veranstaltung teilnehmen oder nicht.</li><li>Wir wären Ihnen dankbar, wenn Sie uns bis zum (Datum) darüber informieren könnten, ob Sie an der Messe teilnehmen oder nicht.</li></ul>
Closing sentence	**Abschließender Satz**
<ul><li>We look forward to seeing/meeting you at (e.g. the venue).</li></ul>	<ul><li>Wir freuen uns darauf, Sie (z. B. am Veranstaltungsort) zu sehen/treffen.</li></ul>

Lernsituation 12.1

Vertiefende Aufgaben

Aufgabe 1

Für die Hausmesse wurden drei Angebote unterschiedlicher Getränkelieferanten eingeholt. Die Schellenberger-Getränke GmbH, Bonn, hat in den letzten Jahren regelmäßig Getränke an die Duisdorfer BüroKonzept KG geliefert. Sie war bisher stets zuverlässig und lieferte pünktlich die bestellten Produkte. Allerdings ist sie im Vergleich mit anderen Lieferanten teurer, was aber bisher aufgrund der Zuverlässigkeit in Kauf genommen wurde.

Die Vedel OHG aus Köln existiert erst seit einem Monat und macht wegen der extrem günstigen Angebotspreise aufgrund der Eröffnung auf sich aufmerksam. Die Produktpalette ist wie bei der Schellenberger-Getränke GmbH umfangreich. Bisher wurde bei diesem Getränkemarkt noch nicht eingekauft. Auch der Brücker Getränkemarkt aus Bornheim zählte bisher noch nicht zu den Getränkelieferanten der Duisdorfer BüroKonzept KG. Auch dieses Unternehmen hat alle Getränke, die für die Veranstaltung benötigt werden. Es bewegt sich im gleichen Preissegment wie die Schellenberger-Getränke GmbH.

Nach sorgfältiger Prüfung der Angebote entscheidet sich die Duisdorfer BüroKonzept KG für die Vedel OHG aus Köln, die trotz des langen Anfahrtsweges 10 % günstiger ist als die beiden anderen Lieferanten. Im Vertrag wurde ein Fixkauf vereinbart. Die Lieferung der Getränke sollte am Nachmittag vor der Hausmesse um 15:00 Uhr erfolgen. Als im Laufe des Nachmittags keine Getränke angeliefert werden, wird Herr Müller, zuständig für die Bestellung, unruhig. Telefonisch ist niemand bei der Vedel OHG zu erreichen.

Unterstützen Sie Herrn Müller bei der Lösung des Problems, damit am nächsten Tag genügend Getränke zur Verfügung stehen. Prüfen Sie dabei die rechtlichen Möglichkeiten der Duisdorfer BüroKonzept KG und erläutern Sie Ihr Ergebnis ausführlich.

Aufgabe 2

Für die Hausmesse wurde neben anderen Gästen ein Vertreter des WWF Laos eingeladen. Zwei Wochen vor Veranstaltungsbeginn sagt er krankheitsbedingt ab. Das ist problematisch, weil er über die FSC-Zertifizierung und deren Bedeutung besonders für die Kleinbauern und die sich im Aufbau befindliche Holzindustrie berichten wollte.

Überlegen Sie, wen Sie alternativ als Experten bzw. Referenten einladen könnten. Vielleicht gibt es die Möglichkeit einen Vertreter aus Deutschland anzusprechen, der daran interessiert ist, einzuspringen, um sein Fachwissen einzubringen. Formulieren Sie ein Schreiben, um den von Ihnen ausgewählten Referenten bzw. die von Ihnen ausgewählte Organisation kurzfristig zu gewinnen.

Lernfeld 12

Lernsituation 12.2
Eine Geschäftsreise organisieren

Der rote Faden
- Eine Geschäftsreise planen
- Checklisten nutzen
- Verkehrsmittel auswählen
- Einen Reiseplan erstellen
- Reiseunterlagen zusammenstellen
- Ökologische Gesichtspunkte beachten

Ausgangssituation

Sie arbeiten zurzeit im Sekretariat von Frau Engler, der Leiterin der Kaufmännischen Verwaltung. Zu Ihrem Aufgabenbereich gehört u. a. auch die Organisation und Abrechnung aller Geschäftsreisen der Duisdorfer BüroKonzept KG. Auf Ihrem Schreibtisch liegt heute Morgen folgende Interne Mitteilung:

Duisdorfer BüroKonzept KG

Interne Mitteilung

Von	**Name:** Erwin Hummels	**Abteilung:** Vertrieb
An	**Name:** Mitarbeiterin/Mitarbeiter	**Abteilung:** Kfm. Verwaltung
Betrifft: Geschäftsreise im nächsten Monat		**Datum:** 15.03.20..

Mit der Bitte um

- ☐ Kenntnisnahme
- ☒ Bearbeitung
- ☐ Weiterleitung
- ☐ Rücksprache
- ☐ Stellungnahme
- ☐ Ablage

Lernsituation 12.2

> Ich beabsichtige für den nächsten Monat eine viertägige Geschäftsreise nach Berlin und Umgebung zu machen, um folgende Kunden über unsere neue Produktlinie aus FSC-zertifiziertem Walnussholz zu informieren:
>
> - Büroambiente Heider KG, Genthiner Str. 13, 10785 Berlin
> - Bio-Möbel Kunze GmbH, Alleestr. 28, 14469 Potsdam
> - Möbel Spanrad GmbH & Co. KG, Dorfstr. 14, 16227 Eberswalde
> - Haus der Büromöbel, August-Bebel-Str. 7, 15234 Frankfurt/Oder
>
> Bitte organisieren Sie diese Geschäftsreise und legen mir Ihre Reiseplanung so bald wie möglich vor.
>
> Gruß
>
> Erwin Hummels

Arbeitsauftrag 1 (orientieren)
Verschaffen Sie sich einen Überblick darüber, welche Arbeiten bei der Planung einer Geschäftsreise und zur Erstellung eines Reiseplans zu erledigen sind.

Arbeitsauftrag 2 (informieren)
Informieren Sie sich in Ihrem Lehrbuch „BüroWelt 2", wie Geschäftsreisen vorbereitet werden und was bei ihrer Planung zu berücksichtigen ist.

LF 12, 2

Arbeitsauftrag 3 (planen)
Überlegen Sie in der Gruppe, welche vorbereitenden Arbeiten für die Organisation der Geschäftsreise zu erledigen sind und ergänzen Sie die in Ihrem Lehrbuch „BüroWelt 2", in Auszügen dargestellte Checkliste für Inlandsreisen der Duisdorfer BüroKonzept KG. Verwenden Sie die Datei „Checkliste-Inlandsreise.docx" aus dem Bereich BuchPlusWeb als Vorlage.

LF 12, 2

Arbeitsauftrag 4 (durchführen)
Führen Sie für Herrn Hummels die Reiseplanung seiner Geschäftsreise nach Berlin und Umgebung durch, indem Sie einen Reiseplan erstellen, aus dem Herr Hummels detailliert entnehmen kann

- wann und wo welcher Zug/Flug/Pkw zu nehmen ist,
- welche Termine wann und wo wahrzunehmen sind,
- welche Unterlagen jeweils benötigt werden,
- in welchem Hotel er übernachten wird.

Als Vorlage können Sie die Datei „Vordruck-Reiseplan.docx" aus dem Bereich BuchPlusWeb nutzen.

Arbeitsauftrag 5 (bewerten und reflektieren)
Stellen Sie Ihre Ergebnisse im Plenum vor. Vergleichen Sie die Ergebnisse hinsichtlich ihrer Gemeinsamkeiten und Unterschiede. Formulieren Sie ein Fazit.

Vertiefende Aufgaben

Aufgabe 1
Fertigen Sie eine Übersicht an, aus der die Vor- und Nachteile der für eine Geschäftsreise infrage kommenden Verkehrsmittel Pkw, Bahn und Flugzeug ersichtlich werden.

Lernfeld 12

Aufgabe 2
In den Reiserichtlinien der Duisdorfer BüroKonzept KG ist festgelegt, dass Geschäftsreisen, bei denen eine Entfernung von mehr als 200 km zurückzulegen ist, nicht mit dem Pkw durchgeführt werden sollen.
Beschreiben Sie drei Situationen für eine Ausnahmeregelung, sodass der Mitarbeiter auch bei größeren Entfernungen mit dem Pkw reisen kann.

LS 12.1

Aufgabe 3
Demnächst fällt für Frau Beckmann, Leiterin der Abteilung Beschaffung, eine siebentägige Geschäftsreise nach Vietnam an. Sie möchte mit Herrn Lê Minh Triết, dem Experten für FSC-zertifiziertes Holz aus Vietnam, die Produktionsstätten möglicher Lieferanten besichtigen. Das Büro von Herrn Lê Minh Triết befindet sich in Ho-Chi-Minh-Stadt. Da es in der Duisdorfer BüroKonzept KG bisher keine Checkliste für die Organisation von Auslandsreisen gibt, werden Sie gebeten, die Checkliste für Inlandsreisen um wesentliche Punkte, die bei einem Auslandsaufenthalt beachtet werden sollten, zu ergänzen. Als Vorlage können Sie die Datei „Checkliste-Inlandsreise.docx" aus dem Bereich BuchPlusWeb nutzen.

Aufgabe 4
Erstellen Sie für Frau Beckmann ein Handout über kulturelle Gegebenheiten, Sitten und Gebräuche sowie Reise- und Sicherheitshinweise, die sie bei ihrem Aufenthalt in Vietnam beachten sollte.

LF 12, 2.2.3

Aufgabe 5
Auch in der Duisdorfer BüroKonzept KG wird immer mehr Wert auf die Nachhaltigkeit der Geschäftsreisen gelegt. Die Geschäftsleitung hat deshalb beschlossen, dass die Treibhausemissionen, die bei ihren geschäftlich bedingten Flugreisen entstehen, durch eine Abgabe bei „atmosfair" kompensiert werden sollen. Ermitteln Sie die Klimakompensation für die Reise von Frau Beckmann nach Vietnam.

Lernsituation 12.3
Eine Geschäftsreise abrechnen

Der rote Faden
- Reisekostenarten unterscheiden
- Das Reisekostenrecht anwenden
- Die Verpflegungspauschale berücksichtigen
- Die Verpflegungspauschale kürzen
- Reisekostenabrechnungen erstellen

Lernsituation 12.3

Ausgangssituation

Nach der erfolgreichen viertägigen Geschäftsreise von Herrn Hummels, dem Leiter der Abteilung Vertrieb, nach Berlin und Umgebung, werden Sie mit der Abrechnung der Reisekosten beauftragt.

Folgende Informationen liegen Ihnen hierzu vor:

Auszug aus der Personaldatei		
Personalnummer: 120	Kostenstelle:	Vertrieb/Nord
Name: Hummels		
Vorname: Erwin	Bankverbindung:	Deutsche Bank, Bonn
Straße: Moselweg 12	IBAN:	DE69 1567 0976 2465 6789 89
PLZ Wohnort: 53129 Bonn		

Vereinbarungen zur Erstattung der Reisekosten für Inlandsreisen nach dem Reisekostenrecht (Stand: 2018)				Duisdorfer BüroKonzept KG BK
Fahrtkosten (nach Beleg)	**Verpflegungspauschale**	**Übernachtungskosten (nach Beleg)**	**Nebenkosten (nach Beleg)**	
Öffentliche Verkehrsmittel Taxi Flugzeug Bei Fahrten mit dem eigenen Pkw werden pauschal 0,30 € je km erstattet.	▪ bis 8 Std. 0,00 € ▪ mehr als 8 Std. 12,00 € ▪ ab 24 Std. 24,00 € Die Verpflegungspauschale wird bei einer Stellung von einem Frühstück um 4,80 € und bei einem Mittag- oder Abendessen um 9,60 € gekürzt. Bei einer mehrtägigen Reise wird der An- und Abreisetag jeweils mit 12,00 € vergütet, auch wenn die Abwesenheit unter 8 Stunden lag. Jeder volle Abwesenheitstag wird mit 24,00 € vergütet.	▪ tatsächlich entstandene Kosten	▪ Bewirtung ▪ …	

Reisebeginn: 1. Tag 07:00 Uhr
Reiseende: 4. Tag 21:00 Uhr
Erhaltener Vorschuss: 600,00 €

Vorgelegte Belege:

Beleg-Nr.	Rechnungsbelege	Inhalt	Betrag/€
1	Taxiquittung	Moselweg 12, 53129 Bonn – Flughafen Köln/Bonn	69,00 €
2–5	Restaurantrechnung	Arbeitsessen mit Kunden und Mitarbeitern des Verkaufs	380,00 €
6	Rechnung Mietwagen	Mietwagen in Berlin für vier Tage	111,92 €
7	Tankquittung	Tanken Mietwagen Berlin	85,00 €
8	Hotelrechnung	3 Übernachtungen einschließlich Frühstück	294,00 €
9	Taxiquittung	Flughafen Köln/Bonn – Moselweg 12, 53129 Bonn	69,00 €

Lernfeld 12

LF 12, 2.4

Arbeitsauftrag 1 (orientieren und informieren)
Informieren Sie sich in Ihrem Lehrbuch „BüroWelt 2" über die Abrechnung von Reisekosten für eine Geschäftsreise.

Arbeitsauftrag 2 (planen und durchführen)
Erstellen Sie für die Geschäftsreise von Herrn Hummels nach Berlin die Reisekostenabrechnung. Nutzen Sie hierfür als Vorlage die Datei „Vordruck-Reisekostenabrechnung.docx" aus dem Bereich BuchPlusWeb oder erstellen Sie mithilfe eines Tabellenkalkulationsprogramms (z. B. Excel) ein entsprechendes Formular und führen Sie die Reisekostenabrechnung durch..

Arbeitsauftrag 3 (bewerten und reflektieren)
Vergleichen Sie Ihr Arbeitsergebnis mit dem Ihrer Mitschüler und prüfen Sie mögliche Lösungsabweichungen.

Vertiefende Aufgaben

Aufgabe 1
Frau Beckmann, Leiterin der Abteilung Beschaffung, ist vor kurzem von ihrer siebentägigen Geschäftsreise nach Vietnam zurückgekehrt und bittet Sie um die Erstellung der Reisekostenabrechnung für diese Reise. Da sie einer Einladung von Herrn Lê Minh Triết gefolgt ist, fielen nur die Kosten für den Flug nach Ho-Chi-Minh-Stadt und die Hotelkosten an. Frau Beckmann legt Ihnen die folgende Übersicht für die Reisekostenabrechnung vor:

Informationen für die Abrechnung der Reisekosten

von: Laura Beckmann, Leiterin der Abteilung Beschaffung
Kaiser-Karl-Ring 25, 53111 Bonn   **Personal-Nr.: 138**
Reiseziel: Ho-Chi-Minh-Stadt, Vietnam
Vom: 08.04.20.. 8:30 Uhr
Bis: 14.04.20.. 22:00 Uhr

Beleg-Nr.	Rechnungsbelege	Inhalt	Betrag/€
1	Flugticket	Köln/Bonn – Ho-Chi-Minh-City – Köln/Bonn	1.038,00 €
2	Taxiquittung	Kaiser-Karl-Ring 25, 53111 Bonn – Flughafen Köln/Bonn	69,00 €
3	Hotelrechnung	6 Übernachtungen einschließlich Frühstück	313,60 €
4	Taxiquittung	Flughafen Köln/Bonn – Kaiser-Karl-Ring 25, 53111 Bonn	69,00 €

Unter BuchPlusWeb steht ein Vordruck der Reisekostenabrechnung zum Download bereit (Datei „Vordruck-Reisekostenabrechnung.docx") oder nutzen Sie Ihr selbst erstelltes Formular.

Aufgabe 2
Für eine Geschäftsreise in die Schweiz legt Ihnen Frau Albers, Leiterin der Abteilung Ausstattungsberatung, die von ihr ausgefüllte Reisekostenabrechnung zur Prüfung vor. Kontrollieren Sie die unten stehende Abrechnung und korrigieren Sie mögliche Fehler. Beachten Sie dabei auch die von Frau Albers eingereichten Belege.

Reisekostenabrechnung

Duisdorfer
BüroKonzept
KG

BK

Reisende/-r Karin Albers	Abteilung Ausstattungsberatung	Personal-Nr. 87
IBAN DE95 9865 00345 2345 8676 99		Bankinstitut Postbank Köln

Rahmendaten

Beginn der Reise 18.03.20..	Uhrzeit 17:30 Uhr	Land DE
Ende der Reise 20.03.20..	Uhrzeit 18:00 Uhr	Land DE

Grund der Reise/Ort
Messebesuch „Designmesse"/Zürich

Belege

Belegart	Erstattungsbetrag in €
Bahnticket	317,00
Hotel (2 Übernachtungen)	322,75
1 Taxiquittung (Umrechnungskurs: 1 € = 1,2165 CHF)	55,72

Verpflegungsmehraufwand

Datum	Erstattungsbetrag in €
18.03.20.. (6,5 Std.)	0,00
19.03.20.. (24 Std.)	24,00
20.03.20.. (18 Std.)	12,00

Abzüge

Abzugsart	Betrag in €
Abzug 2 x Frühstück (je 4,80 €)	– 9,60

Erstattungsbetrag	Betrag in €	721,87

Unterschriften

23.03.20.. *Karin Albers*

Datum und Unterschrift des/der Reisenden	Datum und Unterschrift des/der Vorgesetzten

Lernfeld 12

Belege

Auszug aus der Hotelrechnung:

**HOTEL SEEHOF
SEEHOFSTR. 11
8008 ZÜRICH (SCHWEIZ)**

Rechnung-Nr.: 9076

Zimmer-Nr.: 123

Anreise: 18.03.20..
Abreise: 20.03.20..

Unternehmen: Duisdorfer BüroKonzept KG,
Rochusstr. 30
53123 Bonn

Anzahl	Leistung	Einzelpreis in €	Gesamt in €
2	Übernachtung (inkl. Frühstück)	156,12 €	312,25 €
3	Minibar	3,50 €	10,50 €
		Gesamtbetrag	322,75 €
	Die Zahlung erfolgte mit MasterCard		

Taxiquittung:

Dieser Wagen ist Mitglied der
TAXI-Vereinigung Zürich (Schweiz)

**Quittung
Taxi-Nr. CH 230**

Wir bestätigen, am _____ **20.03.20..** _____ für Geschäftsfahrt

von: **Messe Zürich**

nach: **Hauptbahnhof Zürich**

Betrag: **45,80 CHF**

dankend erhalten zu haben.

Zürich, 20.03.20.. Peter Uri

Ort/Datum/Unterschrift

LernFeld 13

Ein Projekt planen
und durchführen

Lernsituationen

Lernfeld 13

Lernsituation 13.1
Ein Projekt definieren

Der rote Faden
- Einen Projektanlass erkennen
- Die Ausgangssituation für ein Projekt analysieren
- Eine Projektskizze entwerfen
- Projektziele formulieren
- Einen Projektauftrag erstellen
- Die Projektorganisation einrichten

Ausgangssituation

Frau Andrea Winter leitet die Organisationseinheit Aus- und Weiterbildung der Duisdorfer BüroKonzept KG. Für das nächste Ausbildungsjahr, das am 1. August beginnt, hat sie sechs neue Auszubildende eingestellt:

Name	Ausbildungsberuf
Irina Böhm	Holzmechaniker/-in
Markus Böllert	Kaufmann/-frau für Büromanagement
Stefan Gruber	Holzmechaniker/-in
Ahmet Mussullu	Kaufmann/-frau im Groß- und Außenhandel
Madira Slawski	Industriekaufmann/Industriekauffrau
Korinna Übach	Kaufmann/-frau für Büromanagement

Damit der Einstieg der Neuen in die Duisdorfer BüroKonzept KG gut gelingt, möchte sie eine für alle einheitliche Einführungswoche gestalten. Sie nutzt die Mittagspause in der Betriebskantine, um ihr Vorhaben mit einer Auszubildenden im 2. Ausbildungsjahr, Jana Koch, zu besprechen:

Frau Winter: Hallo, Jana.
Jana: Hallo, Frau Winter.
Frau Winter: Jana, in einem halben Jahr fangen bei uns sechs neue Auszubildende an. Ich habe mir überlegt, dass es vielleicht ganz gut wäre, wenn wir für die Neuen eine Einführungswoche durchführen. Was halten Sie davon? Sie sind zwar schon mitten in der Ausbildung, können sich aber bestimmt noch daran erinnern, wie der Start bei uns für Sie so war.
Jana: Oh, die Idee finde ich gut. Ich weiß noch, wie mich am Anfang die vielen Informationen erschlagen haben. Da hat mir manchmal der Kopf geraucht. Und wie viele neue Leute ich kennengelernt habe, da war mein Namensgedächtnis überfordert.
Frau Winter: Was wäre für Sie denn in einer Einführungswoche so alles wichtig?
Jana: Das ist eine gute Frage. Was halten Sie davon, wenn ich mal die anderen Auszubildenden im 2. Ausbildungsjahr zu einem Treffen einlade. Donnerstags sind wir immer alle im Betrieb. Vielleicht könnten wir ja auch bei der Einführungswoche mit dabei sein.
Frau Winter: Das wäre prima. Ist 10:00 Uhr ok? Ich schreibe eine E-Mail an die Einsatzabteilungen, damit alle informiert sind.

Lernsituation 13.1

Hinweis für die Bearbeitung der nachfolgenden Arbeitsaufträge:
Im Lehrbuch „BüroWelt 2" wird durchgängig ein Praxisfall dargestellt. In diesem Praxisfall wird das Projekt „10-jähriges Unternehmensjubiläum" der Duisdorfer BüroKonzept KG beschrieben. Informieren Sie sich im Vorfeld zur Bearbeitung der nachfolgenden Arbeitsaufträge in Ihrem Lehrbuch „BüroWelt 2" über die Anwendung der Instrumente des Projektmanagements in der **Phase der Projektdefinition** an diesem praktischen Beispiel.

LF 13, 3.1

Arbeitsauftrag 1 (orientieren)
Versetzen Sie sich in die Rolle der Auszubildenden der Duisdorfer BüroKonzept KG im 2. Ausbildungsjahr und bilden Sie ein Team mit ca. 6–8 Personen. Entwickeln Sie in einem ersten Treffen eine Auflistung von Themen, die für neue Auszubildende im Rahmen einer Einführungswoche interessant sein könnten.

Arbeitsauftrag 2 (informieren)
Informieren Sie sich in Ihrem Lehrbuch „BüroWelt 2" über den Begriff und die Merkmale eines Projekts. Prüfen Sie anschließend anhand der Projektmerkmale, ob sich das Vorhaben „Einführungswoche für neue Auszubildende" als Projekt eignet.

LF 13, 1 + 3.1

Die Geschäftsleitung hat im Vorfeld bereits signalisiert, dass sie bereit ist, die Auszubildenden im 2. Ausbildungsjahr im Umfang von 1 Tag pro Woche bis zum Beginn des neuen Ausbildungsjahres und während der Einführungswoche für die Projektmitarbeit von Routineaufgaben freizustellen. Auch könne über ein „kleines" finanzielles Budget für eine besondere Aktivität außerhalb des Unternehmens nachgedacht werden. Über eine konkrete Genehmigung könne aber erst nach Vorstellung eines Konzepts entschieden werden.

Arbeitsauftrag 3 (informieren und planen)
Bereiten Sie die Erstellung einer Projektskizze zur „Einführungswoche für neue Auszubildende" vor. Informieren Sie sich im Vorfeld der nächsten Teamsitzung in Ihrem Lehrbuch „BüroWelt 2" über Kreativitätstechniken und die Projektskizze. Planen Sie die Schritte zur Durchführung der nächsten Teamsitzung mit dem Ziel der Entwicklung der Projektskizze. Entscheiden Sie sich dazu für den Einsatz einer Kreativitätstechnik und besorgen Sie sich das erforderliche Material. Verteilen Sie die folgenden Rollen und weisen Sie den Rollen die entsprechenden Aufgaben zu:

LF 13, 3.1+3.2

1 Sitzungsleiter:	Steuerung der Sitzung
2 Beobachter:	Sitzungsprozess kritisch verfolgen
	Notizen machen
	dem Team nach der Sitzung Rückmeldung geben
1 Protokollant:	Protokoll unter Verwendung eines Protokollformulars (Beispiel FORM-Sitzungsprotokoll) erstellen
weitere Rollen:	je nach Entscheidung für eine der Kreativitätstechniken

Arbeitsauftrag 4 (durchführen)
Führen Sie in Ihrem Team die Sitzung zur Entwicklung einer Projektskizze durch. Erstellen Sie die Projektskizze. Entscheiden Sie sich, ob Sie hierzu das Formular FORM-Projektskizze nutzen möchten.

Arbeitsauftrag 5 (bewerten/beurteilen)
Beobachter: Informieren Sie Ihr Team über Ihre Beobachtungen während des Sitzungsverlaufs. Geben Sie auch Rückmeldungen zu besonderen Verhaltensweisen und zur Nutzung der gewählten Kreativitätstechnik.

Hinweis:
Es ist sicher hilfreich, vor der ersten Rückmeldung auf die Einhaltung wichtiger Feedback-Regeln hinzuweisen.

Regeln für den Feedback-Geber:
- nur beobachtetes Verhalten spiegeln (keine Vermutungen oder Interpretationen)
- nur beschreibendes Feedback geben (keine Wertungen)
- Feedback klar und verständlich formulieren

Regeln für den Feedback-Nehmer:
- zuhören, den Feedback-Geber ausreden lassen
- sich nicht rechtfertigen
- ggf. nachfragen, um konkreteres Feedback zu erhalten

Sitzungsleiter: Holen Sie sich Rückmeldungen der Beobachter und der Teammitglieder zu Ihrem Leitungsverhalten ein.

Beispiele:
- Wie gut habe ich die Regeln der gewählten Kreativitätstechnik erklärt?
- Wie habe ich auf die Einhaltung der Regeln geachtet?
- Wie habe ich den zielorientierten Verlauf der Sitzung unterstützt?
- Wie gut habe ich alle Teilnehmer der Sitzung am Ideenfindungsprozess beteiligt?
- Was habe ich für eine gute Kommunikation während der Sitzung getan?
- …

Teammitglieder: Holen Sie sich Rückmeldungen der Beobachter und der anderen Sitzungsteilnehmer zu Ihrem Verhalten ein.

Beispiele:
- Was habe ich für einen erfolgreichen Verlauf der Teamsitzung getan?
- Habe ich die Regeln einer guten Kommunikation eingehalten?
- Wie habe ich die anderen bei der Nutzung der Kreativitätstechnik unterstützt?
- …

Arbeitsauftrag 6 (reflektieren)
Reflektieren Sie auf der Basis der Rückmeldungen und Antworten auf Ihre Fragen den Prozess zur Entwicklung der Projektskizze. Entwickeln Sie alternative Vorgehensweisen und überlegen Sie, ob Sie beim nächsten Mal anders vorgehen würden.

Arbeitsauftrag 7 (informieren)
Informieren Sie sich in Ihrem Lehrbuch „BüroWelt 2" über die Merkmale und die richtige Formulierung von Projektzielen. Informieren Sie sich über die Aufgaben eines Projektleiters und deren Inhalte sowie die Bedeutung eines Projektauftrags.

LF 13, 3.3–3.6

Arbeitsauftrag 8 (planen)
Planen Sie eine Teamsitzung, an der auch Mitglieder der Geschäftsführung teilnehmen, mit den Themen:
- Projektskizze für das Projekt „Einführungswoche für neue Auszubildende" vorstellen
- Ziele für das Projekt „Einführungswoche für neue Auszubildende" formulieren
- Projektauftrag für die „Einführungswoche für neue Auszubildende" erstellen

Teilen Sie Ihr Team in zwei Gruppen auf. Die eine Gruppe vertritt das Projektteam, die andere Gruppe bildet die Geschäftsleitung. Bereiten Sie sich auf die Arbeit und die Argumentation in der Ihnen jeweils zugeordneten Funktion vor. Ernennen Sie im Projektteam einen Projektleiter. Entscheiden Sie sich ggf. für die Anwendung einer Kreativitätstechnik. Klären Sie, wer in der Sitzung Protokoll führt.

Arbeitsauftrag 9 (durchführen)
Führen Sie die Sitzung zur Formulierung der Projektziele und zur Erstellung des Projektauftrags durch. Nutzen Sie auch Ihre Projektskizze. Ergebnis der Sitzung ist der unterschriftsreife Projektauftrag. Entscheiden Sie sich, ob Sie zur Dokumentation des Projektauftrags das Formular FORM-Projektauftrag nutzen möchten.

Arbeitsauftrag 10 (bewerten/beurteilen)
Halten Sie gemeinsam einen Rückblick auf den Verlauf der Sitzung. Stellen Sie sich zum Beispiel die folgenden Fragen:
- Wie hat der Projektleiter seine Rolle wahrgenommen?
- Wie hat die Geschäftsleitung ihre Funktion ausgefüllt?
- Wie haben die Teammitglieder zum Erfolg der Sitzung beigetragen?

- Wie hilfreich war das Formular zur Erstellung des Projektauftrags?
- Erfüllen die formulierten Projektziele alle geforderten Merkmale?
- Wie hilfreich war das Protokollformular bei der Protokollierung der Sitzung?
- Wie zufrieden sind Sie mit dem entwickelten Projektauftrag?
- ...

Arbeitsauftrag 11 (reflektieren)
Reflektieren Sie auf der Basis des Rückblicks auf die Teamsitzung Vorschläge für alternative Vorgehensweisen. Passen Sie ggf. die Formulare Ihren Bedürfnissen an.

Arbeitsauftrag 12 (informieren und planen)
Informieren Sie sich in Ihrem Lehrbuch „BüroWelt 2" über Phasenmodelle zur Projektabwicklung. Wählen Sie für Ihr Projekt ein Phasenmodell aus. Informieren Sie sich in Ihrem Lehrbuch „BüroWelt 2" über die Einrichtung einer Projektorganisation. Entwickeln Sie Vereinbarungen und Regeln für Ihre Projektorganisation. Dokumentieren Sie Ihre Ergebnisse.

LF 13, 2

LF 13, 3.6

Arbeitsauftrag 13 (informieren und planen)
Informieren Sie sich in Ihrem Lehrbuch „BüroWelt 2" über die Bedeutung, die Inhalte und den Ablauf eines Kick-off-Meetings. Planen Sie das Kick-off-Meeting. Ernennen Sie einen Sitzungsleiter und einen Protokollanten. Ein Tagesordnungspunkt soll die Entwicklung von Kommunikationsregeln in Teamsitzungen sein. Im Lernfeld 7 haben Sie sich mit dem Thema **Gesprächssituationen bewältigen** beschäftigt. Entwickeln Sie auf Basis dieser Informationen Spielregeln für die Kommunikation in Teamsitzungen. Verschriftlichen Sie die Spielregeln (ca. 10 Regeln) so, dass Sie auf eine DIN A4-Seite passen und für alle Sitzungsteilnehmer gut lesbar sind.

LF 13, 3.7

LF7

Beispiel:

> **Spielregeln für unsere Kommunikation**
> 1. Wir lassen andere ausreden.
> 2. Wir wiederholen nicht, was ein anderer schon gesagt hat.
> 3. Wir halten die Feedback-Regeln ein.
> 4. ...

Vertiefende Aufgaben

Aufgabe 1
Beschreiben Sie mögliche Gefahren, die mit einer oberflächlichen und damit unzureichenden Problemanalyse für ein Projekt verbunden sein können.

Aufgabe 2
Für ein Projekt zur Minimierung von Fehlzeiten der Mitarbeiter einer Schuhfabrik sollen Sie eine Problemanalyse vornehmen. Überlegen Sie dazu,
a) wen Sie befragen wollen,
b) welche konkreten Fragen Sie wem stellen wollen.

Aufgabe 3
Erläutern Sie Aufbau und Sinn eines Projektauftragsformulars.

Aufgabe 4
Prüfen Sie die folgenden Projektziele unterschiedlicher Projekte:
a) Projektziel 1:
  „Die Fehlzeiten unserer Mitarbeiter sollen bis zum Jahresende minimiert werden. Projektbudget: 50.000,00 €."

Lernfeld 13

b) Projektziel 2:

„Der durchschnittliche monatliche Energieverbrauch unseres Unternehmens ist bis zum 31. März des Folgejahres um 15 % gegenüber dem Vorjahr zu reduzieren."

Projektziel 3:

„Unser Unternehmen wird Marktführer als Finanzdienstleister in Deutschland. Projektbudget: 1 Mio. €."

Projektziel 4:

„Im Herbst wollen wir ein besseres Warenwirtschaftssystem installiert haben."

Lernsituation 13.2
Ein Projekt planen

Der rote Faden
- Arbeitspakete identifizieren
- Arbeitspakete beschreiben
- Zuständigkeiten klären
- Einen Projektstrukturplan erstellen
- Einen Ablauf- und Terminplan erstellen
- Einen Kapazitätsplan erstellen
- Einen Kostenplan erstellen
- Einen Qualitätsplan erstellen

Ausgangssituation
Sie arbeiten weiterhin im Projektteam „Einführungswoche für neue Auszubildende". Auf der Basis des Projektauftrags und der entwickelten Projektorganisation beginnen Sie nun mit der Projektplanung. Konzentrieren Sie sich in dieser Phase auf die Schritte der Projektplanung. Verfallen Sie nicht in „Aktionismus", d. h. beginnen Sie nicht mit der Durchführung der vereinbarten Maßnahmen, bevor die Planung komplett abgeschlossen ist.

LF 13, 4.8

Arbeitsauftrag 1 (orientieren)
Verschaffen Sie sich in Ihrem Lehrbuch „BüroWelt 2" zunächst an dem Praxisfall „10-jähriges Unternehmensjubiläum" der Duisdorfer BüroKonzept KG einen Überblick über die Anwendung der Instrumente des Projektmanagements in der Phase der Projektplanung am praktischen Beispiel.

LF 13, 4

Arbeitsauftrag 2 (informieren)
Informieren Sie sich in Ihrem Lehrbuch „BüroWelt 2" über die einzelnen Schritte der Projektplanung.

Arbeitsauftrag 3 (planen)
Erstellen Sie eine Liste der einzelnen Planungsschritte und -ergebnisse. Ernennen Sie aus Übungsgründen für jede Planungsphase einen anderen Projektleiter. Überlegen Sie, welche technischen Hilfsmittel Sie in den einzelnen Schritten einsetzen. Schätzen Sie, wie viel Zeit Sie für die Erstellung der einzelnen Pläne benötigen.

Beispiel:

Planungsergebnis	*technisches Hilfsmittel*	*geschätzter Zeitbedarf*
Aktivitätenliste	*Textverarbeitungsprogramm*	*– – Stunden*
Projektstrukturplan	*Präsentationsprogramm*	*...*
Ablauf- und Terminplan	*Projektmanagementsoftware*	*...*
...		

Ernennen Sie für jede der folgenden Sitzungen wieder zwei Prozessbeobachter.

Arbeitsauftrag 4 (durchführen)

Erstellen Sie nacheinander unter der Federführung des jeweiligen Projektleiters die nachfolgenden Pläne und Dokumente:

- Aktivitätenliste
- Vorgangsliste/Liste der Arbeitspakete
- Projektstrukturplan
- Projektablaufplan und Terminplan (Gantt-Diagramm)
- Kapazitätsplan
- Kostenplan
- Qualitätsplan

Halten Sie jeweils fest, wie viel Zeit Sie für die Entwicklung der einzelnen Pläne benötigen.

Erstellen Sie exemplarisch für ein Arbeitspaket eine Arbeitspaketbeschreibung. Nutzen Sie dazu die Vorlage „FORM-AP-Beschreibung"

Arbeitsauftrag 5 (bewerten/beurteilen)

Beobachter: Informieren Sie Ihr Team über Ihre Beobachtungen während des jeweiligen Sitzungsverlaufs. Geben Sie auch Rückmeldungen zu besonderen Verhaltensweisen, wie z. B. Verhalten in Situationen, die von Frustration oder Misserfolg gekennzeichnet waren.

Sitzungsleiter: Holen Sie sich Rückmeldungen der Beobachter und der Teammitglieder zu Ihrem Leitungsverhalten ein.

Beispiele:

- *Wie gut habe ich die jeweilige Sitzung gesteuert?*
- *Wie habe ich auf die Einhaltung unserer Spielregeln (siehe Lernsituation 13.1) geachtet?*
- *Wie habe ich den zielorientierten Verlauf der Sitzung unterstützt?*
- *Wie gut habe ich alle Teilnehmer am Sitzungsprozess beteiligt?*
- *Was habe ich für eine gute Kommunikation während der Sitzung getan?*
- *...*

Teammitglieder: Holen Sie sich Rückmeldungen der Beobachter und der anderen Sitzungsteilnehmer zu Ihrem Verhalten als Teammitglied ein

Beispiele:

- Was habe ich für einen erfolgreichen Verlauf der Teamsitzung getan?
- Habe ich die Regeln einer guten Kommunikation eingehalten?
- Wie habe ich die anderen bei der Mitarbeit unterstützt?
- ...

Arbeitsauftrag 6 (reflektieren)

Reflektieren Sie zum Abschluss der Planungsphase die Prozesse zur Entwicklung der Teilpläne und die Qualität der Teilpläne. Stellen Sie sich dabei z. B. die folgenden Fragen:

- Haben wir uns konsequent auf die Planung konzentriert oder sind wir schon in die Realisierung des Projekts eingestiegen?
- Haben wir konsequent die Planungsreihenfolge eingehalten?
- Haben wir darauf geachtet, dass ein Teilplan auf den anderen aufbaut bzw. bestimmte Dokumente voraussetzt?
- Haben wir alle Planungsschritte ordentlich und vollständig ausgeführt?

- Wie zufrieden sind wir mit den entwickelten Ergebnissen?
- Haben wir uns an die Dokumentationsregeln gehalten?
- Waren wir immer alle gut informiert?
- Wie realistisch waren die unter Arbeitsauftrag 3 geschätzten Zeitbedarfe für die Erstellung der einzelnen Pläne?

Entwickeln Sie auf der Basis Ihrer Antworten Verbesserungsvorschläge für die zukünftige Vorgehensweise. Dokumentieren Sie die Vorschläge.

Vertiefende Aufgabe

Aufgabe
Innenausbau und Umzug

Das Mobilfunkunternehmen Teltalk konnte seinen Umsatz sowie die Zahl seiner Mitarbeiter in wenigen Jahren vervielfachen. Aus diesem Grund ist der Umzug des Unternehmens in den soeben fertiggestellten Neubau vorgesehen. Letzte Maßnahmen des Innenausbaus sowie der gesamte Umzug sollen als Projekt von der Abteilung „Verwaltung" geplant und durchgeführt werden.

Im Rahmen der Vorüberlegungen wurden folgende Arbeitspakete identifiziert:
- Planung der Inneneinrichtung (schließt sich an die Vorbesprechung an, dauert drei Tage).
- Einsortieren sämtlicher Ordner in die Aktenschränke (gemäß Rundschreiben „Terminplan" so schnell wie möglich, dauert einen Tag) im Neubau.
- Verladen, Transportieren und Anschließen der DV-Geräte (darf gemäß Rundschreiben „Terminplan" erst nach vollständiger Datensicherung und im Anschluss an das Einsortieren der Ordner in die Aktenschränke passieren, dauert zwei Tage).
- Tapezieren (im Anschluss an die Planung der Inneneinrichtung, dauert vier Tage).
- Verladen, Transportieren und Ausladen der gepackten Ordnerkartons (gemäß Rundschreiben „Terminplan" soll das erst nach Aufstellen der Möbel beginnen, dauert einen Tag und kann erst nach Abschluss von Vorgang 8 erfolgen).
- Vorbesprechung (geht allem voran, dauert einen Tag).
- Streichen der Tapeten (sobald die Tapeten vollständig angebracht sind, dauert zwei Tage).
- Vervollständigen der Ordner und Verpacken in Umzugskartons (damit soll unmittelbar nach Zugang des Rundschreibens „Terminplan" begonnen werden, dauert vier Tage).
- Rundschreiben „Terminplan" (sobald der Umzugstermin mit der Spedition abgestimmt ist, dauert einen Tag).
- Günstigste Spedition auswählen, beauftragen und Umzugstermin abstimmen (soll gleich nach der Vorbesprechung geschehen, dauert einen Tag).
- Verlegen des Teppichbodens (sobald die Wände gestrichen sind, dauert einen Tag).
- Datensicherung (soll zeitgleich mit der Vervollständigung und Verpackung der Ordner beginnen, dauert insgesamt zwei Tage).
- Verladen, Transportieren und Aufstellen der Möbel (gemäß Rundschreiben „Terminplan" unmittelbar nach Beendigung der Installation von Innenjalousien und Beleuchtungskörpern, dauert zwei Tage).
- Vernetzen der DV-Geräte (gemäß Rundschreiben „Terminplan" müssen alle Geräte bereits angeschlossen sein, dauert drei Tage).
- Installation der Innenjalousien und Beleuchtungskörper (nach Verlegen des Teppichbodens, dauert zwei Tage).

a) Erstellen Sie für dieses Projekt einen Projektstrukturplan und begründen Sie die von Ihnen gewählte Struktur.

b) Erstellen Sie anschließend einen Zeitplan in Form eines Balkendiagramms und ermitteln Sie den Endtermin. Projektbeginn ist der erste März des Folgejahres, es gilt die Fünf-Tage-Woche von Montag bis Freitag. Berücksichtigen Sie Sonn- und Feiertage.

c) Gestalten Sie einen Kapazitätsplan (personelle und sachliche Ressourcen) für dieses Projekt.

d) Gestalten Sie einen Qualitätsplan für dieses Projekt. Überlegen Sie zweckmäßige Kriterien.

Lernsituation 13.3
Ein Projekt realisieren

Der rote Faden
- Aufgaben in den Arbeitspaketen durchführen
- Den Projektstatus kontrollieren
- Abweichungsanalysen durchführen
- Erforderliche Korrekturen vornehmen
- Projektsitzungen planen, durchführen und protokollieren
- Auftretende Konflikte lösen

Ausgangssituation
Sie arbeiten weiterhin im Projektteam „Einführungswoche für neue Auszubildende". Auf der Basis der in der Phase der Projektplanung erstellten Dokumente und Pläne führen Sie nun die vereinbarten Aufgaben in der vorgesehenen Zeit mit den vorgesehenen Mitteln durch. Durch die detaillierte Planung haben Sie eine gute Basis für die erfolgreiche Realisierung des Projekts geschaffen. Dennoch ist es sehr wichtig, den Projektstatus fortlaufend zu kontrollieren und ggf. Abweichungsanalysen durchzuführen, um erforderliche Korrekturen vornehmen zu können.
Ein wichtiger Erfolgsfaktor ist weiterhin die gute Zusammenarbeit im Projektteam und die Einhaltung der vereinbarten Regeln für eine gute Kommunikation. Möglicherweise treten in der Phase der Projektrealisierung Konflikte auf. In diesen Fällen ist es wichtig, über ein geeignetes Repertoire an Reaktionsmöglichkeiten und Konfliktbewältigungsstrategien zu verfügen.

Arbeitsauftrag 1 (orientieren)
Verschaffen Sie sich in Ihrem Lehrbuch „BüroWelt 2" zunächst an dem Praxisfall „10-jähriges Unternehmensjubiläum" der Duisdorfer BüroKonzept KG einen Überblick über die Anwendung der Instrumente des Projektmanagements in der Phase der Projektrealisierung.

LF 13, 5.6

Arbeitsauftrag 2 (informieren und planen)
Informieren Sie sich in Ihrem Lehrbuch „Bürowelt 2" über die einzelnen Maßnahmen in der Phase der Projektrealisierung. Erstellen Sie anschließend als Projektleiter die Einladung zu einer außerordentlichen Projektstatussitzung. Teilnehmer sollen alle Mitglieder im Projektteam, die Leiterin der Aus- und Weiterbildung sowie ein Vertreter der Geschäftsleitung sein. Haupttagesordnungspunkt ist die Berichtserstattung zur Mitte der Phase der Projektdurchführung. Die Geschäftsleitung hat um die Einberufung dieser Sitzung gebeten, um sich über den aktuellen Stand sowie mögliche Probleme zu informieren. Ergänzen Sie die Tagesordnung für die Einladung um weitere Aspekte. Die Einladung soll als internes Schreiben (siehe Formular FORM-Intern im Bereich BuchPlusWeb) verfasst werden.

LF 13, 5.1–5.5

Arbeitsauftrag 3 (planen und durchführen)
Erstellen Sie zu Ihrem Projekt einen Projektstatusbericht, der in der außerordentlichen Projektsitzung (siehe Arbeitsauftrag 2) vorgelegt werden soll. Entwickeln Sie dazu zunächst eine Vorlage für den Projektstatusbericht und die Protokollierung der Projektstatussitzung. Verwenden Sie anschließend die Vorlage zur Erstellung des Projektstatusberichts für Ihr Projekt. Ernennen Sie einen Protokollanten, der die Projektstatussitzung mithilfe der Vorlage protokolliert.

Lernfeld 13

Arbeitsauftrag 4 (bewerten/beurteilen und reflektieren)

Halten Sie zum Abschluss der Durchführungsphase in einer Teamsitzung einen Rückblick auf die einzelnen Projektsitzungen und Ihre eigene Arbeit. Bestimmen Sie einen Sitzungsleiter und einen Protokollanten. Stellen Sie sich im Rahmen der Reflektionssitzung z. B. die folgenden Fragen:

- War es uns möglich, die in der Planungsphase vereinbarten Vorgehensweisen konsequent einzuhalten?
- Wenn dies nicht möglich war, was waren die Ursachen für die Soll-Ist-Abweichungen?
- Welche Konsequenzen haben wir aus den Planabweichungen gezogen?
- Waren das Projekt bzw. die termingerechte Termineinhaltung an irgendeiner Stelle gefährdet?
- Wenn ja, was haben wir für den erfolgreichen und termingerechten Projektabschluss getan?
- Haben wir konsequent die Kommunikationsregeln eingehalten?
- Was haben wir bei auftretenden Konflikten getan, um sie zu lösen?
- …

Entwickeln Sie auf der Basis Ihrer Antworten Verbesserungsvorschläge für die zukünftige Vorgehensweise. Dokumentieren Sie die Vorschläge.

LF 13

Vertiefende Aufgaben

Ausgangssituation

Versetzen Sie sich in die Rolle von Frau Dmitrijew, der Projektleiterin des Projekts „10-jähriges Unternehmensjubiläum" der Duisdorfer BüroKonzept KG (siehe Praxisfall in Ihrem Lehrbuch „BüroWelt 2"). Das Projekt befindet sich in der Mitte der Realisierungsphase. Frau Dmitrijew muss erkennen, dass es immer wieder zu Problemen und Konflikten kommt, und das, obwohl das Projekt klar definiert und durch das Projektteam sauber geplant wurde. Auch wenn immer Lösungen gefunden wurden, möchte sie ihre Erfahrungen dokumentieren und besprechen. Sie hat sich nämlich einem Kreis junger Projektleiter angeschlossen, dessen Ziele der gemeinsame Erfahrungsaustausch und die gegenseitige Hilfestellung im Projektmanagement sind. Sie bereitet sich auf das nächste Treffen vor, bei dem wie jedes Mal von den Teilnehmern Probleme und Konflikte geschildert und mögliche Lösungsalternativen entwickelt werden. Ergebnis ist die folgende Aufstellung:

Problem 1:
Obwohl es eine Absprache mit den Abteilungsleitern gibt, dass die Mitglieder im Projektteam falls erforderlich mit maximal der Hälfte ihrer täglichen Arbeitszeit für das Projekt tätig werden können, kommt es immer wieder vor, dass die Linienvorgesetzten auf den Vorrang der Routineaufgaben bestehen, wodurch Projektaufgaben nicht termingerecht erledigt werden.

Problem 2:
In den wöchentlichen Teamsitzungen konnte wiederholt beobachtet werden, dass Arbeitspaketverantwortliche nicht ausreichend auf die Darstellung der aktuellen Arbeitsstände vorbereitet waren, wodurch aufgetretene Termingefährdungen verdeckt blieben.

Problem 3:
Die Verantwortlichen für die Arbeitspakete zu den Infoständen hatten gemeinsame Standards für die Informationsdarstellung entwickelt. Im Verlauf des Projekts wird vor allem bei zwei Ständen deutlich, dass die Informationstiefe die Besucher wahrscheinlich überfordern wird. Die Gestaltungsteams der beiden Stände argumentieren, dass das anders nicht machbar sei. Sie könnten das ja wohl am besten beurteilen.

Problem 4:
Die Geschäftsleitung lässt sich von Frau Dmitrijew regelmäßig über den Projektfortschritt informieren. Mit den guten Ergebnissen des Projektteams kommen den Geschäftsführern immer neue Ideen für die Jubiläumsveranstaltung. Frau Dmitrijew ist nicht wohl bei dem Gedanken, wie sie und das Team die zusätzlichen Wünsche erfüllen sollen.

Problem 5:

Frank Thaler, Mitglied im Projektteam und verantwortlich für vier Arbeitspakete, weicht zunehmend von den vereinbarten Vorgehensweisen ab. Darauf angesprochen wendet er ein, dass sich die Dinge aus heutiger Sicht eben anders darstellen, als zum Zeitpunkt der Planung. Deswegen sei er mit vielem jetzt nicht mehr einverstanden. Er sehe nicht ein, warum er seine Erkenntnisse nicht nutzen solle. Schließlich sei er ja für die Arbeitspakete verantwortlich. Außerdem gehe ihm die Einmischung der Projektleiterin in seine Arbeit zu weit.

Aufgabe 1

Versetzen Sie sich in die Rolle der jungen Projektleiter, die sich zum Erfahrungsaustausch treffen, und formulieren Sie Lösungsmöglichkeiten für die von Frau Dmitrijew geschilderten Probleme.

Aufgabe 2

Beschreiben Sie mögliche Verhaltens- oder Vorgehensweisen, mit denen die von Frau Dmitrijew beschriebenen Probleme/Konflikte hätten völlig vermieden werden können.

Aufgabe 3

Ergänzen Sie die Liste um mindestens fünf weitere Probleme/Konflikte, die Sie in Projekten bereits selbst erlebt haben oder deren Auftreten Sie sich vorstellen können.

Aufgabe 4

Entwickeln Sie zu jedem der Probleme/Konflikte, die Sie bei der Bearbeitung der Aufgabe 3 formuliert haben, mögliche Handlungs- bzw. Vermeidungsstrategien.

Lernsituation 13.4
Ein Projekt abschließen

Der rote Faden

Die Präsentation von Projekt und Ergebnissen vorbereiten und durchführen

Die Projektabschlusssitzung vorbereiten und durchführen

Den Abschlussbericht erstellen

Die Projektdokumentation vervollständigen und abschließen

Den Projektprozess, die Projektergebnisse und die Projektpräsentation bewerten und reflektieren

Das Projektteam auflösen

Lernfeld 13

Ausgangssituation
Die Einführungswoche für die neuen Auszubildenden der Duisdorfer BüroKonzept KG ist abgeschlossen und das Auszubildenden-Feedback wurde ausgewertet. Es verbleibt nun noch die Aufgabe das Projekt abzuschließen. Außerdem hat die Geschäftsleitung das Projektteam um die Vorlage des Abschlussberichts und die Durchführung der Projektabschlusspräsentation gebeten. Sie möchte auf der Basis der Erfahrungen aus dem Projekt und der Einführungswoche entscheiden, ob die Auszubildenden des kommenden Ausbildungsjahres wieder mit einer entsprechenden Maßnahme begrüßt werden bzw. welche Veränderungen an der Projektgestaltung und den Projektergebnissen vorgenommen werden sollen.

LF 13, 6

Arbeitsauftrag 1 (orientieren und informieren)
Informieren Sie sich in Ihrem Lehrbuch „BüroWelt 2" zunächst darüber, welche Aufgaben das Projektteam in der Phase des Projektabschlusses ausführen muss. Orientieren Sie sich auch am Praxisfall des 10-jährigen Unternehmensjubiläums der Duisdorfer BüroKonzept KG.

LF 13, 6.6

LF 13, 6.6

Arbeitsauftrag 2 (planen)
Erstellen Sie unter Verwendung der Informationen in Ihrem Lehrbuch „BüroWelt 2" eine Tabelle mit drei Spalten. In die erste Tabellenspalte tragen Sie die Interessengruppen in der Abschlussphase des Projekts „Einführungswoche für neue Auszubildende" ein. Führen Sie in der zweiten Spalte die konkreten Interessen der jeweiligen Gruppen auf. Ergänzen Sie in der dritten Spalte der Tabelle die Instrumente, mit denen die Interessen der einzelnen Gruppen zufriedengestellt werden können. Nutzen Sie hierzu besonders die Informationen zum Praxisfall in Ihrem Lehrbuch „BüroWelt 2".

Arbeitsauftrag 3 (planen)
Erstellen Sie im Rahmen einer Teamsitzung eine Gliederung für den Abschlussbericht zum Projekt „Einführungswoche für neue Auszubildende. Protokollieren Sie die Teamsitzung ggf. unter Nutzung des Formulars FORM-Sitzungsprotokoll. Ernennen Sie einen Sitzungsleiter und einen Protokollanten.

Arbeitsauftrag 4 (planen)
Die Geschäftsleitung der Duisdorfer BüroKonzept KG wünscht eine Abschlusspräsentation zum Projekt „Einführungswoche für neue Auszubildende". Die Präsentation soll im Rahmen der Projektabschlusssitzung unter Verwendung von Folien bzw. einer mediengestützten Präsentation vorgestellt werden. Erstellen Sie im Rahmen einer Teamsitzung eine Gliederung für diese Abschlusspräsentation. Eine Folie soll die Ziele der Präsentation ausweisen. Protokollieren Sie die Teamsitzung ggf. unter Nutzung des Formulars FORM-Sitzungsprotokoll. Ernennen Sie einen Sitzungsleiter und einen Protokollanten.

Arbeitsauftrag 5 (durchführen)
Erstellen Sie für Ihr Projekt den Abschlussbericht.

Arbeitsauftrag 6 (durchführen)
Erstellen Sie die Projektabschlusspräsentation. Nutzen Sie ggf. zur Erstellung der Folien ein PC-gestütztes Präsentationsprogramm.

Arbeitsauftrag 7 (planen, durchführen, bewerten und reflektieren)
Bereiten Sie die Projektabschlusssitzung vor. Gehen Sie dabei in den folgenden Schritten vor:
1. Tagesordnung erstellen
2. Termin und Ort festlegen
3. Beteiligte einladen (laden Sie ggf. zur Leistungsbewertung auch Ihre betreuenden Lehrer ein)
4. Benötigte Materialien (u. a. Projektabschlussbericht, Projektpräsentation) bereithalten
5. Sitzungsleiter ernennen
6. Protokollant ernennen
7. Leitfragen für die Projektreflexion vorbereiten

Lernsituation 13.4 243

Beispiele:

- *Wie förderlich war unsere Vorgehensweise für die Erreichung der Projektziele und das angestrebte Projektergebnis?*
- *Wie zufrieden sind wir mit dem Projektverlauf?*
- *Wie zufrieden sind wir mit dem Projektergebnis?*
- *Wie haben die neuen Auszubildenden die Einführungswoche bewertet (siehe Zusammenfassung „Feedback der neuen Auszubildenden zur Einführungswoche" weiter unten)?*
- *Welche Rückschlüsse ziehen wir aus dem Feedback der neuen Auszubildenden?*
- *Welche Schwachstellen in der Teamarbeit gab es?*
- *Wie haben wir unsere jeweilige Rolle als Projektleiter, Projektmitarbeiter, Protokollant oder Beobachter wahrgenommen?*
- *Wie sind wir mit Störungen und Planungsfehlern umgegangen?*
- *Welche Vorschläge für die Optimierung zukünftiger Projektprozesse leiten wir ab?*
- *Welche Vorschläge für unser Verhalten bei zukünftigen Projekten leiten wir ab?*
- *Wie können wir die Qualität unserer Arbeit und der Arbeit im Team verbessern?*
- *Welche Alternativen zum Projektverlauf sind denkbar?*
- *Welche Empfehlungen geben wir konkret für die zukünftige Durchführung eines ähnlichen Projekts?*
- *…*

8. Führen Sie die Projektabschlusssitzung durch und protokollieren Sie diese.
9. Fügen Sie das Protokoll der Projektabschlusssitzung in die Projektdokumentation ein.

Zusammenfassung Feedback der neuen Auszubildenden zur Einführungswoche	
Leitfrage im Interview	**Beurteilungen/Antworten**
Wie hat Dir die Einführungswoche insgesamt gefallen?	4 * sehr gut 2 * gut
Wie war dein Eindruck vom Vortrag „Rechte und Pflichten in der Ausbildung"?	4 * viel gelernt 3 * konnte mir nicht alles merken 1 * vieles wusste ich schon aus dem Ausbildungsvertrag 3 * zu lang
Wie war dein Eindruck vom Vortrag „Vergütung – vom Bruttoentgelt zum Nettoentgelt"?	5 * sehr wichtig, hatte mit mehr Geld gerechnet 3 * weiß jetzt, was mir so alles abgezogen wird 3 * gut, dass ich noch keine Lohnsteuer zahlen muss
Wie war dein Eindruck vom Vortrag „Arbeitsschutz und Arbeitssicherheit"?	4 * gute Informationen 4 * hilfreiche Informationen für das Verhalten im Betrieb 6 * gut, dass der Betrieb uns die Sicherheitsschuhe zur Verfügung stellt 6 * interessante Darstellung mit den Fotos und dem Film (Negativbeispiele)
Wie war dein Eindruck vom Vortrag „Ergonomie am Arbeitsplatz"?	4 * interessante Darstellung der Einstellmöglichkeiten des Bürostuhls am konkreten Beispiel 2 * Ergonomie in der Produktion betrifft mich nicht, habe mich gelangweilt 3 * zu viel Text, habe nicht viel behalten 2 * besser mehr Bilder, kürzer fassen
Wie war dein Eindruck vom Vortrag „Unternehmensleitbild"?	5 * interessant, was man in so wenige Sätze packen kann 5 * unbedingt wichtig, weil ja jeder im Unternehmen danach handeln muss 6 * sehr interessant und verständlich

Lernfeld 13

Zusammenfassung Feedback der neuen Auszubildenden zur Einführungswoche	
Leitfrage im Interview	**Beurteilungen/Antworten**
Wie war dein Eindruck vom Vortrag „Beurteilungswesen"?	6 * sehr gut, gleich am Anfang zu wissen, wie der Beurteilungsbogen aufgebaut ist und worauf geachtet wird 5 * wichtig als Leitfaden für das Verhalten im Betrieb 4 * gut, dass ich nachfragen konnte und die Fragen sehr gut beantwortet wurden
Wie haben dir die Treffen mit dem Betriebsrat und der Jugend- und Auszubildendenvertretung gefallen?	5 * gut zu wissen, an wen ich mich bei Fragen oder Problemen wenden kann 4 * nette Atmosphäre 3 * manchmal zu viele Paragraphen 5 * gute Bewirtung
Wie haben dir die gemeinsamen Pausen mit uns „alten Auszubildenden" in der Kantine gefallen?	5 * gut, dass wir euch so viel fragen konnten; ihr wisst echt gut Bescheid 2 * manchmal hätte ich lieber Pause im Freien gemacht 3 * jeden Tag in der Kantine zu essen, war mir zu teuer 4 * die Kantine hat echt gutes Essen
Wie hat dir der „Rundgang durch Produktions- und Lagerbereiche" gefallen?	4 * guter Einblick in diese Seiten des Betriebs 3 * sehr interessant, da ich ja hier nicht arbeiten werde 2 * zu lang, ich konnte nicht gut so lange stehen 1 * fand ich langweilig, ich werde hier ja nicht arbeiten
Wie hat dir der „Rundgang durch die Ausbildungsabteilungen" gefallen?	4 * zu viele Informationen 5 * zu lang 4 * ich konnte mir die vielen Namen nicht merken 3 * am Ende etwas langweilig, weil irgendwie immer dasselbe gesagt wurde 4 * besser pro Tag immer nur zwei Abteilungen besuchen

Vertiefende Aufgaben

Aufgabe 1
Erläutern Sie die Bedeutung der Projektabschlussphase. Überlegen Sie dazu mögliche Folgen eines Projekts ohne Abschlussphase.

Aufgabe 2
Erläutern Sie, inwiefern sich der Aufbau von Abschlusspräsentationen gegenüber dem Auftraggeber grundsätzlich von Abschlusspräsentationen gegenüber anderen Projektteams unterscheiden sollte. Skizzieren Sie den jeweiligen Aufbau und die jeweilige Schwerpunktsetzung.

Aufgabe 3
Gestalten Sie in Gruppenarbeit einen Bewertungsbogen zur Bewertung von Abschlusspräsentationen. Dieser Bogen soll die Vorbereitung und die Umsetzung umfassen.

Bildquellenverzeichnis

fotolia.com, New York: S. 48.1 (Peter Atkins); 50.1 (Kumbabali); 79.1 (Val Thoermer); 82.1 (seen); 89.1-3 (Trueffelpix); 93.1 (Kumbabali); 94.1 (Claudia Paulussen); 105.1 (VRD); 111.1 (Gina Sanders); 125.1 (Giraphics); 131.1 (Morphart); 163.1 (Butch); 199.1 (bluedesign); 209.1 (Rawpixel); 219.1 (sunt); 231.1 (contrastwerkstatt); 247.1-3 (Trueffelpix)

FSC Deutschland Gutes Holz Service GmbH, Freiburg: S. 215.1, 217.1

Hans Soldan GmbH, Essen: S. 123.1, 124.1

stock.adobe.com, Dublin: S. 217.2 (Schuppich, M.)

Stollfuß Medien GmbH & Co. KG, Bonn: S. 56.1, 58.1, 62.1, 64.1, 66.1, 68.1, 70.1

WWF Deutschland, Berlin: S. 215.2

WWF International, Singapur: S. 216.1 (Rizal Bukhari)

Umschlag: stock.adobe.com, Dublin (bramgino)

Wir arbeiten sehr sorgfältig daran, für alle verwendeten Abbildungen die Rechteinhaberinnen und Rechteinhaber zu ermitteln. Sollte uns dies im Einzelfall nicht vollständig gelungen sein, werden berechtigte Ansprüche selbstverständlich im Rahmen der üblichen Vereinbarungen abgegolten.

Lernfeld 8

	Verhaltensbedingte Kündigung	Betriebsbedingte Kündigung	Personenbedingte Kündigung
Wann ist eine Kündigung sozial gerechtfertigt?	Besonderheit:		Eine Kündigung ist sozial gerechtfertigt, wenn Gründe vorliegen, die in der Person des Arbeitnehmers liegen.
Beispiele	Beleidigung		
Voraussetzungen			Kündigungsgrund

Beteiligungsrechte des Betriebsrates bei einer Kündigung

	Ordentliche Kündigung	Außerordentliche Kündigung
Anhörung: § 102 (1) BetrVG		
Folgen einer fehlenden oder fehlerhaften Anhörung (§ 102 (1) BetrVG)		
Bedenken: § 102 (2) BetrVG	Frist: Folgen, wenn er die Frist nicht einhält:	Frist:
Widerspruch: § 102 (3) (4) (5) BetrVG	Frist: Folge:	Folge: